浙江近代经济思想史论：以绍兴为例

蔡志新 著

中国社会科学出版社

图书在版编目(CIP)数据

浙江近代经济思想史论：以绍兴为例／蔡志新著 . —北京：中国
社会科学出版社，2015.8
ISBN 978 - 7 - 5161 - 6774 - 8

Ⅰ.①浙…　Ⅱ.①蔡…　Ⅲ.①经济思想史 - 研究 - 绍兴市 - 近代
Ⅳ.①F092.6

中国版本图书馆 CIP 数据核字(2015)第 182384 号

出 版 人　赵剑英
责任编辑　宫京蕾
责任校对　曹占江
责任印制　何　艳

出　　　版　中国社会科学出版社
社　　　址　北京鼓楼西大街甲 158 号
邮　　　编　100720
网　　　址　http://www.csspw.cn
发 行 部　010 - 84083685
门 市 部　010 - 84029450
经　　　销　新华书店及其他书店

印刷装订　北京市兴怀印刷厂
版　　次　2015 年 8 月第 1 版
印　　次　2015 年 8 月第 1 次印刷

开　　本　710×1000　1/16
印　　张　13.5
插　　页　2
字　　数　233 千字
定　　价　52.00 元

浙江文化研究工程成果文库总序

（签名）

有人将文化比作一条来自老祖宗而又流向未来的河，这是说文化的传统，通过纵向传承和横向传递，生生不息地影响和引领着人们的生存与发展；有人说文化是人类的思想、智慧、信仰、情感和生活的载体、方式和方法，这是将文化作为人们代代相传的生活方式的整体。我们说，文化为群体生活提供规范、方式与环境，文化通过传承为社会进步发挥基础作用，文化会促进或制约经济乃至整个社会的发展。文化的力量，已经深深熔铸在民族的生命力、创造力和凝聚力之中。

在人类文化演化的进程中，各种文化都在其内部生成众多的元素、层次与类型，由此决定了文化的多样性与复杂性。

中国文化的博大精深，来源于其内部生成的多姿多彩；中国文化的历久弥新，取决于其变迁过程中各种元素、层次、类型在内容和结构上通过碰撞、解构、融合而产生的革故鼎新的强大动力。

中国土地广袤、疆域辽阔，不同区域间因自然环境、经济环境、社会环境等诸多方面的差异，建构了不同的区域文化。区域文化如同百川归海，共同汇聚成中国文化的大传统，这种大传统如同春风化雨，渗透于各种区域文化之中。在这个过程中，区域文化如同清溪山泉潺潺不息，在中国文化的共同价值取向下，以自己的独特个性支撑着、引领着本地经济社会的发展。

从区域文化入手，对一地文化的历史与现状展开全面、系统、扎实、有序的研究，一方面可以借此梳理和弘扬当地的历史传统和文化资源，繁荣和丰富当代的先进文化建设活动，规划和指导未来的文化发展蓝图，增强文化软实力，为全面建设小康社会、加快推进社会主义现代化提供思想保证、精神动力、智力支持和舆论力量；另一方面，这也是深入了解中国文化、研究中国文化、发展中国文化、创新中国文化的重要途径之一。如今，区域文化研究日益受到各地重视，成为我国文化研究走向深入的一个重要标志。我们今天实施浙江文化研究工程，其目的和意义也在于此。

千百年来，浙江人民积淀和传承了一个底蕴深厚的文化传统。这种文化传统的独特性，正在于它令人惊叹的富于创造力的智慧和力量。

浙江文化中富于创造力的基因，早早地出现在其历史的源头。在浙江新石器时代最为著名的跨湖桥、河姆渡、马家浜和良渚的考古文化中，浙江先民们都以不同凡响的作为，在中华民族的文明之源留下了创造和进步的印记。

浙江人民在与时俱进的历史轨迹上一路走来，秉承富于创造力的文化传统，这深深地融汇在一代代浙江人民的血液中，体现在浙江人民的行为上，也在浙江历史上的众多杰出人物身上得到充分展示。从大禹的因势利导、敬业治水，到勾践的卧薪尝胆、励精图治；从钱氏的保境安民、纳土归宋，到胡则的为官一任、造福一方；从岳飞、于谦的精忠报国、清白一生，到方孝孺、张苍水的刚正不阿、以身殉国；从沈括的博学多识、精研深究，到竺可桢的科学救国、求是一生；无论是陈亮、叶适的经世致用，还是黄宗羲的工商皆本；无论是王充、王阳明的批判、自觉，还是龚自珍、蔡元培的开明、开放，等等，都展示了浙江深厚的文化底蕴，凝聚了浙江人民求真务实的创造精神。

代代相传的文化创造的作为和精神，从观念、态度、行为方式和价值取向上，孕育、形成和发展了渊源有自的浙江地域文化传统和与时俱进的浙江文化精神，她滋育着浙江的生命力、催生着浙江的凝聚力、激发着浙江的创造力、培植着浙江的竞争力，激励着浙江人民永不自满、永不停息，在各个不同的历史时期不断地超越自我、创业奋进。

悠久深厚、意蕴丰富的浙江文化传统，是历史赐予我们的宝贵财富，也是我们开拓未来的丰富资源和不竭动力。党的十六大以来推进浙江新发展的实践，使我们越来越深刻地认识到，与国家实施改革开放大政方针相伴随的浙江经济社会持续快速健康发展的深层原因，就在于浙江深厚的文化底蕴和文化传统与当今时代精神的有机结合，就在于发展先进生产力与发展先进文化的有机结合。今后一个时期浙江能否在全面建设小康社会、加快社会主义现代化建设进程中继续走在前列，很大程度上取决于我们对文化力量的深刻认识、对发展先进文化的高度自觉和对加快建设文化大省的工作力度。我们应该看到，文化的力量最终可以转化为物质的力量，文化的软实力最终可以转化为经济的硬实力。文化要素是综合竞争力的核心要素，文化资源是经济社会发展的重要资源，文化素质是领导者和劳动者的首要素质。因此，研究浙江文化的历史与现状，增强文化软实力，为浙江的现代化建设服务，是浙江人民的共同事业，也是浙江各级党委、政府的重要使命和责任。

2005年7月召开的中共浙江省委十一届八次全会，作出《关于加快建设文化大省的决定》，提出要从增强先进文化凝聚力、解放和发展生产力、增强社会公共服务能力入手，大力实施文明素质工程、文化精品工程、文化研究工程、文化保护工程、文化产业促进工程、文化阵地工程、文化传播工程、文化人才工程等"八项工程"，实施科教兴国和人才强国战略，加快建设教育、科技、卫生、体育等"四个强省"。作为文化建设"八项工程"之一的文化研究工程，其任务就是系统研究浙江文化的历史成就和当代发展，深入挖掘浙江文化底蕴、研究浙江现象、总结浙江经验、指导浙江未来的发展。

浙江文化研究工程将重点研究"今、古、人、文"四个方面，即围绕浙江当代发展问题研究、浙江历史文化专题研究、浙江名人研究、浙江历史文献整理四大板块，开展系统研究，出版系列丛书。在研究内容上，深入挖掘浙江文化底蕴，系统梳理和分析浙江历史文化的内部结构、变化规律和地域特色，坚持和发展浙江精神；研究浙江文化与其他地域文化的异同，厘清浙江文化在中国文化中的地位和相互影响的关系；围绕浙江生动的当代实践，深入解读浙江现象，总结浙江经验，指导浙江发展。在研究力量上，通过课题组织、出版资助、重点研究基地建设、加强省内外大院名校合作、整合各地各部门力量等途径，形成上下联动、学界互动的整体合力。在成果运用上，注重研究成果的学术价值和应用价值，充分发挥其认识世界、传承文明、创新理论、咨政育人、服务社会的重要作用。

我们希望通过实施浙江文化研究工程，努力用浙江历史教育浙江人民、用浙江文化熏陶浙江人民、用浙江精神鼓舞浙江人民、用浙江经验引领浙江人民，进一步激发浙江人民的无穷智慧和伟大创造能力，推动浙江实现又快又好地发展。

今天，我们踏着来自历史的河流，受着一方百姓的期许，理应负起使命，至诚奉献，让我们的文化绵延不绝，让我们的创造生生不息。

2006 年 5 月 30 日于杭州

目　　录

导　论

一　学科定位与研究对象

（一）学科定位

从逻辑或语义结构上分析，笔者尝试探讨的"浙江近代经济思想史"这一学术课题的具体性质与含义由"经济思想"、"近代"、"浙江"等三个定语或词汇所限定。其中，"经济思想"一词是决定其具体性质与含义的逻辑内核或语义重心，而"近代"、"浙江"这两个词汇则又从时间、空间维度上对"经济思想"的语义范围起修饰与限定作用。由此观照我国高校与学术界现行的学科目录体系，则不难发现，像"浙江近代经济思想史"这样的学术课题至少与三个学科领域密切相关。其一是从属于理论经济学一级学科的中国经济思想史学科，其二是从属于中国史一级学科的中国近代史学科，其三是从属于文化学这一综合性学科领域的中国区域文化研究。而综观中国经济思想史、中国近代史、中国区域文化研究等学科领域的发展现状，又可发现其中均存在着一些相对薄弱的发展不够充分、成熟的研究方向和环节。具体说来，就是：在中国经济思想史学科中，关于中国近代特别是民国经济思想史的研究以及中国经济思想区域史的研究显得薄弱和滞后;① 在中国近代史学科中，与中国近代政治史、中国近代经济史等传

---

① 民国经济思想史近年来开始引起中国经济思想史学界同仁的高度关注和重视，并已发展成为中国经济思想史学科领域内一个相对独立的新兴学科与研究热点，现已产生了数以百计的研究成果。其突出标志就是中国经济思想史学会的前任会长严清华教授与现任副会长邹进文教授不仅在2005 年联名发表了一篇专门探讨民国经济思想史的学科建设问题的论文《民国经济思想史研究的意义与构想》，还共同策划主编了一套"民国经济思想研究丛书"，自 2007 年起由武汉大学出版社分

统的优势研究方向和环节相比，关于中国近代思想史特别是涉及中国近代
社会经济变革与发展的思想史研究显得较为薄弱；再次，在中国区域文化
研究的学科领域中，九年前虽然由于地方党政领导的大力倡导和众多学界
人士的积极参与而出现了一个异军突起、发展强劲的专门研究浙江区域文
化的基本风貌与成就的学术热点与方向，亦即已经取得丰硕研究成果，并
在国内产生了巨大反响的"浙江文化研究工程"，①但在浙江文化研究工程
的现有成果中，关于浙江经济思想发展史的学术论著极度稀缺，目前只有
笔者撰写的一部题曰《民国时期浙江经济思想史》的著作公开出版。

从中国经济思想史、中国近代史、中国区域文化研究等学科领域内存
在的相对薄弱的研究方向和环节出发，去仔细考量笔者尝试探讨的"浙江
近代经济思想史"这一学术课题，显然又不难推断它在我国高校与学术界
现行的学科目录体系中的大致定位与性质。那么，依据我国高校与学术界
现行的学科目录体系，像"浙江近代经济思想史"这样的学术课题究竟具
有怎样的学科定位与性质呢？

简言之，这样的学术课题就是处于中国经济思想史、中国近代史、中
国区域文化研究等多个学科领域之间，以"经济思想"这一兼具经济学、
历史学与文化学研究特性的逻辑内核为联结纽带的一门新兴的边缘交叉学
科。如果单纯从中国经济思想史这个已形成近百年，系由经济学、历史学
共同孕育出来的边缘交叉学科的角度考量，似乎也应将"浙江近代经济思
想史"这一学术课题看成是一门处于其中的两大研究方向"中国近代经济

期出版。2013 年 9 月，中国经济思想史学会又在武汉成功召开了"首届民国时期经济思想研讨会"，
着力探讨今后如何加强民国经济思想史研究的系列问题。相比之下，学术界对于中国经济思想区域
史的研究更为薄弱，不但无人发表研讨其学科建设意义与发展方向的专题论文，而且至今只有汤照
连的《岭南经济思想研究》（1996）、钟祥财的《对上海地区经济思想发展的历史考察》（1997）、
刘雪河的《广东经济思想史研究》（2003）、刘卫萍的《西域经济思想史：哈喇汗王朝经济思想研
究》（2003）、周呈奇的《战后台湾经济增长思想研究》（2007）、张天政的《近代宁夏开发思想及
实践研究》（2011）等少数著作出版。此外，专门探讨如何开创和加强中国经济思想区域史研究的
学术会议尚未予以筹划和举办。

① 据《浙江日报》2012 年 9 月 7 日第 17 版刊发的《今古人文 精彩浙江》一文统计，截至当
时，"浙江文化研究工程"仅仅实施七年就取得了总计 430 多项成果、出版 600 多部专著的斐然业
绩。这一业绩使得北京的著名学者们感叹说："这是迄今为止国内最大的地方文化研究项目之一，
这样的文化作为令人赞赏！"如今浙江文化研究工程仍在持续实施之中，已经或即将取得的成果与
出版的专著自然更为可观。

思想史"和"中国经济思想区域史"之间的，同样具有边缘交叉学科性质的新的分支学科，并组织精干力量对之进行深入、系统的学术研讨和剖析。而这样的学术研讨和剖析之所以必要且可行，归根结底又是同浙江近代的历史人物或经济思想家在中国近代史上所占据的重要地位、所产生的重要影响密切联系在一起的。

大致说来，浙江近代的历史人物或经济思想家在中国近代史上所占据的重要地位、所产生的重要影响主要表现在七个方面：

一是道光年间的浙江海宁人许楣、许桩兄弟合作完成的《钞币论》一书几乎代表了中国传统的金属主义货币理论的最高水平，同时客观反映了鸦片战争前后中国货币制度的实际情形和广大人民的利益诉求，体现和顺应了当时中国商品经济发展的客观需要。

二是道光年间儒家经世致用学派的卓越代表、浙江籍著名学者龚自珍（号定盦）的经济思想在一定程度上与中国近代"开眼看世界的第一人"林则徐、主张"师夷长技以制夷"的湖南籍著名学者魏源的经济思想一样，代表了鸦片战争前后中国经济思想发展的先进水平，并与他自己的政治思想、哲学思想、文学思想一起对19世纪后期中国文化知识界的思想自由与解放产生了积极的启蒙作用。对于这一点，戊戌变法的旗手之一、著名思想家梁启超先生曾一再予以肯定和好评："语近世思想自由之先导，必数定盦。吾见并世诸贤，其能为今之思想界放光芒者，彼最初率崇拜定盦，当其始读定盦，其脑识未有不受其刺激者。"[1]"晚清思想之解放，自珍确与有功焉。光绪间所谓新学家者，大率人人皆经过崇拜龚氏之一时期，初读《定盦文集》，若受电然。"[2]

三是在洋务运动后期与戊戌变法前后，浙江也产生了一批鼓吹变法图强，发展资本主义政治、经济、军事、文化以振兴中国国运的维新改良志士，其代表人物则是宋恕、陈虬、汤寿潜、汪康年、孙诒让等知名度较高的维新派思想家。他们与郑观应、马建忠、王韬、薛福成、陈炽等早期维新派思想家以及康有为、梁启超、谭嗣同、严复等戊戌维新运动的领导人物一起，站到了时代前列，成为推动晚清中国变革与发展的积极因素和力

---

[1] 梁启超：《论中国学术思想变迁之大势》，《饮冰室合集》第7册，中华书局1916年版，第97页。

[2] 梁启超：《清代学术概论》，《饮冰室合集》第34册，中华书局1916年版，第54页。

量。他们公开发表、刊印了一批宣传维新变法的重要思想论著，如宋恕的《六字课斋卑议》，陈虬的《经世博议》、《救时要议》，汤寿潜的《危言》、《理财百策》，汪康年的《中国自强策》、《商战论》，孙诒让的《兴儒会略例》、《变法条议》等等，其中包含了大量要求清政府在中国培育与发展资本主义经济的改革主张和政策建议。这些改革主张和政策建议是晚清维新派改良主义经济思想的重要组成部分，具有类似于16—18世纪流行于欧洲的重商主义经济哲学和政策实践的基本意蕴与特质。如果借用长时段的历史视野和相关经济学理论对其意蕴与特质进行综合考察、评估或抽象分析的话，则可以称之为中国"近代语境下的发展经济学"，或者将其看成是形成于20世纪40年代中期的"中国发展经济学"的思想先导与前驱。它们与郑观应、马建忠等非浙江省籍的维新派思想家的经济改革思想和政策建议一样，"为后世中国人探索国家富强之路奠定了基础，开启了方向"。[①]

四是分别出自浙江绍兴和宁波的著名经济学家马寅初先生、方显廷先生在20世纪三四十年代与江苏籍经济学家刘大钧先生、湖南籍经济学家何廉先生一起被称为中国的"四大经济学家"，他们是中国近代经济学界享誉国际的杰出学者。而且，马寅初先生还长期担任中国近代第一个全国性的经济学术社团"中国经济学社"的社长职务，他作为民国时期经济学界的领袖人物，不仅与方显廷等浙江籍知名经济学家一起引领了中国近代经济学的发展潮流，还与许多浙江籍经济学家、企业家一起积极为国民政府制定经济法规、推行重大的经济政策和经济制度改革建言献策，从而深刻地影响了民国时期中国社会经济发展和经济制度变迁的历史进程。

五是在中国近代第一个全国性的经济学术社团"中国经济学社"的社员籍贯构成中，出自浙江省的社员最多，为131人，比位居第二的江苏籍社员还要多16人。[②]

六是浙江籍企业家不仅在民国时期经济实力最为雄厚的区域性资本家群体"江浙财团"的人员构成中占有较高比例，而且长期垄断着江浙财团

---

①　参阅线文《近代语境下的发展经济学：晚清重商思想研究》，中国社会科学出版社2012年版，第285—290页；另参阅蔡志新《民国时期浙江经济思想史》（中国社会科学出版社2009年版）第一章"晚清时期浙江的经济思想"对于宋恕、陈虬、汤寿潜这三位浙江籍维新派思想家经济思想的评述与研讨。

②　孙大权：《中国经济学的成长——中国经济学社研究（1923—1953）》，上海三联书店2006年版，第88页。

的主要同业组织如上海总商会、上海商业联合会、上海银行公会、上海钱业公会的主要领导职务。

七是以蒋介石、张静江、陈果夫等人为代表的浙江籍政治家凭借他们对于南京国民政府最高决策权力、基本经济职能部门以及国营企业系统的长期掌控，从政治层面上为民国时期中国的经济建设和经济变革提供了多种强制性制度变迁。

正因为浙江近代的历史人物或经济思想家在中国近代史上占据了重要地位，产生了重要影响，所以把"浙江近代经济思想史"这样的学术课题作为中国经济思想史、中国近代史、中国区域文化研究等关联学科领域之间的一门新兴的边缘交叉学科来看待，或者仅仅将其看成是中国经济思想史学科领域内一门兼具断代史和区域史特性的新的分支学科，并组织精干的研究队伍对之进行系统研究和深入探讨，无疑是一件颇具学科创新意义的重要工作与事业。

（二）研究对象

在对"浙江近代经济思想史"的学科定位与性质作出较为明确、清晰的分析与探讨之后，另一个与之密不可分的学术或学科建设问题也必须加以讨论和厘清。这个问题就是：如果将浙江近代经济思想史作为一门处于中国经济思想史、中国近代史、中国区域文化研究等学科领域之间的边缘交叉学科来看待，或者仅仅将其看成是中国经济思想史学科的一门分支学科来加以研究和剖析，那么其研究对象的内涵和范围是怎样的呢？或者说这样一门学科的研究对象与范围究竟是什么呢？要回答这个问题，追根溯源，还得从作为其逻辑内核或语义重心的"经济思想"的含义讲起。

讲到"经济思想"的含义，笔者认同上海社会科学院钟祥财研究员提出的学术观点。2004年，他在一篇题为《经济思想的涵义及其史的写法》的文章中写道，"经济思想的第一个含义就是：它虽然也研究一般经济学理论的内容和进展，但更加关注能够促进和规制经济学理论发展的哲学思辨。至于经济思想的第二个含义，则是指它的包括范围。简而言之，（1）由政府决策者或社会政治家、哲学家等提出的经济主张；（2）由专业学者提出的经济学理论；（3）存在于社会公众之中的经济观念。这三部分的资料构成了经济思想史所要加以考察的对象。"① 显然，这是从较广泛的意义上来理解"经济思想"的含义以及由此规定、制约的经济思想史学科的研究对象与研究范围的，也更能够体现"经济思想"这个概念本身的语义重心"思想"一词所具有的丰富的、多样性的含义。如此理解"经济思想"的含义，有利于经济思想史的研究者以较为恢宏、宽广的气度与视野来选择、界定经济思想史学科的研究对象与范围，以一种关注劳动人民哀乐疾苦的人文关怀精神来从事其所挚爱的经济思想史的学术研究。

但是，与这样一种对于"经济思想"的广义理解相比，目前在学界还有两种过于单一、偏颇的狭义理解。其一是从经济思想史的"经济学属性"或"科学性"角度强调经济思想仅仅是专业的经济学家提出的经济学理论或经济学说。如此理解"经济思想"含义的最明显的缺失，是既无法解释在18世纪经济学从哲学中分离出来成为一门独立的社会科学之前就已在人类社会的生产生活实践中长期、普遍地存在着经济思想的历史事实，也无法解释在18世纪经济学产生之后仍然有很多政治家、哲学家、企业家提出了各自的经济思想并借此指导、影响人类社会的生产生活实践的经验案例与事实；同时，如此理解"经济思想"的含义，还有一个缺失或事实上难以成立的臆想，就是认为人类社会的主体成员普通民众或劳动人民没有或缺乏自己的"经济思想"。其二则是认为只有经济学家、企业家和主管经济事务的政府高官才具有"经济思想"，而那些政治家特别是具有军人身份的政治强人、政权领袖是没有或缺乏"经济思想"的。笔者记得，十多年前，当一位著名的民国史专家得知笔者拟订的博士学位论文的选题是"孔祥熙财经思想研究"时，曾说过这么一段话："国民党（政权）的财政部长和中央银行总裁主要是宋子文和孔祥熙两个人轮着当，蒋介石就是依靠他们两个来管理财政经济，他们在财政管理、经济管理上还是有一套办法和思想的。现在已经有人写过宋子文经济思想方面的文章了，你研究孔祥熙的财政思想和经济思想当然是可以的。如果研究蒋介石的经济思想，那就行不通了。蒋介石是国民党的军事领袖和政治独裁者，日理万机，他的关注点集中在军事和政治事务上，根本没有时间考虑经济问题，因而不可能有什么经济思想。"笔者还注意到，不少学者和民国史的爱好者也持有与之类似

---

① 见《上海经济研究》2004年第10期。

的观点和想法。其实，这是一种未经考证和研究才会说出的似是而非之论。现在已有不少史料表明像蒋介石这样的军事领袖和政治独裁者还是有自己的"经济思想"的，他也曾思考与关切过其故乡浙江省以及全中国的经济建设规划，而且近年学术界也出现了一些研究蒋介石经济思想的论著。① 由此亦可看出，那种认为经济学家、企业家和主管经济事务的政府高官才具有"经济思想"的观点根本就是一种经不起推敲的偏狭理解或误判。

综观上述两种对于"经济思想"的狭义理解，其形成原因既有相同之点，也有相异之处。相同之点是两者都从一种"专业精英"或"精英人物"思想史的视角出发，只把经济学家、主管经济事务的政府高官、企业家等人类社会的"知识精英"或"财富精英"看成是拥有"经济思想"的"理性人"。相异之处则是两者所关注和讨论的"专业精英"或"精英人物"的思想史在研究对象的数量范围上有着多寡宽窄的差异。

前者把可能拥有"经济思想"的专业精英或精英人物的思想史严格局限在人数极少、专业性极强的经济学家群体身上，以一种漠视其他社会精英特别是普通民众的智慧、知识水准的"专业化的"傲慢心态与偏见，认定只有经济学家提出的经济学理论或经济学说才可以称为"经济思想"。殊不知，如此认定却在概念界定上混淆了"思想"、"理论"二词的词义差异。一般说来，"思想"的词义范围较为宽广，其词义的边界较为模糊，可以有丰富、多样化的理解与诠释；而"理论"一词的含义则较为明确、具体，特指某种成体系的、系统化的、较为精深周密的思想或认识。可见，"思想"能够包含、覆盖"理论"一词的词义，而"理论"却不能包含、覆盖"思想"的词义，它只是"思想"的一种，而不是"思想"的全部。因此之故，那种认定只有经济学家的经济学理论或经济学说才是"经济思想"的观点和看法显然犯了以偏概全的认识论错误。照其逻辑，本该包含多个研究对象的"经济思想"的历史也就只能是经济学家的"理论创造史"或"经济学说史"了。然而，事实与常识都告诉我们，这实际上是把语义

---

① 请参阅张其昀所编《先总统蒋公全集》（台湾中国文化大学出版社 1984 年版）中收录的蒋氏经济类言论和著述。另参阅杨天石《找寻真实的蒋介石：蒋介石日记解读》上册，山西人民出版社 2008 年版，第 13—14 页；《何廉回忆录》，中国文史出版社 1988 年版，第 86—89 页；张士杰等《蒋介石的农村合作经济思想》，《民国档案》2004 年第 4 期；叶世昌等《南京国民政府时期蒋介石的经济思想》，《贵州社会科学》2011 年第 8 期；孙智君《民国产业经济思想研究》，武汉大学出版社 2007 年版，第 255—259 页。

范围宽广得多的"经济思想"的历史与语义过于单一、狭隘的"经济学说史"混为一谈了。

至于后者，倒是没有在概念界定上把"思想"、"理论"二词的词义差异混为一谈，也未把"经济思想"的历史仅仅限定为经济学家的"经济学说史"，不过它仅仅是将拥有"经济思想"的"理性人"的群体范围从经济学家稍微扩大到了企业家以及主管经济事务的政府高官身上。这实际上也是以一种"专业化的"的傲慢心态与偏见，将其他社会精英特别是身心健康的普通民众排除在拥有"经济思想"的"理性人"的群体范围之外了。殊不知，古今中外的历史与现实都告诉我们，在经济学家产生之前，在经济学家、企业家以及主管经济事务的政府高官之外，还有很多哲学家、政治家（或政府官员）、教育家、文学家等精英人物以至普通民众都是拥有"经济思想"的"理性人"。① 而且，毫无疑义，人文社会科学的研究者都应当具备一种关注和重视普罗大众哀乐疾苦的普世情怀或人文关怀精神，从这个意义上说，此种对于"经济思想"的狭义理解与前一种狭义理解一样，似乎都存在无视或否定普通民众在"经济思想"方面的认知能力和水平的"非理性"的、"不人文"的价值缺失与偏差。

总之，上述两种对于"经济思想"的狭义理解具有将"经济思想"仅仅视为极少数或稍多一些的所谓精英人物的"专利产品"的特点与局限，体现出无视或否定普通民众在"经济思想"方面的认知能力和水平的过于"专业化"的"不人文"的傲慢与偏见。经济思想史的研究者如果据此来选择、界定经济思想史学科的研究对象与研究范围，显然会使自己的研究视野变得过于狭小和局促，也可能会使自己在无形之中逐渐失去关注普罗大众哀乐疾苦的人文关怀精神和崇高价值追求。而要避免或减少这种状况的发生，通过借鉴西方后现代史学提倡要关注和重视下层民众、地方史等所谓非中心、不够重要的边缘群体与微观领域的研究理念，通过借鉴我国当

---

① 如孔子、柏拉图等古圣先哲，以及笔者撰文论析过其经济思想的国学大师章太炎（见《贵州财经学院学报》2009 年第 5 期），还有本书将予探讨的集政治家、教育家、哲学家等多种身份于一体的蔡元培先生等等，就是这样的精英人物。他们既不是专业的经济学家，也不是专门打理各式企业的企业家或主管经济事务的政府高官，但他们都的的确确地拥有着各自的"经济思想"。而心智正常的普通民众或升斗小民对于柴、米、油、盐、酱、醋、茶的日常生活算计，你也不能断言它不是一种有意义的"经济思想"。更何况很多普通民众实际拥有的"经济思想"还远比这种日常生活的"算计"来得丰富、复杂呢？

代历史学家葛兆光教授认为思想史不但要研究精英或经典的思想，还要研究存在于人们实际生活中的"一种近乎于平均值的知识、思想与信仰"的学术观点，[①] 来把普通民众的经济思想和某一地方或区域性的经济思想纳入到经济思想史学科的研究对象与范围之内，应当是一种必要且可行的办法。

况且，根据历史唯物主义理论，历史是由人民群众创造的。然而，我国过去的历史研究大都以类乎时下的网络流行语"高端大气上档次"的方式，习惯于以精英人物、国家或中央政权为中心和重点，运用所谓宏大叙事的手法来对政治史、军事史、思想史、文化史等多个史学领域进行"只见森林不见树木"的整体粗放型研究，而缺乏对于普通民众、地方或基层社会的深入考察与细致刻画。即便是研究农民起义这样看似强调人民群众的历史创造作用的宏大课题，也大都是把关注的重点和多量笔墨投放在少数农民起义领袖身上，而很少关注和研究普通的农民起义士卒和中下层头目的历史作用与表现。因此，为了真正贯彻和体现人民群众创造历史的历史唯物主义原理，也有必要超越前述对于"经济思想"的狭义理解的特点与局限，来把普通民众的经济思想和某一地方或区域性的经济思想纳入到经济思想史学科的研究对象与范围之内，加以深入考察和研究。在此要特别强调的是，把某一地方或区域性的经济思想纳入到经济思想史学科的研究对象与范围之内，可以从中观或微观研究的视域弥补全国乃至世界性的经济思想史研究因为选题的"高规格"或篇幅限制通常只关注和研究一、二流精英人物的经济思想，忽视三、四流精英人物尤其是"不入流"的普通民众的经济思想的局限与不足，因而与直接把普通民众的经济思想纳入到经济思想史学科的研究对象和范围之内一样，具有促进经济思想史学科建设的创新与发展的重要价值与意义。

写到这里，我们应该可以明确回答一开始提出的关于"浙江近代经济思想史"的研究对象与范围的问题了。

简言之，无论是作为一门处于多个关联学科领域之间的边缘交叉学科，还是仅仅作为中国经济思想史学科的一门分支学科，"浙江近代经济思想史"的研究对象就是在中国近代史（1840—1949年）上由出自浙江省这个特定区域的社会精英人物和普通民众提出来的经济思想，或者说，在中国

① 葛兆光：《中国思想史导论——思想史的写法》，复旦大学出版社2001年版，第13页。

特定的行政和文化区域之一"浙江"的近代史上产生的一切关于经济问题的思想理论及其表现形式，都是"浙江近代经济思想史"的研究对象，举凡由浙江近代社会的精英人物和普通民众直接提出、设计、构建、创立、编写并加以贯彻实施或宣传推广的一切经济言论、经济主张、经济观念、经济见解、经济法规、经济政策、经济学说、经济著作等等，都应当纳入到浙江近代经济思想史的研究范围之内。

因为人类社会的历史是由众多历史人物或人类生命个体构成的历史，所以上述关于浙江近代经济思想史的研究对象与范围的界定，也可以变换成另一种说法：浙江近代社会中一切身心健康的历史人物或人类生命个体的经济思想，包括浙江近代社会孕育出来的各种类型的政治家、哲学家、经济学家、企业家等精英人物所具有的经济思想，以及存在于浙江近代普通民众的生产生活实践和精神世界之中的经济思想与经济观念，都是浙江近代经济思想史的广义研究对象，其中因为晚清和民国时期的西学东渐而产生的一批浙江籍经济学家所提出的经济学说和经济政策建议，则是浙江近代经济思想史中最具学理特质和范围最狭窄的研究对象与研究内容。

另外，需要指出的是，由于古往今来普通民众的经济思想与经济观念大多是以较为零散的形态存在于他们的生产生活实践和精神世界之中，记录和体现其经济思想与经济观念的文献资料也是零散而多样化的，要把这些文献资料搜集起来并加以系统分析的成本和代价过于高昂，而仅仅将经济学家的经济学说和经济政策建议作为经济思想史的研究对象又过于狭隘和偏颇，所以学界同仁在具体谋划和构建浙江近代经济思想史的研究体例和研究方案时，不妨采用一种"调和折中，梯次推进"的工作思路，即：先由个别或少数学者采用单兵作战或分工合作的方式，对具有较高知名度和历史影响力的近代浙江籍经济学家、哲学家、政治家和企业家的经济思想进行先期研究和探讨；在取得阶段性研究成果之后，再分进合击地对具有一定知名度和历史影响力的近代浙江籍经济学家、哲学家、政治家和企业家的经济思想进行系列研究和个案探讨；最后等到时机和条件基本成熟时，可以由政府主管部门或专业的学术研究机构牵头，在浙江省内外组织和发动从事经济思想史研究的老、中、青三代学者组成实力强劲的研究团队，以集体攻关的方式对浙江近代普通民众留下来的各种体裁和形态的经济思想史料进行广泛搜集和细密考订，并在分工协作、分段编写的基础上编纂出一部内涵丰富、立体多元的《浙江近代经济思想全史》。

二　研究现状与选题缘由

（一）研究现状

截至目前，对浙江近代经济思想史进行系统论述与全面研讨的学术成果尚未产生。但从 20 世纪 30 年代末开始，由于一代又一代学者和专家的勤奋耕耘与努力，在不到 80 年的时间里也陆续出现了三类从不同角度和层面触及浙江近代经济思想史的研究对象与研究内容的学术成果。

第一类是研究内容涉及多位浙江近代历史名人经济思想的学术论著。早在 1939 年，赵丰田先生撰写的《晚清五十年经济思想史》一书①就曾引用和评价陈虬、汪康年等清末浙江籍维新派思想家的经济观点和经济言论。此后数年，朱通九、方显廷、夏炎德等前辈学者又在《近代我国经济学进展之趋势》、②《二十年来之中国经济研究》、③《民元来我国经济之研究》、④《中国近百年经济思想》⑤ 等论文与著作中，对浙江近代数位著名经济学家及个别政治家、哲学家的经济思想予以了简要评述。1949 年中华人民共和国成立以后，胡寄窗、侯厚吉、吴其敬、马伯煌、赵靖、叶世昌、张家骧、钟祥财、卢文莹、李向民、戴金珊、周代启、丁孝智、李学通、刘常青、孙大权、邹进文、聂志红、张曼茵、李超民、赵泉民等数代学人和专家又在其编撰的各种性质的中国经济思想史著作中，对多位浙江近代著名的儒家学者、哲学家、经济学家、企业家、政治家的经济思想进行了繁简不一的征引与评析。兹将这些学人和专家编撰的中国经济思想史著作的题名及版本列举如下：

胡寄窗：《中国近代经济思想史大纲》，中国社会科学出版社 1984 年版。

侯厚吉、吴其敬：《中国近代经济思想史稿》（共三册），黑龙江人民出

---

① 该书 1939 年由哈佛燕京学社出版。
② 朱通九撰，见《财政评论》第 5 卷第 3 期，1941 年 3 月。
③ 方显廷撰，见《财政评论》第 16 卷第 1 期，1947 年 1 月。
④ 方显廷撰，见朱斯煌编《民国经济史》，银行周报社 1948 年刊印，第 481—485 页。
⑤ 夏炎德著，商务印书馆 1948 年版。

版社 1982—1984 年版。

马伯煌：《中国近代经济思想史》，上海社会科学院出版社 1988 年版。

赵靖：《中国经济思想通史续集：中国近代经济思想史》，北京大学出版社 2004 年版。

叶世昌：《近代中国经济思想史》，上海人民出版社 1998 年版；《中国货币理论史》（与李宝金、钟祥财合著），厦门大学出版社 2003 年版。

张家骧、邹进文：《中国货币思想史》，湖北人民出版社 2000 年版。

钟祥财：《中国近代民族企业家经济思想史》、《中国土地思想史稿》、《中国农业思想史》、《对上海地区经济思想发展的历史考察》、《中国收入分配思想史》，上海社会科学院出版社 1992—2005 年版；《20 世纪中国经济思想述论》，东方出版中心 2006 年版。

卢文莹：《中国公债学说精要》，复旦大学出版社 2004 年版。

李向民：《大梦初觉：中国的经济发展学说》，江苏人民出版社 1994 年版。

戴金珊：《中国近代资产阶级经济发展思想》，福建人民出版社 1998 年版。

周代启：《本世纪三四十年代中国的发展经济学说》，福建教育出版社 1998 年版。

丁孝智：《五四以来中国商业经济思想的发展》，广东人民出版社 2001 年版。

刘常青：《中国会计思想发展史》，西南财经大学出版社 2005 年版。

孙大权：《中国经济学的成长——中国经济学社研究（1923—1953）》，上海三联书店 2006 年版。

严清华、邹进文主编，由武汉大学出版社自 2007 年起分期出版的"民国经济思想研究丛书"，迄今为止已出版了《民国产业经济思想研究》（孙智君著）、《民国对外贸易思想研究》（李蓉丽著）、《民国财政思想史研究》（邹进文著）、《民国时期"三农"思想研究》（张霞著）、《民国会计思想研究》（宋丽智著）、《民国时期保险思想研究》（朱华雄著）等六部著作。

聂志红：《民国时期的工业化思想》，山东人民出版社 2009 年版。

张曼茵：《中国近代合作化思想研究（1912—1949）》，上海世纪出版集团 2010 年版。

李超民：《中国战时财政思想的形成（1931—1945）》，东方出版中心

2011 年版。

赵泉民：《移植与嬗变：西方合作经济思想在近代中国的境遇》，中国
法制出版社 2013 年版。

第二类是具体分析与评述浙江近代某个历史名人经济思想的单篇论文。
主要包括：高波的《徐永祚的治学态度》（见《上海会计》1981 年第 6
期）；叶世昌的《胡召南和徐青甫的经济救国论》（见《上海经济研究》
1991 年第 6 期）；钟祥财的《陈蝶仙的经济思想》（见《上海经济研究》
1992 年第 6 期）；张莉红的《"智勇仁强"——刘鸿生商战谋略》（见《文
史杂志》1997 年第 2 期）；陶士和的《论刘鸿生的近代企业经营思想》（见
《杭州师范学院学报》1999 年第 4 期）；江满情的《论刘鸿生的同业合并思
想及其实践》（见《安徽史学》2006 年第 3 期）；何长凤的《抗战时期吴鼎
昌创办贵州企业公司的思想与实践》（见《贵州社会科学》2000 年第 4
期）；欧自明的《马寅初的经济思想》（见《学术界》1996 年第 5 期）；黎
建军的《马寅初"实业救国"思想的形成》（见《江西财经大学学报》
2002 年第 5 期）；牛定柱的《对马寅初财政思想的简要述评》（见《云南财
贸学院学报》2005 年第 1 期）；孟建华的《马寅初先生银行思想研究》（见
《浙江金融》2005 年第 4 期）；孙大权的《马寅初在民国时期的主要经济思
想》、《赶超战略与平衡发展——翁文灏与马寅初两种工业化道路的比较研
究》（分见《浙江树人大学学报》2012 年第 2 期及《复旦学报（社科版）》
2012 年第 5 期）；孙建国的《20 世纪 30 年代章乃器信用统制经济思想评
述》（见《上海师范大学学报》2004 年第 3 期）；李强的《章乃器农村经济
思想探析》（见《安徽技术师范学院学报》2005 年第 1 期）；孙智君的《民
国经济学家方显廷的农业经济思想及其现实意义》（见《华中农业大学学
报》2007 年第 2 期）；蔡志新的《国学大师章太炎经济思想论析》及《晚
清嘉兴学者许楣、许槤的货币理论述评》（分见《贵州财经学院学报》2009
年第 5 期及《嘉兴学院学报》2010 年第 4 期）；张士杰、郭海儒合写的
《蒋介石的农村合作经济思想》（见《民国档案》2004 年第 4 期）；叶世昌、
丁孝智合写的《南京国民政府时期蒋介石的经济思想》（见《贵州社会科
学》2011 年第 8 期）；徐继华的《工商实业家虞洽卿的经营之道》（见《宏
观经济管理》2012 年第 2 期）；赵俊爱的《清代思想家龚自珍经济思想简
析》（见《人民论坛》2014 年第 35 期）；等等。

第三类是两部明确冠有"浙江"二字的经济思想区域史著作。其一是

曹旭华、韩丽娟、党怀清三位学者合著的《浙江区域工商经济思想史》一书，2010 年 7 月由经济科学出版社出版。该书以主要文字和篇幅对源远流长的浙江古代工商业经济思想史进行了较为系统、全面的梳理与探讨，但该书也以少量文字和篇幅对始于鸦片战争前后的浙江近代工商业经济思想史作了初步研究与分析。具体说，就是以简明的笔法论述了龚自珍、许楣、许棫、经元善、汤寿潜、章太炎等六位浙江近代历史名人的工商业经济思想，并对近代宁波商帮以及由浙江籍资本家主导的江浙财团的工商业经营思想与实践进行了归纳和评析。其二是笔者撰写的《民国时期浙江经济思想史》一书，2009 年 12 月由中国社会科学出版社出版。该书主要按照"晚清时期的浙江经济思想→民国浙江著名学者的经济思想→民国浙江企业家的经济思想→民国浙江政治家的经济思想"的逻辑顺序和章节架构，对从龚自珍到陈果夫等 20 多位浙江近代知名历史人物的经济思想进行了个案研究与探讨，并在此基础上总结、归纳与论说了民国时期浙江经济思想发展演变的历史主线、基本特点、历史效应和理论启示等学术问题。从研究内容和时间跨度上看，尽管该书将多量篇幅和笔墨用于分析、研究民国时期浙江众多知名历史人物的经济思想，但也以少量篇幅和笔墨探讨、论述了晚清时期浙江部分知名历史人物的经济思想，因而该书实际上也是第一部尝试对整个浙江近代经济思想史进行初步研究的著作。

由于受到选题意图和研究视角等因素的限制，上述学术成果在严格意义上都不是对浙江近代经济思想史进行系统论述与全面研讨的综合性著作。但毋庸置疑的是，它们也能从史料、观点、方法等方面为后人在条件具备时写出一部较为全面、系统的浙江近代经济思想"通史"或"全史"提供有益的启发与借鉴。

（二）选题缘由

通观前文所述，"浙江近代经济思想史"是一个学科定位较为明确、研究对象较为广泛、研究状况又远未成熟的复合型学术课题。要系统、全面地对这样的学术课题开展深入研讨与论析，绝不是以一人或少数人之力在短期内就能完成的一项艰巨任务。也正因为此，笔者几年前在撰写《民国时期浙江经济思想史》一书时即已想到，今后不妨以一人之力，用"解剖麻雀"、小中见大的方式，选取一个在浙江的区域历史文化中占有特殊位置且又名人辈出的较小地区作为区域案例或聚焦点，来对民国或整个近代浙江的经济思想史进行后续和补充研究，以进一步揭示与彰显浙江在中国近代经济思想史上的重要地位和贡献，促进中国经济思想史等相关学科领域的创新与发展。而在该书完成以后，笔者思虑再三，觉得可以选取绍兴作为区域案例，来对"浙江近代经济思想史"这一复合型学术课题进行后续和补充研究。笔者之所以产生这样的想法或判断，主要是基于以下几点考虑和缘由：

一是《民国时期浙江经济思想史》一书已经论及了经元善、马寅初等绍兴籍近代名人的经济思想，这就为笔者下一步以绍兴为区域案例，来对浙江近代经济思想史进行后续和补充研究打下了一定的根基。二是绍兴作为今日浙江省管辖的一个历史悠久、经济发达、文教昌盛的地级市，堪称"物华天宝，人杰地灵"，自古就名人辈出，到了近代更是涌现出了经元善、徐锡麟、陶成章、秋瑾、蔡元培、鲁迅、马寅初、范文澜、竺可桢等一大批在经济、政治、教育、文化、学术等社会各领域具有较高知名度甚至是全国影响力的杰出人物。[①] 三是春秋末期定都于今日绍兴，且以今日浙江大半省境为固有疆域的越国国王勾践曾雄霸天下，跻身于著名的"春秋五霸"之列，而且越国的民众也创造了较为丰富古朴的物质文明和精神文明，并对其后该地区两千多年历史文化的传承与发展产生了深远的作用和影响，所以当今学术界和民间社会多有把浙江省及其源远流长、积淀深厚、光辉灿烂的区域历史文化概称为"越地"和"越文化"的说法。而所谓越地和越文化的核心地带，就是今天享有"中国历史文化名城"美誉的绍兴市及其周边地区。四是笔者几年前曾翻阅浙江省哲学社会科学重点研究基地"越文化研究中心"公开发布的一份名为《越文化研究中心"十一五"期间基地课题指南》的文件，看到其中有一个课题题目叫做"越地经济思想研究"，这也给笔者带来了启发和灵感。

---

① 这些绍兴近代人物都以不同的身份和方式为中国近代社会的发展与转型作出了重要贡献，值得后人从不同视角对之进行深入研究和探讨。仅就本书拟从经济思想史的视角加以研讨的徐锡麟、陶成章、蔡元培、马寅初、经元善等绍兴近代人物而言，他们都在中国近代史上占有一席之地，都在不同的领域和岗位上为中国近代社会的发展与转型作出了各自的贡献，发挥了重要作用。而且，他们的基本历史角色虽有差异，有的是革命家，有的是经济学家，有的是企业家，有的则集革命家、政府高官、教育家、哲学家等多种角色于一身，但他们对于经济方面的概念和问题都有着自己的思考、观点与主张，都为晚清到民国年间中国经济思想史的发展演变提供了重要的思想资料与素材，因而都值得纳入经济思想史的视角加以研究和探讨。

当然，笔者之所以觉得可以选取绍兴作为区域案例，来对浙江近代经济思想史进行后续和补充研究，寻根究底，还是因为照此想法或判断去研究"浙江近代经济思想史"这一复合型学术课题，具有多方面的重要价值与意义。

首先，这有利于促进中国经济思想史学科领域的均衡发展与繁荣。因为在中国经济思想史学科领域的各分支学科和研究方向中，还存在着两个较为薄弱的分支学科和研究方向，即中国经济思想区域史与中国近代经济思想史。如果我们能够在学习和借鉴学术界既有研究成果的基础上，以细致、认真的态度对中国经济思想区域史与中国近代经济思想史交叉融合所产生的重要的复合型学术课题之一"浙江近代经济思想史"进行后续和补充研究，显然能够同时促进中国经济思想区域史研究与中国近代经济思想史研究的创新与发展，进而又能促进整个中国经济思想史学科领域的均衡发展与繁荣。

其次，这有利于构筑越文化或浙江区域文化学科的完整体系，增强以绍兴为中心的古越文化腹地、当代中国的改革开放前沿"浙江"这方经济高地和人文沃土上的数千万人民对于其源远流长的区域历史文化的认同感与自豪感。近三十年来，中国学术界逐步兴起了一股关注和研究区域文化的热潮，其表现就是涉足区域文化研究的学者越来越多，有关区域文化研究的成果日见丰厚，与此同时，开设区域文化类课程的高校也不断增加。浙江省内也有不少学者成为越文化或浙江区域文化研究的专家，并有一些高校开设了各具特色的越文化或浙江区域文化类课程。不过，通观越文化或浙江区域文化研究的现有成果，可以发现其中关于浙江经济思想变迁的研究成果并不丰硕，关于浙江经济思想变迁的系统性研究成果更是罕见，其中作为高校教材使用的一些研究成果也没有论及浙江历史上的经济思想。这一局面显然不利于构筑越文化或浙江区域文化学科的完整体系。因为浙江历史上的经济思想也是源远流长的越文化或浙江区域文化的重要组成部分，其中有一些古越国及古、近代绍兴籍知名人物的经济思想还曾在不同历史时期走在了中国经济思想发展的先进行列，并对后世产生了深远的历史影响。

例如，春秋时期的越国名臣范蠡"把西周以来的传统经济概念，特别是在贸易和价格方面的（理论）很显著地向前推进了一大步"，"他的经济思想的不少部分成为秦汉帝国以来（中国）经济活动的指导思想"。仅"就他的贸易方面的理论来说"，"其精深程度并不下于近代资产阶级学者在这一方面的所谓理论"。① 再如，元朝末年绍兴籍著名学者王祎在我国历史上最早提出了发行金、银铸币的主张，这不仅比清朝初年那些反对以白银为货币的腐儒要先进若干倍，而且可视为我国近代许多学者主张开铸金、银币以及我国近代政府大量铸造银币的理论滥觞。又如，民国时期绍兴籍著名学者马寅初是中国近代经济学界的泰山北斗，他的经济理论和经济学说代表着中国近代经济学发展的主流方向，不仅在多个层面上对南京国民政府的经济立法、经济决策和中国经济建设的初步现代化产生了直接作用与影响，而且其中的一些理论与学说如人口控制理论、经济发展学说等等，还在一定程度上对中国当代的经济学研究和经济建设产生了学理上的潜在影响。由此可见，就浙江历史上的整体经济思想变迁或特定历史时期内浙江省内某一特殊地区，譬如两千多年前曾作为古越国的政治、经济和文化中心，在近代又涌现了多位政、学、商界名人的绍兴地区的经济思想变迁展开专题研究，既有利于构筑越文化或浙江区域文化学科的完整体系，也能够帮助当代浙江人民特别是青少年全面了解浙江省灿烂悠久的区域历史文化，进而增强他们的故乡情结和身为浙江人的自豪感。

再次，这有助于全面研究和公允评价浙江籍近代历史名人。研究和评价历史名人，不仅要研究他们的家庭出身、人生履历及其对重大历史事件的参与情况，还要研究他们的心理世界和思想理论，了解他们是在何种心理动机和思想理论的指导下来扮演其历史角色，发挥其历史作用的。唯有如此，对于他们的研究和评价才会在最大限度上做到全面、客观与公允。对于浙江籍近代历史名人的研究和评价自然也应遵循这一原则。由于浙江是中国近代的经济发达省份之一，所以在浙江近代为数众多的历史名人的思想理论体系中，与经济发展、经济活动相关的思想理论往往占有较大比重，其内涵也较丰富。所以，要全面研究和公允评价浙江近代的历史名人，自然不能不研究他们的经济思想和经济理论，换言之，也就是不能不研究浙江近代经济思想史。

复次，这在一定程度上能够为中国当前的经济学研究和经济建设提供理论营养与启迪。中国当前的经济学研究要想实现理论上的重大创新和突

---

① 胡寄窗：《中国经济思想史》上册，上海财经大学出版社1998年版，第187页。

破，除了可以在横向上学习当前世界上先进的经济学理论成果之外，还可以在纵向上吸取中国近代本土经济学研究的理论营养。至于中国当前的经济建设，也可以从中国近代本土经济学研究及其推动的经济制度变迁中获得有益的理论营养与启迪。而在中国近代本土经济学发展和经济制度变迁的历史过程中，浙江绍兴籍的政界、学界与商界名人显然居于先进人物的行列，他们的经济思想在一定程度上发挥了引领中国近代思想文化变革和经济发展潮流的重要作用。其表现主要有三点：一是在陶成章、徐锡麟、蔡元培等绍兴籍反清民主革命家的经济思想中既有传承中国古代农耕社会经济思想的"旧成分"，更有呼应晚清维新派的改良主义经济思想和中国近代民主革命伟大先驱孙中山先生的民生主义经济思想的"新内容"，这些"新内容"与晚清维新派的改良主义经济思想、孙中山先生的民生主义经济思想一样，都反映了中国近代民族资本主义经济的发展需要与潮流。二是绍兴籍近代学界名人马寅初与刘大钧、何廉、方显廷等非绍兴籍著名学者一起并称为 20 世纪三四十年代的中国"四大经济学家"，他不但是中国近代经济学界驰名国际的权威人物，而且长期担任中国近代经济学界的主流社团"中国经济学社"的社长职务，并曾在国内多家著名高校担任经济学教授，还曾与绍兴籍其他后辈学者一起为国民政府的经济立法和经济决策工作出谋划策。此外，在 1947 年的中央研究院院士评选中，他还因为学术贡献卓著而当选为唯一的经济学院士。三是经元善、王晓籁、李铭等绍兴籍企业家不仅在以上海为中心的中国近代工商界、金融界各领风骚数十年，还曾在中国近代中央政府的国营企业系统中担任要职，而且积极为中国近代中央政府制定和推行重大经济政策建言献策。凡此种种，均证明研究以绍兴为代表的浙江近代经济思想史，能够为中国当前的经济学研究和经济建设提供有益的理论营养与启迪。

三 史料依据与编写方式

（一）史料依据

无论是通过组建实力强大的研究团队来系统、全面地研讨和论述"浙江近代经济思想史"这一复合型学术课题，还是在参考、借鉴学术界现有成果的基础上，以一己之力选择浙江省内某个特定地区作为区域案例，来对该课题进行后续研究和补充研究，都必须将拥有"充裕、翔实"的历史资料视为开展具体研究工作的根本依据和先决条件。

但值得注意的是，囿于固有的学术传统和研究视野，长期以来，在包括浙江近代经济思想史在内的中国经济思想史学科的园地中，学人或研究者们大都约定俗成地偏好选用历代贤哲名流等精英人物的经典论著和"二十四史"、《资治通鉴》等传统史籍来编写各自的经济思想史著作，即便是从传世史籍中查找编写经济思想史著作所需的历史资料，也仅仅是满足于找到并摘取贤哲名流的事迹介绍及经济言论，而不会也不愿意从中找寻能够反映普通民众经济思想变迁的史料记载与片段。于是乎，一部"中国经济思想史"也就基本变成了林林总总而又高度"同质"的关于精英人物或经典论著的经济思想的博物馆与陈列室。显然，从拓宽研究视野以促进学科创新与发展的角度考量，这样一种将研究对象局限于精英人物及其论著分析的中国经济思想史的研究工作所依据的史料基础还远未达到"充裕、翔实"的境地。因此，为了促进中国经济思想史学科的创新与发展，时下的学者在经济思想原始史料的搜集上，认真践行我国近代史学名家傅斯年先生的治学箴言"上穷碧落下黄泉，动手动脚找东西"，就是十分必要且迫切的事情了。换言之，要促进中国经济思想史学科的可持续发展与创新，除了要扩充该学科研究的对象和范围，关注与研讨中国历史上普通民众的经济类思想观念的形成与变迁史，关注与研讨"浙江近代经济思想史"这类兼具区域文化属性的中国经济思想史学科的分支课题，对于有关学者来说还有一项不容忽视的紧要工作任务，就是要千方百计地发掘和选用更多、更新、更好的经济思想史原始资料。

笔者很喜欢美籍华人历史学家黄仁宇先生的一本定名为《放宽历史的视界》的论文集。[①] 这倒不是因为该书与黄先生那部雅俗共赏、脍炙人口的名作《万历十五年》一脉相承，继续提倡用长时段、远距离的"大历史观"来审视与检讨中国过往的历史，而是笔者觉得其书名能给自己及中国经济思想史学界的同仁们带来一种别样的启示：要以历代精英人物的经济类言论和著述作为基准与起点，"放宽视界"地去搜集过去没有用到过或甚少使用的"新"史料或"新"发现，以进一步拓展中国经济思想史研究的广度

---

① 　可参阅生活·读书·新知三联书店 2007 年版。

与深度。

那么，究竟有哪些"新"史料或"新"发现可以应用到中国经济思想史学科的研究工作去呢？或许近几年出现的为数极少的探讨普通民众经济思想的学术论文能够给我们提供一些方向性的借鉴与思考。

据笔者所知，虽然迄今为止对于普通民众经济思想的研究与探讨还没有引起中国经济思想史学界的普遍关注和重视，但是早在十年前，作为前辈学者的李占才先生与钟祥财先生就先后提出了有关呼吁和倡议。① 更可喜的是，近年来，还有三位中青年学者分别利用一些"新"发现或"新"史料对中国古代、近代某地民众群体性的经济观念和中国当代民众个体性的经济思想进行了区域案例分析与人物个案评价。首先，是徐志斌主要利用《史记》、《汉书》、《后汉书》、《战国策》等传统史书中的"新"发现，接连撰文对秦汉时期陕西汉中与关中地区民众的群体性经济观念进行了案例式分析、比较和探讨；其次，是游海华利用他自己做的口述史访谈记录以及地方志、文史资料、1930 年毛泽东的农村社会调查报告等"新"史料，着力对清末至民国年间江西寻乌县农民群体性经济观念的变迁进行了案例式分析与探究；再次，是刘军平以陕西户县只读过三年私塾、后于"文革"期间含冤自杀的农民杨伟名遗留的 11 篇文稿这一"新"史料为依据，撰文对颇具哲人气质和斗士精神的杨氏个体性的经济思想作了归纳与评价。② 由此可见，学者们只要不再抱有漠视普通民众智慧和知识的"精英式"、"专业化"的傲慢与偏见，③ 并"放宽"搜集和使用历史资料的"视界"，不但会从传统的"旧"史籍中得到关于普通民众经济思想的"新"发现，而且会将过去极少利用或不予利用的口述史资料、地方志、文史资料、社会调查报告、民间哲人的著述等"新"史料纳入到经济思想史的考察范围之中，从而得出更具说服力的新颖观点和研究结论，有力地推动中国经济思想史学科的持久发展与创新。

---

① 参阅李占才《当代中国经济思想史》，河南大学出版社 1999 年版，第 668 页；钟祥财《经济思想的涵义及其史的写法》，《上海经济研究》2004 年第 10 期。

② 徐志斌：《秦汉时期汉中民众的经济观念及其形成原因》、《秦、西汉时期关中与汉中民众经济观念的差异》，分载《陕西理工学院学报（社科版）》2009 年第 4 期、2010 年第 2 期；游海华：《农民经济观念的变迁与小农理论的反思——以清末至民国时期江西省寻乌县为例》，《史学月刊》2008 年第 7 期；刘军平《回顾我省农民思想家杨伟名的经济思想》，《唐都学刊》2007 年第 6 期。

③ 参阅本书《导论》第一节关于"经济思想的狭义理解"的分析与讨论。

此外，近年来还出现了多种依据中国近代财经类期刊、中国近代经济学教育本科和硕士学位论文乃至海外留学生博士论文等"新"史料来深入研究和探讨民国经济思想史的优秀学术论著。诸如：严清华、李詹的《民国时期经济期刊的经济思想文献述评》；高璇的《中国经济研究所的〈经济评论〉与民国后期的经济思想》；宋丽智的《近代会计思想的西学东渐研究——以〈会计杂志〉为中心的考察》；阎书钦的《国家与经济：抗战时期知识界关于中国经济发展道路的争论——以〈新经济〉半月刊为中心》；方小玉的《民国〈经济学季刊〉（1930—1937）研究》；吴传清的《民国时期工业区位、区划思想史料钩沉（三）——基于学位论文文献视角》；王经伟的《民国时期经济学学位论文的经济思想文献述评》；邹进文的《近代中国经济学的发展——来自留学生博士论文的考察》；等等。①这些论著显然也能够从搜集和利用"新"史料的角度给正在或打算从事中国经济思想史研究的学者们提供有价值的参考与启示。

简言之，今后不管是要重视普通民众经济思想的研讨以拓展中国经济思想史研究的对象和范围，还是要进一步加强近年来成为中国经济思想史学科"研究热点"的民国经济思想史研究，或者是尝试从区域案例的角度研讨"浙江近代经济思想史"这类兼具区域文化属性的中国经济思想史学科的分支课题，学者们都应当"放宽历史的视界"，带上望远镜和显微镜，将过去被忽略的或没有利用过的各种体裁和形态的历史资料，都拿来用作开展中国经济思想史研究工作的基本素材和依据。进而言之，在当今网络科技日益发达、交通和信息交流日益便捷的时代背景下，学者们应当充分体认中国经济思想史学科所固有的边缘交叉学科的本质属性，从跨学科综合研究的宏阔视野出发，将古往今来一切蕴含中国精英人物与劳动人民经济思想的原始资料，举凡官方正史、民谣野史、学者名流的经典论著、法规条例、公文函电、私人日记、公私账簿、报纸、期刊、档案、文集、丛书、地方志、村规民约、家训宗谱、文史资料、社会调查报告、口述史资料、文学作品、碑刻金石、图片广告乃至当今网络时代的博客、微博等等，

---

① 这些论著的出处分别是：《经济学动态》2012 年第 7 期；年会会务组编《中国经济思想史学会第十五届年会论文集》，济南，2012 年 10 月；《中国经济史研究》2010 年第 4 期；中国社会科学出版社 2010 年版；博士学位论文，武汉大学，2009 年；《学习月刊》2011 年第 2 期；《中国经济思想史学会第十五届年会论文集》；《中国社会科学》2010 年第 5 期。

都用作该学科的史料来源和依据，促使该学科与经济史、政治史、军事史、社会史等历史学的分支学科以及经济学、哲学、文学、考古学、人类学、新闻学、广告学、社会学、民俗学等众多人文社会科学产生交叉互动的逻辑关联机制。唯有如此，中国经济思想史学科作为我国学科之林中一座已走过近百年风雨的"老旧宅园"，方能与时俱进地迎来又一个桃红柳绿、莺歌燕舞、生机盎然的春天。

当然，以上所论是从宏观角度针对整个中国经济思想史学科研究工作的史料依据和来源而言的，如果具体到"浙江近代经济思想史"这类兼具区域文化属性的中国经济思想史学科的分支课题，又该怎样搜集和利用各种历史资料来开展具体的研究工作呢？笔者以为，可以从两个角度着手，来为研究此类课题搜集和利用各种历史资料。

第一，从研究近代某地民众经济思想变迁的角度着手搜集和利用各种历史资料。据笔者个人考察和评估，在晚清民国时期的各类涉及地方社会经济概况的历史资料中都蕴含了关于近代地方民众经济思想变迁的宝贵史料。这些史料主要包括：（1）近代综合性地方志中的"风俗"、"风物"、"物产"篇，以及专题性的地方风物志、物产志、风俗志和人物志。（2）近代地方性报刊中关于地方社会经济情况和风潮的新闻报道与文章。譬如，近代浙江先后出现的《杭报》、《浙江潮》、《浙江日报》、《危言报》、《杭州民国日报》、《四明日报》、《浙江新闻》、《浙江商报》、《浙兴邮乘》、《时事公报》等众多地方报刊中就有很多这样的新闻报道与文章。（3）《申报》、《大公报》、《中央日报》、《东方杂志》等全国知名报刊中关于各地社会经济情况和风潮的报道与评论。（4）近代中国各方势力、机构和人士编写的社会调查报告，如日本南满洲铁道株式会社在主要调查我国东北社会经济状况的基础上编写的卷帙浩繁的"满铁调查资料"，上海"中国经济统计研究所"编写的调查江苏、浙江两省农村社会经济状况的系列报告，20世纪二三十年代社会学家李景汉编写的《北平郊外之乡村家庭（调查）》与《定县社会概况调查》，1932年浙江省吴兴县南浔镇①南浔中学师生编印的社会调查报告《南浔研究》，等等。（5）包含在近代报刊的"通信"或"读者来信"栏目以及经济类副刊或专刊、特刊、时评中的民众经济类思想

----

① 今湖州市南浔区。

观念和言论。（6）近代民间社会的谱牒杂著、书信日记、店铺营业及家庭
开支"流水账"、碑刻金石资料中包含的民众经济类思想观念和文字。
（7）近代乡土文学作品中关于地方社会经济风貌和民众生产生活场景的描
写和刻画。（8）近代形成的地方历史档案，当代各地"政协"编印的文史
资料以及当代学者整理好的近代民间社会口述史资料。

　　第二，从研究近代某地知名人物经济思想的角度搜集和利用各种历史
资料。大体上说，研究者可以从三个方面竭力搜集、整理与利用该地近代
知名人物遗留下来的各种经济思想史资料。（1）要舍得投入时间、体力、
智力和财力，从中国近代浩如烟海的报纸、期刊、图书、档案、公文、函
电、私人文书中搜寻出该地近代知名人物的经济类著述及言论。在搜集这
类经济思想史资料之前，要进行一定的文献基础知识的储备。在具体的搜
集过程中，对于能够全部搜集的经济思想史资料，要尽量搜集齐全，因主
客观条件所限一时无法搜集齐全的，则要选取有代表性的经济思想史资料
予以搜集和保存。（2）要注意搜集、保存和利用1949年中华人民共和国成
立以后整理出版的各种涉及该地近代知名人物的图书资料。如对于1949年
以后出版的涉及该地某位近代知名人物以及与之密切相关的外地甚至是外
国近代历史人物的日记、年谱、回忆录、文集、选集、全集、演讲集、言
论集等中外文资料，都要注意搜集、保存和利用。对于1949年以后整理出
版的一些综合性的中国近代历史档案单行本与资料汇编，以及文史资料、
企业史料、其他类型的史料汇编，等等，也要注意搜集、保存和利用。
（3）处于当今联通整个"地球村"的网络信息时代，应当借助各种电脑和
互联网搜索技术，寻找并下载（或购买）海内外数字图书馆、学术网站以
及有关网友使用先进的数字信息科技手段制作、处理出来的便于永久保存、
广泛流传的各种"数字化"的经济思想史资料。

（二）　编写方式

　　目前在中国经济思想史学界，各种学术论著的编写方式主要分为两大
类型体例或范式套路：一是以人物思想的个案分析为中心和主体来谋篇布
局，分章设节或立目；一是先按照特定的经济概念和范畴来划分思想史研
究的专题，再设计写作的逻辑架构和体系。这两大编写方式可以简称为
"人物个案分析法"和"思想专题分析法"。而前者又是包括中国经济思想
史学科在内的所有思想史学科自产生以来一直沿用的最传统、最基本也是

最经典的论著编写方式，后者则是在各种思想史学科发展到较为成熟的历史阶段之后才产生的相对年轻的论著编写方式。

除此之外，近年来，在中国经济思想史学界也产生了一些更为年轻、新潮的论著编写方式，诸如围绕某种社团组织或社会群体、阶层来设计经济思想史论著的编写框架和体例，以图书、期刊或报纸专栏等包含历史人物经济思想的史料形态为考察对象和视角来安排经济思想史论著的篇目结构和体系，运用统计学方法和大量的统计数据来构建经济思想史论著的编写模式和架构，等等。应当说，这些年轻、新潮的论著编写方式都有利于中国经济思想史学科的建设与发展。因为它们往往能够为我们打开从各种视角和层面俯瞰、仰望、远观、近看甚至是"穿越"古往今来中国经济思想史的神秘发展路径和丰富精神遗产的一扇扇明亮精巧的窗户和门扉，或者说是能够帮助我们在中国经济思想史的知识海洋里不时挑拣出一串串绚丽夺目的珍珠和扇贝。

不过，我们也无须否认，与各种年轻、新潮的论著编写方式相比，"人物个案分析法"作为中国经济思想史学科乃至整个思想史学科之林中最为经典、传统的一种论著编写方式，在时下快速多变、急功近利的社会氛围和学术生态之中，仍然具有仿佛"大巧若拙，重剑无锋"那般的莫大优势与价值。

首先，人物个案分析法不但"在思想史资料相对集中的情况下具有可操作性"，能够较好地"反映思想家本人的认识发展过程和（思想）理论体系"，而且有利于清晰地勾勒出某一种思想理论的"原创、发展的脉络"，从而确定其"提出者在思想史上的地位"。

其次，"思想是由单个的思想者所提出的，思想史的过程是由不同时期具有代表性和作用力的思想者的思想理论构成的。没有了人，思想史就没有内在的激活动力和逻辑轨迹。"事实上，那些编写方式较为年轻、新潮的思想史论著所引用的各种思想言论或统计数据归根结底还是来自于历史上一个又一个"鲜活地"存在过的"思想者"，其字里行间所体现出来的思想史发展演变的逻辑线条仍然是指向一个个在历史上提出了各自思想观点的具体的"人"的。

再次，"即使在思想活跃的学术繁荣时期，真正具有历史研究价值的也只是那些主导的、创新的、对社会经济产生显著影响的观点和理论，思想史没有必要，实际上也不可能面面俱到地搜罗一个时期的全部经济思想资料"。换言之，在对经济思想资料特别丰富的近代和当代经济思想史进行分析时，"其他的分析方法还不具备取代按人物分析的方法的可能性和必要性"。

又次，"思想史研究的一个重要任务是：揭示某一种有价值的观点的初创、发展、成熟的过程，在这里，一个重要观点由谁首次提出、在何时提出十分重要，照时下的说法，这是对知识产权的尊重，是与国际学术规范的接轨。要行使这一任务，按人物分析是一项基础性的工作。"

最后，各种新潮的论著编写方式如果不以对历史人物经济思想的个案分析作为前期基础和准备，"有可能是割裂的、观点综述式的"，这会导致对于中国经济思想史学科研究水平提高的"另一类制约"与阻碍。[①]

正因为"人物个案分析法"具有上述优势和价值，所以笔者在以绍兴为区域案例，尝试对"浙江近代经济思想史"这一中国经济思想史学科的分支课题进行后续研究和探讨时，依然偏好采用这种看似落伍、实质经典的思想史论著编写方式来安排本书的结构体系和章节目录。

当然，"人物个案分析法"只是本书在总体上采用的一种思想史论著的编写方式或研究范式。在遵循此种编写方式或研究范式的前提下，特别是在因为个人力不能及而不得不搁置对于浙江近代民众经济思想变迁的专题研讨的情况下，笔者在本书正文中具体研讨绍兴籍贯的浙江近代历史名人的经济思想时，则会与前已提及的拙著《民国时期浙江经济思想史》一样，采用一种"文本解读法"来开展具体的研究和论证工作。所谓文本，就是指绍兴籍贯的浙江近代历史名人留存于世的各种经济类著述与言论。这是笔者研究和探讨其经济思想的最主要的、也是第一手的史料基础和依据。所谓文本解读法，则包括以下几点含义：

一是要运用相关的经济学理论去解读和研究绍兴籍近代历史名人的经济类文本。在研究绍兴籍近代历史名人的经济思想时，要针对其留下的经济类文本的不同内涵和特点，适当运用经济学理论中的相关范畴、概念、方法和判断去进行深入细致的归纳与解读。其优点是能够大致检验出绍兴籍近代历史名人经济思想的"学理性"或"科学特质"，缺点是如果运用不当，有可能过于拔高或者贬低了绍兴籍近代历史名人经济思想的"学理性"

① 参阅钟祥财《20 世纪中国经济思想述论》，东方出版中心 2006 年版，第 9—10 页。

或"科学特质"，容易发生倒果为因、以讹传讹的评价缺失和臧否偏差，所以在具体运用时一定要再三思量，反复推敲，慎之又慎。

二是要联系中国近代具体的社会历史环境和背景去解读和研究绍兴籍近代历史名人的经济类文本。绍兴籍近代历史名人的经济思想是在中国近代半殖民地国家内忧外患、苦难深重、变乱不已的特殊社会历史环境之中形成的。当他们以著书立说、发表演讲、散布言论、提出建言等多种方式向民众、同志、同侪、学生和政府表达自己的经济思想时，往往会受到个人的家庭出身、教育经历、知识结构、政治观念、职业地位、党派属性、阶级属性、政府政策、国家法律、公众舆论、社会经济发展状况、国内外时局变化等主客观因素的综合作用和制约。所以，后人在借助他们留下来的各种经济类文本去解读和揭示其经济思想的内涵或外延时，务必要联系具体的社会历史环境和背景，特别是要联系中国近代社会多种经济成分并存的复杂经济结构和被动对外开放的特殊经济环境，来追根溯源、条分缕析地对之进行深入考察和细致评判。只有这样，才可能准确理解和发现其经济思想的真谛所在以及形成原因，全面追踪和体会其经济思想对历史发展、演进所产生的实际成效与影响。

三是要运用比较分析的方法去解读和研究绍兴籍近代历史名人的经济类文本。比较分析是人文社会科学领域常见的研究方法之一，自然也适用于解读和研究绍兴籍近代历史名人的经济类文本或经济思想。在具体运用这一方法解读和研究绍兴籍近代历史名人的经济类文本或经济思想时，可以分纵向和横向两路进行。在纵向上，可以把某位绍兴籍近代历史名人的某一种经济类文本或经济思想，与不同历史时期的中外历史人物的相似相近的经济类文本或经济思想放到同一个审视空间中，进行比较分析和研究。在横向上，可以把某位绍兴籍近代历史名人的某一种经济类文本或经济思想，与近代同一个历史时期的中外历史名人的相似相近的经济类文本或经济思想放到同一个审视空间中，进行比较分析和研究。

四是要采用分时段研究的方法去解读和研究某些绍兴籍近代历史名人的经济类文本。从古到今，有不少历史人物由于其人生经历、政治立场、职业身份曲折多变，所以我们希望通过解读其留存于世的经济类文本来归纳、提炼和分析其经济思想的基本内容和演变脉络时，应当综合考量国内外特定历史时期的政局变化特别是历史人物自身的知识结构、社会阅历、职业身份、政治思想、阶级和党派属性等主客观因素的发展变化，来将他们的经济思想划分为几个特点鲜明或区分度明显的发展阶段，然后加以细密分析和评议。这就是分时段研究的方法，其本质也是一种联系特定的社会历史环境来分析和解读历史名人经济思想的研究方法。在本书所要研讨的徐锡麟、陶成章、蔡元培等绍兴籍近代名人之经济思想的发展演进脉络中，就较为鲜明地体现出受到上述主客观因素影响而发生曲折变化的特征，因而可以采用分时段研究的方法来对其内涵进行细密分析和评议。

第一章　徐锡麟的经济思想

徐锡麟（1873—1907），字伯荪，号光汉子，华夏志士。浙江省山阴县（今绍兴市越城区）东浦镇人，著名的反清民主革命英烈。地主士绅家庭出身，从小崇拜英雄豪杰，秉性坚忍刚毅。自五岁起就在父亲徐梅生（曾任山阴县管钱粮的八品县吏）的亲自督教下，接受儒家文化教育近20年，先后考取秀才、副举人。成年后，受父亲徐梅生弃吏经商、甲午战争中国惨败、戊戌维新思潮传播等多种因素的影响，逐渐由一个单纯的儒生士子成长为一个崇信西学、拥清反帝的改良主义者。光绪二十七年（1901），担任绍兴府学堂经学兼算学教师，尽力向学生传播西学和维新思想。两年后以参观大阪劝业博览会名义赴日本游历考察，受留日学生拒俄爱国运动和陶成章、龚宝铨等反清革命人士的影响，开始对革命倒清产生强烈兴趣。之后在绍兴创设书局，发行新译书报，宣传革命思想，不久又创办热诚学堂，自任体操教员。光绪三十年（1904），在上海经蔡元培、陶成章介绍加入反清革命团体光复会。翌年与陶成章等创办大通师范学堂，规定入校学生须为光复会会员，参加兵操训练。后捐得道员一衔，去安徽安庆府任武备学校副总办、警察处会办、陆军小学堂会办、巡警学堂监督等职，以合法身份传播革命火种，酝酿皖浙反清起义。光绪三十三年（1907）7月6日，因叛徒泄密，乃借安庆巡警学堂毕业典礼之机仓促起事，虽一举击杀了安徽巡抚恩铭，但他本人也因孤立无援被捕。翌日，受剖腹挖心酷刑惨死，年仅34岁。

徐锡麟生命短暂，著述不丰，仅有一些诗文、手稿和信札先后被辑为《正气集》、《徐锡麟遗札》、《徐锡麟集》等文集传世。从这些文集的内容来看，当以徐锡麟侄孙徐乃常氏于1993年编辑校勘的《徐锡麟集》① 的内

---

① 中国文史出版社1993年版。

容最丰富，讹误最少，可信度也最高，但其中只收录了《生财有大道，生之者众，食之者寡，为之者疾，用之者舒，则财恒足矣议》、《卫文公通商惠工论》、《中国商务宜如何振兴策》、《卜式论》、《致董任宝函》、《嘱其友学造纸币》等少数专论或涉及经济问题的文稿。本章主要以这些文稿为依据，结合教育背景、家庭环境、性格修养、见闻阅历、时代变迁等影响人的思想观念的主客观因素，将徐锡麟的经济思想归纳为农工商业论、财政思想、义利观念等三部分加以深入剖析。①

一　农工商业论

通观徐锡麟留下的少量经济类文稿，可以发现其中与农、工、商业相关的议论所占比例最高。而他对于农、工、商业在国民经济系统中的地位与作用的认识，也经历了一个从勉强尊崇中国儒家重农抑商的传统经济思想教条到尽力鼓吹晚清维新派重商主义经济思想②的演变过程。

（一）尊崇重农抑商的传统经济思想教条

光绪二十五年（1899），徐锡麟曾撰写了一篇涉及清末中国农、工、商业发展问题的政论《生财有大道，生之者众，食之者寡，为之者疾，用之者舒，则财恒足矣议》。单从这篇政论的题目来看，徐锡麟似乎只想在19世纪末中国特定的历史条件下谈论开辟财源、培养财源之类的古老财政命题。但是财政命题的解决自然要以农、工、商业等实体经济部门的发展为前提，所以他在这篇政论中对儒家经典《大学》的经济格言——"生财有大道，生之者众，食之者寡，为之者疾，用之者舒，则财恒足矣"进行新颖、别致的诠释时，也就很自然地用近一半篇幅论及了农业、工业等实体经济部门的发展问题。而用他自己提出的两个论断概括说，就是："生众即

---

① 关于徐锡麟的经济思想，学界至今尚无专文予以深入剖析。仅有向勇《徐锡麟思想研究》（硕士学位论文，湖南师范大学，2003年），徐和雍《徐锡麟的反帝爱国思想》（《杭州大学学报》1982年第4期）等少数文章简略提及。

② 晚清维新派重商主义经济思想的主要内涵是在突出强调商业在国民经济系统中的核心地位的基础上，要求清政府通过实行各种振兴商务政策来促进中国近代资本主义工商业尤其是对外贸易的发展，以消除巨额外贸逆差，实现中国社会经济的整体进步和繁荣。

后世重农学、兴矿务之政";"为疾即后世设机器、讲制造之政"①。当然，由于徐锡麟此时仍试图固守中国儒家重农抑商的传统经济思想教条，所以他在论述实体经济部门的发展问题时，依旧和大多数儒家人士一样只承认土地和农业是财富的主要来源，并把工业所产机器看作是在新的历史条件下成倍提高农业出产率和增殖财富的必要手段，而不愿承认工业对于财富生产的直接而巨大的促进作用，更不愿承认商业流通也是财富增殖的重要管道与来源。而且，照他此时的认知逻辑推论，本应划入工业部门的矿业，因其生产对象也和农业一样出自土地，似也应算作农业的一部分。这一切在他对于自己提出的两个论断"生众即后世重农学、兴矿务之政"和"为疾即后世设机器、讲制造之政"的具体解释中表露无遗。

他写道："曷言生？盖穷利于地，而增添大地上未有之财物也。是故此国之财，流于彼国，则非生；在下之财，供之在上，则非生。其生之之派有二，一农学，一矿学也。农以养民之生，矿以足民之用。农宜弃旧器，用新法，推穷物理，相度土宜，辨别种植，则于地内生一分之质，即于地上多一分之财。矿宜察矿苗，炼矿质，凡金银铜锡煤铁之属，用化学以阐其理，则于地内生一种之财，即于地上增一种之利……《大学》言生而必系之以众者何？盖众者合群之意，即……通力合作，严禁游惰而已。通力合作，则农学之会可立，严禁游惰，则开矿之厂宜设也。"又说："有机器以代人力，一具机器可代数人或数十人之力，百具机器可代数千人或数万人之力，且合众小机器而成一大机器，则速力加增而出货较捷，故曰为之者疾也。为何义？动作之意也。疾何解？增速之谓也，此盖据其器而言。"②

不难看出，此时徐锡麟的基本经济思想尚处在从中国儒家重农抑商的传统经济思想教条向晚清维新派重商主义经济思想缓慢过渡的阶段，因而他对于《大学》中"生财有大道"格言的诠释也就显得有些新旧交错、自相矛盾了。

一方面，徐锡麟撰文诠释《大学》中"生财有大道"格言的时间点与1898年戊戌变法相去不远。当时包括晚清维新派重商主义经济思想在内的变法维新的社会思潮已在中国开明人士中传播了二三十年，中国民族资本主义工商业也有了曲折而缓慢的发展。这样的时代背景显然会对关心国事

---

① 徐乃常编：《徐锡麟集》，中国文史出版社1993年版，第7页。

② 《徐锡麟集》，第7、8页。

的徐锡麟产生至关重要的影响，所以他才会在上述文章中提出"农宜弃旧器，用新法"，"开矿之厂宜设"，"讲求机器"等具有变法维新意味的经济观点来诠释《大学》中"生财有大道"的格言。但与晚清维新派注重从商业流通领域看待财富来源的流行观点不同的是，徐锡麟对《大学》中"生财有大道"的"生"字所作出的"盖穷利于地，而增添大地上未有之财物"这一解释，则说明他倾向于从物质生产领域来看待财富的来源。这种认识和晚清维新派的先驱之一陈炽提出的所谓"必地上本无是物，人间本无是财，而今忽有之"的"生财之道"① 几乎如出一辙，有可能是受到后者影响的结果。

另一方面，徐锡麟自五岁起就在其父徐梅生的督教下研读儒家经典近20 年，这样的教育经历无疑会对其经济思想的形成和演变产生深远的影响。所以，他在一开始提出具有变法维新意味的经济观点时，就很难摆脱儒家传统经济思想教条的羁绊。事实上，他在上述文章中提出具有变法维新意蕴的经济观点的同时，正是在儒家重农抑商的经济思想教条的羁绊下表达了一个陈旧落伍的观点："专以通商为务，开商埠，竞商战，特其末尔"，"故计学家之分派，以务农者为端本，讲工贾者为逐末。"② 也正是在儒家重农抑商的经济思想教条的羁绊下，徐锡麟在对《大学》"生财有大道"格言中"为之者疾"的含义作出"即后世设机器、讲制造之政"的新奇解释后，又颇为牵强地以《吕氏春秋》中"不夺农时，则为之者疾矣"一语为过渡，以他自己杜撰的孔夫子"逆料后世必有以机器代人力者"的远见卓识为论据，③ 隐晦地强调工业的职能仅仅是为农业生产率的激增提供机器这种技术装备，而不可能像农业那样直接生产出巨额的财富。在 1899 年中国民族资本主义工商业已经有所发展的时代背景下，徐锡麟还如此看待农业、工业在国民经济系统中的地位和作用，甚至不愿明确使用"工业"这一术语来指代"后世设机器、讲制造之政"的物质生产方式，更不愿提及与农业、工业生产密切相关的商业流通对于财富增殖与转移的积极作用。这无疑是十分陈旧的经济理念和谬见！

---

① （清）陈炽：《续富国策·自叙》，赵树贵、曾丽雅编：《陈炽集》，中华书局 1997 年版，第149 页。

② 《徐锡麟集》，第 7 页。

③ 《徐锡麟集》，第 8 页。

而且，如此陈旧的经济理念和谬见也与徐锡麟家庭经济环境的巨大变化格格不入。从私人资财上看，徐锡麟原本出生于一个拥有 100 多亩田地的富绅家庭。其父亲徐梅生早年有秀才功名，故得以在山阴县衙担任管钱粮的八品县吏。后来，他感到仅靠地租收入和县吏的微薄薪俸不足以发家致富，于是在东浦镇上与人合开全禄昌南货店牟利。十余年后，他又辞职在绍兴城里开设天生绸庄和泰生油烛店，雇工经营，终于使其家庭变成了"资本甚厚，生意往来甚大"的富户殷商。正是目睹家庭经济环境的逐步变化，熟读儒家经书的徐锡麟在 16 岁那年（1889），竟然向父亲提出去昆山投资开矿的请求，但未获准，故其内心十分烦恼。① 这说明徐锡麟本来是有可能提前摈弃儒家重农抑商的经济思想教条的，遗憾的是此种可能性却因其父要求他专心致志于科举考试而被扼杀掉了。

（二）鼓吹维新派的重商主义经济思想

然而，"青山遮不住，毕竟东流去"。由于家庭经济环境的巨大变化在客观上使得少年徐锡麟对工商业经营产生了感性认识和兴趣，所以后来随着年龄阅历的增长和时代环境的变迁，他自会在晚清维新派重商主义经济思想的影响之下，撰写出完全颠覆儒家重农抑商的经济思想教条的新文章来。

大约在光绪二十五年（1899）秋冬之际，徐锡麟先后撰写了《卫文公通商惠工论》和《中国商务宜如何振兴策》这两篇具有浓厚重商主义经济思想特质的文章。在前一篇文章中，他主要针对 1840 年鸦片战争特别是1895 年甲午战争之后西洋各国及日本凭借经济、科技优势与中国进行工商业竞争导致"中国之利源，日流于外域，中人之膏血，日耗于外洋"的不利经贸格局，以春秋时期卫文公因"通商惠工"而中兴卫国的先例为根据，提出了一系列旨在帮助清末中国走上富强坦途的经济观点和建言："欲富国，必通商，欲强兵，必惠工"；"商务工政相表里，我中国苟行文公通商惠工之法，集会巨商，奖劝工艺，则利权不致为西人所独揽矣"；"如纺织用机器，则洋布……进口自少矣；如开矿用机器，则洋铁……无人顾问矣；如精求制造，以兴船政……则开花弹铁甲船，皆不必购于外洋矣"；"凡有

---

① 参阅《徐锡麟集》，第 140—141 页。

新制之器，酌定年限，准其一人沾利（即专利）"，"此实通商惠工之大政"。① 而在后一篇文章中，他则提出了多项要求清政府振兴中国"商务"的政策建言。具体说，就是要求清政府在"创设商务大局"，颁行"振兴商务"条例，集聚商民心智财力"与泰西争衡"的根本前提下，实行"设公司以昭商信"、"广（茶桑）种植以培（出口）商（业之）本"、"减（出口之货）厘捐以开商路"、"轻掉（利）息以护商局"等重商和护商政策来促进中国资本主义工商业特别是对外贸易的发展。②

要而言之，到了光绪二十五年（1899）年秋冬之季，徐锡麟的经济思想已经基本发展成熟。此时的他已经能够像鼓吹重商主义经济思想的晚清维新派那样，正视和肯定工商业在国民经济系统中的重要地位与作用，直面和赞赏工商业对于近代国家财富增殖和国力强盛的积极功能与效用，并明确指出了工业与商业互为表里、相依为用的密切关系，而不再像原先那样因为受到儒家重农抑商的传统经济思想教条的束缚，只承认农矿业是财富的来源，而不认可工商业对于财富生产和增殖的巨大作用。但是，与晚清维新派在要求清政府"重商"或"振兴商务"时大都肯定农、工、商业的相互依存关系的见解相比，徐锡麟此时对于农、工、商业关系的认识似乎又从原先只重视农业地位和作用的误区转向了只重视工商业地位和作用的新误区。其表现有两点：

一是徐锡麟在撰写《卫文公通商惠工论》时，为了证明"通商惠工"之政是清末中国在经济上变法图强的不二法门，只有意截取了儒家史籍《左传》中所载春秋时期卫国中兴之君——卫文公经济改革中鼓励工商业发展的"通商惠工"政策作为论据，而遗漏了卫文公经济改革中扶助农业发展的"务材训农"政策。《左传》中所载卫文公经济改革的原文是："卫文公大布之衣，大帛之冠，务材训农，通商惠工……元年革车三十乘，季年乃三百乘。"③ 而到了徐锡麟的笔下，这段文字则变为："卫自懿公好鹤……为狄所灭……文公集遗民，立新政，以为欲富国，必通商，欲强兵，必惠工，元年革车三十乘，季年乃三百乘，此通商惠工之明效也。是商务工政，

---

① 《徐锡麟集》，第18—19 页。

② 《徐锡麟集》，第73—74 页。

③ 《闵公二年》，《左传》上册，新疆人民出版社 2002 年整理本，第 98 页。

实中兴之秘策，自强之要图，文公明其证矣。"① 他的用意显然是存心遗漏卫文公经济改革中"务材训农"的内容，以凸显"通商惠工"之政对于清末中国变法图强的重大功用。

二是徐锡麟在《中国商务宜如何振兴策》一文中，几乎都围绕着"商"字和"商务"展开论述，而对农业变革在清末中国变法图强大业中的积极作用基本不予触及，只是在谈论如何振兴中国日益衰败的茶、丝出口贸易之时，才简略提到要在各省推广茶、桑种植的农业变革事项。但其主要意图只是为了维护中国传统出口商贸活动的命脉，挽回被洋人侵夺的茶、丝贸易利权，而不是要求像振兴中国"商务"那样全面振兴中国的农业。

二　财政思想

除了农工商业论，财政思想也是徐锡麟经济思想的基本组成部分。其具体内容则因徐锡麟的政治立场从拥清改良转向反清革命而发生了从改良主义建设型财政议论到反清革命消耗型财政议论的显著变化。

（一）改良主义建设型财政议论

光绪二十五年（1899），徐锡麟在写作《生财有大道，生之者众，食之者寡，为之者疾，用之者舒，则财恒足矣议》一文时系统地发表了一种旨在帮助清政府解决严重财政困难的改良主义建设型财政论。其核心内容是对儒家经典《大学》中"生财有大道，生之者众，食之者寡，为之者疾，用之者舒，则财恒足矣"这一经济格言所作出的新颖解析："大道之纲领有四：一生众，二食寡，三为疾，四用舒。生众即后世重农学、兴矿务之政；食寡即后世汰冗员、裁胥吏之政；为疾即后世设机器、讲制造之政；用舒即后世定预计、立岁表之政。"②

单从字面上看，《大学》中"生财有大道，生之者众，食之者寡，为之者疾，用之者舒，则财恒足矣"一句的财政含义是：只要生产财富的人多，坐食消费财富的人少，还要从速生产和从缓消费，那么可供国家分配的财富就会长久充足。其优点是第一次在儒家思想史上明确要求从生产和消费

① 《徐锡麟集》，第18页。
② 《徐锡麟集》，第7页。

此长彼消的数量（包括人数和速度）对比关系上去看待国家财富的充足与否，但缺点是没有进一步说明应当用什么方式方法去增加财富生产的数量和减少财富消费的数量。而徐锡麟则在西方近代工商业文明逐步传入中国和晚清维新派重商主义经济思想日益流行的时代背景下，从培植财政收入来源和控制财政支出两个角度对这一经典语句的财政含义作了与时俱进的新诠释和新演绎。从培植财政收入来源的角度看，徐锡麟所说的"生众即后世重农学、兴矿务之政"和"为疾即后世设机器、讲制造之政"，本质上就是在新的时代背景下提出的一些能够成倍增加财富生产数量的科学、高效的方式方法。这些方式方法属于发展经济、培养财源的广义财政范畴，前面已予详论，故此处从略。从控制财政支出的角度看，徐锡麟所说的"食寡即后世汰冗员、裁胥吏之政"和"用舒即后世定预计、立岁表之政（即确立预、决算制度）"，本质上就是在新的时代背景下提出的两种减少财富消费数量的具体、可靠的方式方法。而徐锡麟之所以提出这两种减少财富消费数量的方式方法，其原因是他和大多数持有类似主张的晚清维新派人士一样，看到了清末各级政权机构中冗员胥吏虚耗财富、鱼肉百姓的巨大危害和源自西方国家的预、决算制度对于控制财政支出、节减无益靡费的重要作用。

徐锡麟写道："冗员何以汰？凡在省会之中，已有管理之员，而又设一管理者，虚糜之费，何可胜计，则重设之员可汰；名为教育，实无教育，学术之衰，实由于此，则有名无实之员可汰；一县之中，已设一令，举凡佐令之员，皆为虚设，则佐令之员可汰。古之服官，为行道者计，今之服官，为谋食者计，则簪缨之路，皆为垄断之门。不学之徒，贼民非浅，则一切才不胜职之员可汰，则课吏馆之所以设也。至于胥吏，则贻毒更甚。豺狼出没于山，而樵者裹足；蛇蝎蜿蜒于地，而行者寒心。衙署之有胥吏，犹山中之豺狼，路旁之蛇蝎也。蛇蝎尚不夺人之食，而胥吏则百端需索，为害闾间。国家何忍以手足勤劳之食货，而供豺狼蛇蝎无厌之取求也，则警察局之所以行也，食寡之道不外乎此……然制造机器，所费数百万，国家有此巨举，所用不敷奈何？曰有权入为出之一法，即后世所谓定预计、立岁表是也。定预计若何？预计者，于未出未入之先而预计国用也，某项之入几何，某项之出几何，统全国之用而合计，必使入多于出而后可。此谋用之要津也。立岁表若何？盖今出入之数，与前出入之数，两两相较，款项之有无增减，为用之有无多寡，利可兴则兴，弊可革则革，此理财之

枢纽也。夫而后内帑充盈，度支费绌，而用不能舒，未之有也。"[1] 徐锡麟
的这番解释既指出了晚清维新派人士经常申述的清末行政机构改革和财政
制度改革的必要性与迫切性，又蕴含了把节减下来的财政资金投向经济建
设用途的积极意图和考量。而且，徐锡麟此时提出的希望清政府运用预、
决算制度控制财政支出的改革建言，实际上还隐含了他自己对于量入为出、
收支平衡的预算编制原则或财政资金处理原则的肯定与赞赏。在他此时的
财政认知体系中，显然还没有运用量出为入、发行纸币或公债的赤字预算
准则去筹集财政资金、解决财政困难的概念与想法。

（二）反清革命消耗型财政议论

光绪三十年十二月（1905 年 1 月），徐锡麟参加了反清革命团体光
复会。同月，他在和一位革命战友谈话时发表了一段简明扼要的反清革
命消耗型财政论："军兴饷匮，势将钞略（同抄掠）；钞略则病民，亦
自败，洪秀全事可鉴也。今计莫如散军用票，事成以次收之。然军用票
易作伪，宜习其雕文纤镂，令难作易辨，子勉学。"[2] 其大意是说：反
清革命军起事之后，军饷的供应将会匮乏，势必要靠强夺民财来弥补；
强夺民财不仅损害民众的利益，也会导致反清革命的失败，从前洪秀全
领导太平天国起义因强夺民财而失败的事例就值得革命军鉴戒。今日之
计不如向民间散发军用票为革命军筹饷，等反清革命胜利之后再逐渐从
民间收回。然而军用票容易被伪造，所以你应当努力学习并掌握精美纤
巧的图文雕刻技艺，使反清革命军的军用票难以伪造又易于辨认，以确
保它的顺利发行和流通。

显然，由于徐锡麟作为民主革命家能够体恤民众疾苦，并注意借鉴历
史的经验教训，所以才主张依靠军用票这种特殊的纸币筹集反清革命军的
军饷。但是，与强夺民财相比，依靠军用票这种特殊的纸币筹集军饷仍然
会损害民众的利益，只不过其作用的机制和方式较为间接和隐蔽罢了，而
且从历史经验和成例来看，军用票或纸币发行过多所造成的恶性通货膨胀
更会严重损害民众的利益。大概是明白这一点，所以徐锡麟在主张依靠军
用票筹集反清革命军军饷的同时，又认为要在反清革命胜利之后从民间回

---

[1]　《徐锡麟集》，第 7—8 页。

[2]　徐锡麟：《嘱其友学造纸币》，《徐锡麟集》，第 77 页。

收军用票。与历史上很多政治军事集团在战争时期大肆利用军用票或纸币向民众筹集军饷和战费，但在战胜敌人之后又拒不回收军用票或兑现纸币的恶劣行径相比，徐锡麟认为要在反清革命胜利之后回收军用票，无疑反映了他作为民主革命家能够关心民瘼、以民为本的民主主义进步思想，对此应予肯定。换个角度分析，也正因为徐锡麟认为要在反清革命胜利之后回收军用票，所以他所说的反清革命军的"军用票"也就具备了战争时期政府财政机构发行的强制性公债到期仍要偿还本金的特点（区别只是不需支付利息），而不仅仅是一种能够替代金属货币充当商品交易媒介和支付手段的特殊纸币。进而言之，徐锡麟所主张的依靠军用票筹集反清革命军军饷的计策本质上就兼具了战争时期政府财政常用的两种筹款工具——纸币和公债的含义与特性。而他发表的上述议论本质上就是一种服务于反清革命军武装起义需要的战时财政论。一般而言，战时财政常用的筹款工具主要是纸币、公债和税收，这也是古今中外很多财政专家和政治家在谈论战时财政时所公认的常识。那么，徐锡麟在上述议论中为什么不主张同时依靠纸币、公债和税收来筹集反清革命军的军饷，而只主张依靠一种将来要从民间回收的兼具纸币和公债的含义与特性的"军用票"来解决问题呢？这就得从战时财政的本质属性和反清革命军作为"非法造反者"的政治地位讲起了。

战时财政本质上是一种以克敌制胜为最高原则和目标的，由战争瞬息万变、消耗巨大的特性所决定的，必须在第一时间筹得充裕的物资财货以确保前方将士作战和生存需要的特殊财政形态。因此，战时财政所依赖的筹款工具首先应具有筹款迅捷而巨大，手续简便，人民短期内无被剥夺感等优点。而纸币和公债恰恰就是具有这些优点的筹款工具。特别是纸币，其印制成本极低，发行手续简便，单凭合法政府或"非法造反者"的强制力就能在无形中迅速筹得巨量的社会财富，即便是最腐败无能的合法政府或崛起不久的"非法造反者"也能轻易地利用它来筹款，所以它通常能够取代合法政府或"非法造反者"需要凭借良好信用才能成功发行的公债成为战时财政首选的筹款工具，而公债则成为战时财政第二位的筹款工具。古今中外，几乎莫不如是。例如，我国宋、金、元三朝和清朝咸丰年间的合法政府都曾依靠巨量纸币来应付内外战争，20世纪第一次和第二次世界大战期间的西方各参战国政府也都将纸币作为战时财政筹款的首要工具。而从逻辑上推断，用纸币筹款比公债更为迅捷方便的优点无疑，也是徐锡麟主张依靠军用票这种特殊的纸币筹集反清革命军军饷的原因所在。至于他为何不公然提议利用纸币筹集反清革命军的军饷，则如前文所述，应该是因为他注意到了历史上纸币发行过多所造成的严重损害民众利益的恶性通货膨胀的反面事例。同时，也如前文所述，由于徐锡麟认为要在反清革命胜利之后回收军用票，所以他所说的反清革命军的"军用票"就不仅仅是一种特殊的纸币，还兼具了战争时期政府财政机构发行的强制性公债到期仍要偿还本金的特点。至于他为何不索性主张利用公债来为反清革命军筹集军饷，则应当是他意识到，反清革命军作为以推翻当时仍是中国合法政府的清朝廷为职志的"非法造反者"，短期内尚难以在政治上建立起向民众发行公债所需的良好信用。

　　从理论上说，无论是主要依靠纸币、公债或徐锡麟所说的"军用票"来筹集军饷军费的战时财政策略或反清革命财政策略，都是一种量出为入、预算失衡的赤字财政策略。而赤字财政策略虽然是战争或革命的巨量物资消耗所导致的必然结果，但是一味依靠它来筹集战争或革命经费从长远看来不啻是饮鸩止渴的自杀行为，必将断送战争或革命的胜利前景。因此，清醒的财政专家和政治家在擘画战时财政或革命财政的筹款方略时，一般都不会忘记税收这一和平时期财政的主要筹款工具对于弥补战时财政或革命财政的巨额赤字，减少纸币、公债或军用票的发行数量，遏制恶性通货膨胀发展的重要作用与功效。那么，徐锡麟在主张靠军用票筹集反清革命军军饷的同时，为什么没有提到或想到税收对于反清革命军筹集军饷的重要作用与功效呢？原因无它：一是因为税收本质上和他所否定的强夺民财的"钞略"一样，是对于民众私财的公然的无偿剥夺，容易激起民众的反感甚至反抗；二是因为税收的筹划和征收过程较为漫长，手续繁杂，获取资财的速率低下，难以满足刚刚组建的反清革命军战时筹饷的紧急财政需要。

　　另外，需要说明的是，徐锡麟认为应使反清革命军的军用票"难作易辨"的目的，表面上看是为了防止他人伪造的纸质票据破坏反清革命军军用票的信用和流通，但归根结底，其目的仍和他认为要在反清革命胜利之后从民间回收军用票一样，是诱使民众在信任反清革命军的基础上尽可能多地将其私财交出去，变成后者行军作战的粮饷器械。

三　义利观念

义利观念也是徐锡麟经济思想的重要组成部分。其本质内涵是他因饱读儒家经书而服膺的儒生士子重义轻利的传统经济伦理原则，外在表现则是他访贫问苦、体恤穷人的侠义之举和提出的一些涉及义利关系这一经济伦理问题的观点言论。

据徐锡麟亲属回忆，徐锡麟自小就具有体恤穷人疾苦的侠义慈悲之心。少年时代的他不但常和小伙伴们一起帮助贫农割稻、插秧，还常去当铺门口阻止穷人典当衣物，然后拿出钱来接济他们；每当碰到衣不蔽体的乞丐，则脱下自己身上的好衣服给他们穿；他是家里的大少爷，却从不摆大少爷的架子，经常帮助佣人清扫住宅庭院。徐锡麟家有很多田地租给佃农耕种。有一天，恰逢他祖母生日，徐锡麟父亲就叫他划船去乡下收租给祖母庆生。他去了半天，到傍晚时却空着手回来了。原来，他到了佃农那里，见人家房屋破败，生活贫苦，顿生怜悯之心，开口便说："今朝是我祖母生日，租谷不用付了，给你们买寿面吃！"说完，就径自摇着空船回家了。① 又据章太炎所撰《徐锡麟传》和另一则史料记载：徐锡麟"性爱人"，成年后"在山阴，尝步上龙山，见一老妪方自经，遽抱持救之，问其故，曰：'负人钱！'"徐锡麟闻之，当即馈赠老妪 200 银圆让她还债。② 另据光复会领导人之一陶成章回忆，徐锡麟结识他之后，常和他同赴杭州从事革命活动。一日傍晚，他们投宿在杭州城外的一家旅店，闲来无事就沿着护城河边的沙滩散步，忽见一童欲投河自尽，急救之。问其故，方知此童"系某店学徒，道行遗失店主银钞"。锡麟乃护送此童回店，为他"代付（所失）银钞"给店主，并"嘱店主勿加虐其徒"，然后"不告姓名而去"。③

如果说上述事例充分表现了徐锡麟重义轻利、仁者爱人的侠义慈悲之心的话，那么他在一些文章和信函中提出的相关观点言论则是他对于义利

---

① 徐学圣、徐佩农：《伯父徐锡麟轶事》，见《浙江文史资料选辑》第 27 辑，浙江人民出版社 1984 年版，第 3—4 页。

② 绍兴文史资料选辑第 4 辑《徐锡麟史料》，绍兴县政协文史资料工作委员会 1986 年编印，第 63 页。另见《徐锡麟集》，第 134 页。

③ 陶成章：《浙案纪略》中卷，1916 年 7 月浙江云和县魏兰补注本，第 13—14 页。

关系这一经济伦理问题的直接阐释和回答。

光绪二十六年（1900），徐锡麟曾撰写《卜式论》①一文，盛赞汉武帝时期靠牧羊发家致富而后主动输财助边、散财恤众、舍身赴敌的历史人物卜式是"义士"和"勇士"，进而以清末中国民众贫苦、国势倾颓的时局为依据，期望"天下富豪之家，效卜式之义，以衣衣人，以食食人"，清王朝的"封疆之吏，效卜式之勇，肝胆如日月，志气壮山河"地抵抗外敌入侵。应当说，这番言论固然表明徐锡麟当时在政治上仍然对清朝统治者抱有不切实际的希冀和幻想，但是仅从义利关系的角度说，则充分表明了他对于儒家重义轻利的传统经济伦理原则的恪守和推崇。在他看来，卜式发家致富后主动输财助边、散财恤众、舍身赴敌的一系列行为，既是合乎儒家道德标准的义举和壮举，也是合乎儒家义利关系标准的一种大利和大勇。所以，他在《卜式论》中才感慨地说，卜式的"忠义之光，果敢之气，二千年后，犹昭然在人间"，颇值得后人效仿和学习；如果清末的富豪之家和封疆之吏都能够像卜式那样苦民众之所苦、急国家之所急地慷慨解囊，奋勇御敌，那么中国就能由"贫者转为富，弱者转为强"，而他也将会为之燃点"馨香"祈福。

光绪二十九年（1903），徐锡麟从一名拥清反帝的改良主义者转变成鼓吹暴力倒清的民主革命家之后，其义利观念并没有因为个人政治立场的变化而发生根本性转变。他仍然服膺儒家重义轻利的传统经济伦理原则。这一点除了已为前面所述他为杭州某店学徒代偿遗失银钞给店主的义举所证明外，在他写给一位名叫董任宝的书商的信件以及他嘱咐革命战友学造军用票的谈话中也有体现。

是年夏，徐锡麟在致书商董任宝的一封信中写道："《代数备旨全草》系敝（绍兴府）学堂所刻，稿有存案，不准翻刻。现闻贵局中业已翻印，作何计较，请阁下酌定为要。速赐回示，以便定夺施行。董任宝先生鉴。弟徐锡麟顿首。"②从徐锡麟所言可知，由于董任宝的刻书局未经他许可，就擅自翻印了他编辑的绍兴府学堂教材《代数备旨全草》，所以他才写信给董任宝讨个说法。虽然他写信的措辞还算委婉客套，但信中谴责董任宝侵犯他的专有版权或著作权益的意思已经溢于言表。从义利关系或经济伦理

---

① 《徐锡麟集》，第21页。
② 徐锡麟：《致董任宝函》，《徐锡麟集》，第51页。

的角度看，徐锡麟实质上是谴责董任宝不应该牟取损人利己的不义之财。这显然是符合他所服膺的儒家人士重义轻利的传统经济伦理原则的，也符合儒家先圣留下的"君子爱财，取之有道"的关于财利和道义关系的著名教诲。

从义利关系或经济伦理的角度看，上文已从财政层面深入剖析过的徐锡麟嘱咐革命战友学造军用票的那段言论显然也体现了他对儒家重义轻利的传统经济伦理原则的服膺和推崇。他起先认为反清革命军如果靠强夺民财的"钞略"筹饷会"病民，亦自败"，就等于说这是一种谋取不义之财的自杀政策，从道义上说必须予以放弃；后来他退而求其次地主张依靠散发军用票来为反清革命军筹饷，但又强调要在反清革命胜利之后从民间回收军用票，则也可看成是他信守儒家重义轻利的传统经济伦理原则的一种体现，或者说是体现了他作为儒学功底深厚的读书人对于儒家先圣留下的"君子爱财，取之有道"的著名教诲的自觉践行。

需要说明的是，徐锡麟自觉信守和践行的儒家重义轻利的传统经济伦理原则在中国近代经济思想史上的地位曾发生过不同于中国古代的起落变化。这一传统经济伦理原则长期在中国古人的思想言论和修身求利活动中占据统治地位，是中国古代自给自足的社会经济结构和宗法专制的社会政治结构能够长久延续的重要润滑剂与减压阀，同时也因其对人民求利欲望约束过多而阻碍了中国古代工商业的发展和市场经济体制的培育。鸦片战争以后，清政府被迫打开了与西方列强交往的国门，儒家重义轻利的传统经济伦理原则的统治地位也随之遭到冲击和破坏。首先是魏源、包世臣、王韬、薛福成、郑观应、陈炽等人对这一原则进行了批评，逐渐起到了解放人民求利思想和活动的积极作用。但是，由此也产生了重利轻义的经济伦理倾向。如严复主张义利统一，把义归结为人的"长久真实之利"，其实是否认了义的价值和功用；而何启、胡礼垣等根本不谈论义，他们只崇尚和肯定西方资本主义的个人求利之心。反清民主革命领袖孙中山先生主张恢复并适当改造中国的固有道德，实际上是重新肯定了义的作用。① 这倒是和走上反清民主革命道路之后仍然坚持儒家重义轻利的传统经济伦理原则的徐锡麟的观点遥相呼应了。

---

① 参阅叶世昌《近代中国经济思想史》，上海人民出版社1998年版，第293—294页。

　　综上所述，徐锡麟的经济思想主要是光绪二十九年他走上反清革命道路之前在多种因素的作用下形成的。其主旨与王韬、薛福成、马建忠、郑观应、陈炽、康有为、梁启超、谭嗣同、严复、汤寿潜、陈虬、宋恕等晚清维新派人士的经济思想一样，都是希望清政府能够效仿西方列强在经济领域内变法维新，以推动中国近代资本主义经济的快速发展和实现国家、民族的独立富强。这种经济思想的一个显著特征，就是把经济上变法图强、振兴中华的迫切期望和重任寄托在了虽已腐朽不堪但仍能勉强维持其统治地位的清政府身上。光绪二十九年之后，由于徐锡麟在政治上从一名拥清改良派人士变成了一名英勇的反清革命志士，他把绝大部分时间、精力都投放到了暴力倒清的革命事业上面，而甚少有余暇从全局高度继续思考和研究中国经济的整体发展与改革问题，即使偶尔会思考和论及一些经济问题，也多半是和反清革命事业直接相关的一些微观经济问题，譬如反清革命军的筹饷办法，等等。而且，他在光绪三十三年（1907）年仅34岁时就为反清革命事业英勇捐躯，所以其最主要的经济思想也就只能停留在与晚清维新派人士相近的认识水平上了。

　　值得注意的是，无论是徐锡麟在光绪二十九年之前留下的主要研究中国经济整体发展与改革问题的经济类文稿，还是他在此之后留下的讨论反清革命军筹饷办法等微观经济问题的少量文稿，都和清末多数维新派人士的经济类论著一样，隐隐然受到了由儒家学说主导的中国传统经济思想教义的影响和制约，甚至在一些观点和文字上还带有了后者竭力鼓吹的"西学中源论"的鲜明特征。与清末多数维新派人士相似的是，徐锡麟在光绪二十九年之前思考和研究中国经济的整体发展与改革问题时，主要是依据西方近代资本主义的经济理论、观念和制度来建议清政府尽速推进经济领域内的变法维新，以求得国家、民族的独立富强，然而由于徐锡麟的学问根基和清末多数维新派人士一样都来自于以儒家学说为主的中国传统文化，所以他在光绪二十九年之前思考和研究中国经济整体发展与改革问题的逻辑理路和表述方式，仍然像后者那样习惯于运用中国传统文化中经济思想方面的成例、法则和观念来诠释、比附和演绎西方近代资本主义性质的经济变革主张和理念。

　　治晚清思想史者皆知，晚清维新派人士为了减轻和消除顽固守旧势力对于变法维新的种种疑虑和阻挠，曾在如何看待中西文化关系的问题上继承和发扬了黄宗羲、方以智、梅文鼎、阮元、龚自珍、魏源等前辈学者所倡导的"西学中源论"，把西方列强的一切科技文明、观念制度都归因于中国古圣先贤的微言大义、远见卓识或中国古典文献中的器物名教、典章制度。王韬、薛福成、郑观应、陈炽、汤寿潜等晚清维新派的先驱人物就是这种"西学中源论"的积极鼓吹者，康有为、梁启超、谭嗣同、黄遵宪等晚清维新派的后期领袖与猛将也持有类似的思想认识。即便是像严复那样因为留学英国而服膺西方近代科技文明和观念制度的维新思想家，也"试图（在）用中国传统思想来融合几个方向的西方思想的（工作上），作出大量努力"。① 单就晚清维新派经济思想的总体状况而论，它迟至甲午战争前后仍带有"西学中源论"的明显特征。换言之，就是清末多数维新派人士虽已懂得了不少西方近代的经济学理论、观念和经济政策及制度，并迫切希望清政府能够照方抓药地在中国经济领域内变法维新，但囿于当时顽固守旧势力的强大和自身所熟谙的中国传统文化的规制，他们在谈论中国经济的变革和发展问题时，仍会下意识地袭用中国传统文化中经济思想方面的成例、法则和观念来阐述自己的经济变法主张和见解。譬如，他们大都会采用中国传统史籍中"食货志"的经济部门分类法来撰写那些主旨与实质是鼓吹中国应当效法西方国家建立和发展近代资本主义工业化、市场化的经济结构和体制的维新类论著，这样的典型论著主要有王韬的《弢园文录外编》、郑观应的《盛世危言》、陈炽的《续富国策》、汤寿潜的《危言》和《理财百策》等等。特别值得一提的是《续富国策》一书的作者陈炽。他可算是晚清维新派人士中在经济思想上把"西学中源论"推到极端的"最典型的一位思想家"了，在他看来，西方近代一切经济方面的文物制度，"除'银行以兴商务，赋税不及农民'二者外，无一不是在从中国古圣先王那里抄袭去的陈法的基础上发展起来的"。② 此外，晚清维新派人士也不时会采用一些中国传统的经济政策和观念来比附西方近代的一些经济政策和阐述自己的经济变革主张。例如，清末浙江籍维新派人士陈虬就曾采用中国秦汉典籍《管子》中"隘其利途"的经济政策来比附西方国家举借公债的政策，③ 戊戌变法的领袖康有为则采用"富民"、"养民"这样的传

---

① 梁捷：《近代国人对西方经济学的认识——以严复为例》，《社会科学战线》2008 年第 6 期。

② 胡寄窗：《中国近代经济思想史大纲》，中国社会科学出版社 1984 年版，第 163 页。

③ 参阅拙文《陈虬经济变革思想评析》，《嘉兴学院学报》2011 年第 4 期。

统经济观念来阐述他在光绪二十一年（1895）提出的十项"西洋化"的经
济变革主张。①

　　通观徐锡麟在光绪二十九年之前撰写的几篇具有变法维新性质的经济
类文稿，则可发现他对待中国传统经济思想的基本态度几乎和清末多数维
新派人士如出一辙，即他也会像后者那样，愿意或习惯采用中国传统经济
思想的某些观念、法则和成例来演绎、诠释和比附西方近代资本主义性质
的经济变革主张和理念。例如，他在《生财有大道，生之者众，食之者寡，
为之者疾，用之者舒，则财恒足矣议》、《卫文公通商惠工论》这两篇文稿
中，就是以中国儒家传世经典中的著名经济格言和经济变革成例为理论与
事实依据来阐发那些具有西方近代资本主义性质的经济发展主张和财政改
革建言的。易言之，就是他采用了中国传统经济思想的某些观念、法则和
成例来演绎、诠释和比附了一些具有西方近代资本主义性质的经济变革主
张和理念。这显然是一种为了消除清末中国经济领域变法维新的阻力而有
意选择的一种特殊的经济思想表述的方式和逻辑。也正是因为徐锡麟在光
绪二十九年之前选择了这样一种经济思想表述的方式和逻辑，所以他在其
经济类文稿中写下的一些观点和文字才具有了清末多数维新派人士所鼓吹
的"西学中源论"的鲜明特征。这些观点和文字主要是："尝读《大学》
至生财一节，其足国之道，与后世财政相表里。可知圣贤立言，实先万世
而示之准。其曷云大道，盖统上下古今华夏蛮夷之国，而不可易之道也；
曷云有大道，盖此道为天地应有之道，而非矫揉造作之术也。""或曰孔子
之时，航海之路未通，互市之风未辟，何有机器之入中国？不知圣人逆料
后世必有以机器代人力者，故先出一言，以明其理，而特为有国家者告焉，
从为疾之义也。"②当然，徐锡麟对待中国传统经济思想的态度也和多数维
新派人士稍有不同，那就是他对于重义轻利的儒家传统经济伦理原则的坚
定信守与践行。

_____

　　① 这十项经济变革主张即"富国"主张六：钞法、铁路、机器轮舟、开矿、铸银、邮政；
"养民"主张四：务农、劝工、惠商、恤穷。详见汤志钧编《康有为政论集》上册，中华书局1982
年版，第123—126页。
　　② 《徐锡麟集》，第7、8页。

第二章　陶成章的经济思想

陶成章（1878—1912），字焕卿，笔名汉思、志革、陶耳山人、会稽先生，浙江省会稽县（今绍兴市柯桥区）陶堰镇人。著名的反清民主革命家，光复会创始人和主要领导者之一。早年入村塾读书，过目不忘，经史皆通，后担任过三年塾师。光绪二十八年（1902）得蔡元培资助东渡日本，先进清华学校，再转成城学校学习陆军战术。留学期间，参加留日学生革命组织拒俄义勇队和军国民教育会。次年年底，偕友人魏兰回国至上海与蔡元培商讨革命进取之法，此后游走于浙江各地联络会党力量一致反清，沿途散发《革命军》、《浙江潮》等书刊，广泛传播革命理想。光绪三十年（1904）冬，与龚宝铨等在上海创办反清革命团体光复会，推举蔡元培为会长。次年秋与徐锡麟创办绍兴大通师范学堂，冬与徐锡麟等谋入日本东京振武学校、陆军经理学校学习军事不成。光绪三十二年（1906）夏回国，联络闽皖等省革命同志筹组光复军，自称五省大都督，事泄差点被捕，年底加入同盟会，任留日会员中浙江分会会长。光绪三十三年（1907）夏，因徐锡麟、秋瑾皖浙起义事败遭清政府通缉，流亡日本。次年（1908）春，主编同盟会机关刊物《民报》第 20 期至 22 期，后拟将江、浙、皖、赣、闽五省会党合组为"革命协会"，旋赴东南亚向华侨募集革命经费，其间撰文与保皇派《南洋总汇新报》展开激烈论战，并出任缅甸《光华日报》主笔。宣统二年（1910），重组光复会总部于东京，推章太炎为会长，自任副会长，在东南亚各埠设立分会，与同盟会公开决裂。宣统三年（1911）夏，回国在上海法租界组织锐进学社，筹划光复上海。同年 11 月，上海、杭州相继光复，遂至杭州任浙军总参谋，参与江浙联军会攻南京之役，并筹谋北伐中原。1912 年 1 月 14 日，因浙江都督权位事遭沪军都督陈其美忌恨，被陈派人刺杀于上海法租界广慈医院，年仅 34 岁。著有《中国民族权力消长史》、《浙案纪略》、《龙华会章程》等。1986 年，中华书局邀请著名学者汤志钧将陶成章的主要著述和言论辑为《陶成章集》一书，纳入"中国近代人物文集丛书"刊布流传。

陶成章的生命历程和他的同乡兼好友徐锡麟一样短暂，但他和徐氏一样，先是接受中国传统的儒家文化教育，然后通过刻苦自学和出国游历、留学，广泛吸收了西方近代民主政治学说和人文社科知识，因而从读经尊孔的传统知识分子成长为坚定的反清民主革命斗士，并以大好的青春年华和个人的聪明才智为反清民主革命运动的胜利作出了巨大贡献。他们的革命精神和事迹可歌可泣，他们的思想言论和著述耐人寻味，值得学界纪念、研究和探讨。他们的思想言论和著述所包含的为数不多的经济方面的思想言论与孙中山先生的民生主义经济思想一样，都是清末中国转型时期民主革命党人和知识分子经济思想史的不可分割的组成部分，值得经济思想史研究者去发掘、整理和评议。所以，本书在研究和评议完徐锡麟的经济思想之后，自应设专章对陶成章的经济思想进行梳理、归纳和评议。

通观《陶成章集》中收录的陶氏所撰较为零散、琐碎的经济类文稿和言论，可以发现他的经济思想和徐锡麟的经济思想一样，其形成和演变都受到了个人知识结构和政治立场转变的深刻影响，但其具体内涵又不像徐氏经济思想那样直接而鲜明地触及农、工、商业等实体经济部门的相互关系和发展，而是始终围绕一个抽象的"财"字或其近义字"利"和"富"做文章。易言之，无论陶成章的知识结构和政治立场如何发展变化，他的经济思想都有一以贯之的逻辑理念和内核，即始终围绕"财富"这一务虚而又实际的经济术语来发表有关经济类观点、言论和主张。由此出发，可以采用分时段的研究方法将陶成章的经济思想归并为早年读经时期的财富观和投身革命后的财富观等两部分来加以评介。

一　早年读经时期的财富观

陶成章早年走上反清革命道路之前对科举仕途缺乏兴趣，但在严父督促下也曾认真诵读儒家经典，揣摩八股文的写作技艺，因此有数册"艺文手稿"存世，内有多篇文稿探讨了义利、贫富、节用等儒家经济思想经常论及的财富观念与范畴。综览这些文稿，可以发现读经时期的陶成章既有恪守儒家经济思想中重义轻利、尚俭去奢的传统财富信条的一面，也有受时代变迁影响而崇尚和肯定个人求利求富之心的一面。具体说来，陶成章早年读经时期的经济思想主要包含了义利论、贫富论、节用论三方面的财富观念和信条。

（一）义利论

义利论是中国古人看待道德规范和个人利益之间主次关系的思想理论，具体又分为重义轻利论和重利轻义论两大流派。重义轻利论是始自"罕言利"[①]的孔子而后被历代儒家主流学者和统治阶级所尊崇的正统保守的财富理论和观念，重利轻义论则是在唐宋以后随着商品经济的发展由部分讲求功利实用的儒家学者建构起来的开拓进取的财富理论和观念。陶成章早年谈论义利关系的主要观点仍是恪守儒家重义轻利的正统理论和观念。这在他早年读经时期针对儒家经典《论语》和《孟子》中有关义利观念而撰写的两篇文章中体现得很清楚。

先看第一篇题曰"放于利而行"的短文。其文句是："专于求利者，惟知有己而已。夫利亦安可专哉，乃求利者竟放而行也，不且惟知有己也。且夫君子有精义之学，小人多谋利之私。盖惟知有义者，视义犹利，而精之且至于神；仅知有利者，视利犹义，而谋之且至于无厌耳。今天下何求利者之众哉？欲利者，人之同心也，物情（因）之营竞难平，谁得私之为己有，故与为其聚，毋宁为散也；争利者，人之故智也，举世（因）之纷纭莫定，孰得挟之以自私，故与为其专，毋宁为共也。奈之何有放利而行者。"[②]

"放于利而行"本是《论语·里仁》篇中记载的孔子论及义利关系的核心观点之一，其完整表述是"放于利而行，多怨"。意思是说，如果人们一味依照各自的利益需求去行事，就会引起彼此间的怨恨和矛盾。显而易见，在孔子看来，"放于利而行"是一种容易导致社会纷争和混乱的"不义"的求利行为，对此应予否定和谴责。孔子的这一观点言简而意赅。它和《论语》中收录的孔子的其他义利观念（如"君子喻于义，小人喻于利"；"不义而富且贵，于我如浮云"；"见利思义"等等[③]）一起从正反两面构成了孔子重义轻利、义主利从的财富理论的逻辑基调与体系。而陶成章所撰短

---

①　《子罕第九》，《论语》，吉林人民出版社 2005 年译注本，第 100 页。

②　《陶成章集》，中华书局 1986 年版，第 5 页。

③　《里仁第四》、《述而第七》、《宪问第十四》，《论语》，吉林人民出版社 2005 年译注本，第42、80、172 页。

文只不过是对孔子的这一义利观念的解析和评论，其主旨和内涵仍未超出孔子在两千多年前就已确立的儒家学派重义轻利、义主利从的财富理论的逻辑基调与体系。换句话说，就是读经时期的陶成章和儒家鼻祖孔子一样，并不反对人们与生俱来的求利之心与行为，而是希望人们的求利之心与行为要有一个合理的限度和范围，即应合乎"义"的要求和标准，而不应为了求利就去做"不义"的事情。孔子及历史上大多数儒生士子所说的"义"，既包括今人常说的道德规范或行为准则，也包括反映阶级、国家、种族等人类群体意志的各种集体利益或公共利益；他们所说的"利"主要指经济利益特别是个人的经济利益或私有利益。陶成章在上述短文中提到的"义"和"利"，其含义也不外乎此。在他看来，人们"专于求利"，还只是知道要获得自己的利益，如果"放于利而行"，就不只是知道要获得自己的利益，而是要去损害别人的利益了。这显然是不义之举。因为求利和争利虽然是人们共同的、固有的心性和想法，但是人世间的各种纷争和矛盾也因之难以平息和消除，进而又使得人们自私自利的心愿都难以实现。所以，他不仅像孔子那样否定和谴责那种"放于利而行"的"不义"的求利行为，还明确提出了"与为其聚，毋宁为散"、"与为其专，毋宁为共"的散利、共利主张。而这显然也在儒家所讲的"义"的意蕴范围之内。

再看第二篇短文，其题目是"嘑尔而与之，行道之人弗受；蹴尔而与之，乞人不屑也；万钟则不辨礼义而受之"。该文中涉及义利关系的主要文句是："夫嘑尔蹴尔，弗受不屑，是能辨礼义也，奈何以能处箪豆者而竟不能处万钟乎……嘑尔蹴尔，行道之人勿受，乞人之所不屑，夫何为而勿受不屑哉？盖亦因其嘑蹴之非礼，嘑蹴之非义耳……若人能充此勿受不屑之量以处事，将见无一不以礼义为准则，虽有千驷之富，百牢之多，诚能以礼制心，以义制事，而非礼勿视，非义不受，有何难哉！虽然，盖有万钟不辨礼义而受者。物色当涂，足供玩好，然而是非不可不明也。夫是非之辨，介在几微，苟受之无伤于礼义则受之，受之有害于礼义则何如辞之也。处此万钟，宜如何郑重哉！若不辨礼义而受之，视前之嘑尔勿受者，奚啻天渊哉！货利在望，必扰精神，然而得失不可不审也。夫得失之机，间不容发，苟受之不失乎礼义则受之，受之有损乎礼义则何如却之也。"[①]

---

① 《陶成章集》，第23—24页。

陶成章在该文中着重讨论了《孟子·告子上》篇所述及的被儒家"亚圣"孟子所否定的一种见利忘义、唯利是图的行为方式"万钟则不辨礼义而受之"。《孟子·告子上》篇中的相关文字是:"孟子曰:'鱼,我所欲也……生,亦我所欲也;义,亦我所欲也,二者不可得兼,舍生而取义者也……是故所欲有甚于生者,所恶有甚于死者,非独贤者有是心也,人皆有之,贤者能勿丧耳。一箪食,一豆羹,得之则生,弗得则死。嘑尔而与之,行道之人弗受;蹴尔而与之,乞人不屑也。万钟则不辨礼义而受之,万钟于我何加焉?……是亦不可以已乎?此之谓失其本心。"众所周知,孟子看待义利关系的立场比其前辈孔子还要旗帜鲜明,他正式提出了"亦有仁义而已矣,何必曰利"[①] 这一对后世影响深远的儒家重义轻利的箴言。因而在他看来,"万钟则不辨礼义而受之"是连行道之人不受"嘑尔之食"、乞丐不屑"蹴尔之羹"都不如的不顾礼义廉耻的求利行为,对此必须予以否定和批判。而在清末研读儒家经典的陶成章则像历代无数儒生士子那样,撰文对孟子所否定的"万钟则不辨礼义而受之"求利行为作了进一步引申和评议。这种引申和评议与他解析和评论孔子的有关义利观念一样,都体现了他对儒家重义轻利的传统财富观念或价值标准的信守与坚持。

（二）贫富论

由于儒家鼻祖孔子是重义轻利论的创始人,并认为作为文人士大夫的"君子"应当"谋道不谋食","忧道不忧贫",[②] 应当"食无求饱,居无求安",[③] 所以后人常常误以为孔子是轻视财富、反对"君子"为私欲弃贫求富的禁欲论者。其实,孔子不但不轻视财富,反而高度重视财富对于保障"君子"生活水准的重要意义。他认为"君子"应当"谋道"、"忧道"的真实用意,是强调"君子"为私欲弃贫求富的手段和方式要正当,要合乎"道"的标准和内涵。而所谓"道",就是他所崇尚的"义"和"礼"的道德规范和行为准则。他明确指出:"富与贵,是人之所欲也,不以其道得之,不处也。贫与贱,是人之所恶也,不以其道得之,不去也。"[④]"富而可

---

① 《卷一·梁惠王上》,《孟子》,中华书局 2006 年译注本,第 2 页。

② 《卫灵公第十五》,《论语》,吉林人民出版社 2005 年译注本,第 196—197 页。

③ 《学而第一》,《论语》,吉林人民出版社 2005 年译注本,第 8 页。

④ 《里仁第四》,《论语》,吉林人民出版社 2005 年译注本,第 37 页。

求也，虽执鞭之士，吾亦为之。如不可求，从吾所好……饭蔬食，饮水，曲肱而枕之，乐亦在其中矣。不义而富且贵，于我如浮云。"① 对于其门徒子贡提出的"贫而无谄，富而无骄"的观点，孔子的评论则是"未若贫而乐（道），富而好礼者也"。② 其真意仍是按照"道"、"义"、"礼"的要求和标准来告诫门徒：要想成为一名"君子"，就得正确达观地看待贫富差别，坚持使用正当、道德的手段去追求财富，努力做到贫而乐道，富不废礼。

陶成章深受孔子的贫富学说和遗教的影响。他曾针对孔子的"富而可求也，虽执鞭之士，吾亦为之"的自白和子贡的"贫而无谄，富而无骄"的观点撰文议论说："有为夫执鞭之士者，圣人亦所不辞焉。盖所为之事本多，若为而在执鞭，则固贱之至耳。然富苟可求，则圣人何尝力辞哉……千仓万箱之境，非举世所易逢，正惟逢之非易，苟富而可求，虽极之执鞭为之者，而不察奔驰之况瘁矣；重茵列鼎之遭，本人生所难获，正惟获之甚难，苟富而可求，虽卑至执鞭为之者，而不计身名之鄙陋矣。何也？盖吾亦为之矣……今以吾而为执鞭，品自我污，人愈尊而我愈贱。吾既为求富之计，而何辞其贱也……兹以吾而为执鞭，身为人役。人自逸而我独劳。吾既为求富之术，而何惜其劳也。非不知吾人生天地之中，驰乎仁义之途，涉乎诗书之内，亦致足耳，岂肯俯首随人，而甘心受辱乎？然而向者论学，亦曾及于执御，苟厚实之可捐，即车攻马同不惮烦矣。非不知吾人逢圣贤之后，以礼义为羁维，以中和为节奏，亦自可乐耳，岂有刕劳鞿掌而不顾廉耻乎？然而昔者问津，亦尝亲自执辔，苟货财之可聚，虽扶轮推毂不遑恤矣。其如富不可求何哉？"③ "夫谄，固贫之所不能无也，乃能无之，而富又可进按矣……噫！谄，盖贫者之不免也。果孰能无之哉。则见其身虽贫，而志不贫……则见其家虽贫，而心则不贫。虽有富者在侧，亦不过曰'是富而已'。所以一官聊寄，不愿贬节于权门；斗粟可辞，未屑折腰于长吏。守贫之分，初何尝稍生谄媚之意哉！无谄如是，不已能安其贫而不求其富哉……虽然，境遇何尝遭逢靡定？盖既有处贫之士者，未必无处富之人也，曷不于无谄而进观之乎？俯仰无愧者惟富，仓箱有余者亦惟富。富，人之

---

① 《述而第七》，《论语》，吉林人民出版社 2005 年译注本，第 78—80 页。

② 《学而第一》，《论语》，吉林人民出版社 2005 年译注本，第 8 页。

③ 陶成章：《吾亦为之》，《陶成章集》，第 11—12 页。

所乐居也。将见人无诣于我，我之富固足重已。人有诣于我，我之富更足重人。是天下之堪夸炫于贫者，莫于此富矣。乘坚策肥者惟富，人给家足者亦惟富。富又人所乐有也。将见人无诣我，我固不肯以富与人。即有诣于我，我又安能以富分彼。是天下之至荣耀于贫者，莫若此富矣。进观富之无骄，亦犹贫之无诣也。夫子以为何如？"①

上述议论至少表明了两点内涵：其一，陶成章不仅认同孔子主张用合乎"道"、"义"、"礼"的正当手段去追求财富的遗教，而且以孔子自身正确对待财富的言行为依据，有力地反驳了那种曲解孔子的义利理论和贫富学说，将孔子视为只言义而不言利、只论道而不求富的"圣人贤哲"的谬论，进而又强调了个人追求财富、获取财富的正当性和重要性。其二，陶成章试图为其观点被孔子否定的子贡鸣不平，认为子贡所说的"贫而无诣，富而无骄"也是遵守孔子所崇尚的道义节操的体现。概而言之，陶成章的贫富议论不啻是对历代儒生官僚经常曲解孔子的义利观念和贫富学说而形成的讳言财利、耻于求富的经济思想教条的猛烈批判和颠覆。而陶成章之所以能够写出如此精当的贫富议论，除了受到两宋以来其家乡绍兴日益繁盛的商品经济和当地功利实用的学术思想传统的潜在影响外，似乎与当时西方资本主义经济事物和思想观念在中国的初步传播也有因果关系。陶成章是在光绪二十年（1894）撰文表达上述贫富议论的。这时以学习西方科技物质文明为主要内容的洋务运动在中国开展已有 30 余年，国内已经存在着 100 多家采用资本主义生产方式的官办、半官办工商企业和民营工商企业。少数中文译名为"富国策"、"富国养民策"的西方经济学著作也已在中国出版流传。更重要的是，此时王韬、薛福成、郑观应、马建忠、何启、胡礼垣、陈炽、汤寿潜等清末维新思想家已经在国内学界、官场和舆论界活跃多年，而数年后成为戊戌维新运动领袖的康有为、梁启超也已崭露头角。为了救国救民，他们都主张在中国培育和发展资本主义工商业经济，并对儒生官僚中讳言财利、耻于求富的传统思想教条进行过批评和否定。而他们的相关论著和观点也曾在当时国内特别是沿海地区的舆论界和学堂书院中传播过，并受到不少青年士人的追捧。陶成章的家乡绍兴就是经济文化相对发达的沿海地区之一，并位于清末中国最早对外开放的两大商埠

---

①　陶成章：《而无诣富》，《陶成章集》，第 37—38 页。

上海和宁波之间，易于接受西方先进事物和国内启蒙思潮的洗礼。所以，他撰文表达的贫富议论也可算是追求财富与私利的西方资本主义经济思潮在清末中国初步传播的实际成果之一了。

（三）节用论

节用或尚俭是包括儒生士子在内的中国古人看待财富消费问题的主要思想理念和行为准则，儒家始祖孔子就是典型的节用或尚俭论者。他把统治者节省财政开支看作是治国安民的一项必备原则，认为："道千乘之国，敬事而信，节用而爱人，使民以时。"[①] 在统治者个人的生活开支或财富消费方面，他不仅认为"奢则不孙（逊），俭则固"[②]，还从儒家礼制规定的消费标准出发要求统治者"与其奢也，宁俭"[③]。而陶成章早年作为读经尊孔的儒生士子之一，曾专门针对孔子的"节用"观点作过较为精彩的引申和议论。

他写道："信未可忽，用贵乎节也。夫非临之信，则上下暌矣。（孔子）告以信于敬事之后而用，不更贵乎节哉？且以驭下之宜诚也，而用财尤宜有制……知用财之有制，故尚奢不如尚俭，淡薄自斯，奢靡自无……顾有不敢行诈行伪之心，政令所颁，关乎至道，既有立万事之基，而有不可逐奢逐侈之习，用度之际亦觉充盈，自不至有匮乏之虑，尚其节哉。昔先王虞国用之艰也，于是泉府虽充，不敢过费；度支虽庶，不敢太奢，可不谓节欤？顾吾见今之有国者矣，夙知生财非易，亦有珍重之情，乃豪侈由于性生，藏极内外之库；挥霍成为习惯，耗尽宗祖之遗，而且有耀武而征遐荒，备具糇粮刍茭之属，遣使而通绝域，屡费金玉锦绣之端，叔季主奢侈成习，节于何有乎？然必有节以检制之，将见节俭足式，自不必开阡陌而漫欲丰财，朴质可风，何至辟草莱而思渔利。故府库虽不充盈，用之有节，充可备饥馑之需，盈可（供）赈贷之用，治之隆也。一人守俭素之风，四境无匮乏之患，而何可倾积储以勿惜也哉！要之，上下一体，当必感之以诚，需用多端，不可失之无度。试进言夫爱人与时使，而道国之要以全。"[④]

---

① 《学而第一》，《论语》，吉林人民出版社 2005 年译注本，第 3 页。

② 《述而第七》，《论语》，吉林人民出版社 2005 年译注本，第 88 页。

③ 《八佾第三》，《论语》，吉林人民出版社 2005 年译注本，第 23 页。

④ 《而信节用》，《陶成章集》，第 41—42 页。

不难看出，陶成章主要是从儒家治国安民的政治需要出发，通过梳理孔子提出"节用"观点的前后语境来表达了一种较为消极保守的财富节俭思想。换言之，这是一种单纯立足于消费视角来谈论节俭问题或节俭式财富消费的思想观念，而不是立足于消费和生产的互动关系来谈论节俭问题，要求统治者把节俭下来的消费资料用于扩大再生产、主动促进整个国家财富积累和增殖的思想观念。值得注意的是，陶成章在表达这种财富节俭思想时，还正确地批评了清末统治者即"今之有国者"在生活消费上穷奢极欲、挥霍无度的恶习，对此应予肯定；但是，他把清末统治者为了捍卫本国领土安全和迫于世界形势而作出的"耀武而征遐荒"、"遣使而通绝域"的军事和外交决策说成是挥霍浪费之举，则是矫枉过正之论。其实，陶成章是在光绪二十年（1894）撰文表达其财富节俭思想的。据此联系有关史实可知，他所说的"耀武而征遐荒"和"遣使而通绝域"应当是指此前二十余年间陆续发生的清政府派左宗棠挥师收复新疆，派兵进驻越南、朝鲜抵抗法国和日本侵略，派遣外交使节出访西方国家等重大历史事件。应当说，这些历史事件都是清政府或清末中国高层统治者为了维护国家的领土安全和完整，为了应对西方列强的侵略和挑战或被动或主动作出的军事和外交决策，将其付诸实施当然要耗费巨额的粮饷和金钱。但这样的粮饷和金钱耗费既是维护中国国家安全和根本利益的需要，也是近代中国历史发展和演进必须付出的财富代价，它与统治者个人生活的奢华和浪费不是同等概念，因而将其简单地作为财富消费的奢靡行为加以贬斥和否定，显然有失客观和公允。

二　投身反清革命后的财富观

据史料记载，陶成章在光绪二十六年至二十七年（1900—1901）间即已萌生革命思想，曾两次北上谋刺清廷最高统治者西太后，次年东渡日本留学期间正式走上了反清民主革命道路。后来，他又成为反清革命重要团体光复会的主要领导人之一，并参加了以孙中山先生为领袖的反清革命党人的统一战线组织同盟会。数年后，他和章太炎等人因革命筹款及人事问题与孙中山先生产生隔阂，遂脱离同盟会重组光复会，但仍投身于反清民主革命的严酷斗争，直至民国初建不久遇刺。正是在从事反清民主革命的十余年中，陶成章撰写了其生平著作、书信和文稿的绝大部分。细细爬梳这些著作、书信和文稿，可以发现其中有两篇文献集中反映了陶成章投身反清民主革命后的经济思想。一篇文献是《龙华会章程》，其中有两段文字体现了陶成章对反清革命胜利后中国社会财富分配问题的思考和设想，可以概括为"财富分配论"；另一篇文献是《与某某书》，反映了陶成章试图通过开办一个商业股份公司来筹集反清革命经费的计划和设想，可以概括为"经商生财论"。下面依次加以评述。

（一）财富分配论

光绪三十四年（1908），陶成章为筹建江、浙、皖、赣、闽五省"革命协会"编写了《龙华会章程》这一革命文献。其中有两段经济言论反映了他对反清革命胜利后中国社会财富分配问题的基本观点和看法。这两段经济言论是："将来我们革命成功……百姓也便万万不至于像今日的样子，苦的苦到万分，穷的穷到万分。他们做皇帝、大官的，依旧快活到一万二千分。到那时候，土地没有（私产化），也没有大财主，也没有苦百姓，税也轻了，厘捐税关也都废了，兵也少了。从此大家有饭吃了，不愁冷了，于是乎可以太太平平，永远不用造反革命了。这才是我中华国民的万岁。""赶走了满洲鞑子皇家……并且要把田地改作大家公有财产，也不准富豪们霸占，使得我们四万万同胞，并四万万同胞的子孙，不生出贫富的阶级，大家安安稳稳享福有饭吃呢。"①

对于这两段经济言论，已有多位学者作出过基本相近的分析和评价：②陶成章主张在反清革命胜利后实行"土地公有"的民生主义社会改革，以解决千百年来中国广大农民的土地需求，这比孙中山先生提出的"平均地权"纲领还要激进，兼具中国农民绝对平均主义和西方空想社会主义、无政府主义经济平等的思想元素和基因。还有学者认为，这两段经济言论与光复会的另一主要领导人章太炎在同一时期提出的"均配土田，使耕者不为佃奴"、"不使枭雄拥地以自殖"的土地改革主张是合拍和对应的，可以

① 《陶成章集》，第132—135页。

② 参阅杨渭生《略论陶成章》、林文彪《略论陶成章的思想及其与孙中山先生的关系》和徐嘉恩《略论陶成章反帝爱国思想发展的几个阶段》，分载《浙江学刊》1981年第3期、《绍兴师专学报》1987年第1期和1990年第3期；文霞《陶成章的民族主义思想述论》，硕士学位论文，湖南师范大学，2003年，第12—13页。

视为从同盟会中分裂出来重新组建的光复会的经济纲领和宣言，而与孙中山先生设想通过征收单一地价税、土地国有来"平均地权"的民生主义经济纲领则是相异的。[①]

应当说，上述分析和评价是比较客观、公允的，也抓住了问题的关键与核心，但还不够精确和全面。严格说来，陶成章在《龙华会章程》中写下的这两段经济言论不只是反映了他本人或光复会重组后的"土地公有"思想和主张，更重要的是反映了他作为光复会主要领导人之一对于包括土地分配在内的全中国社会财富分配模式的大体设计和思考。

细心分析可知，陶成章写下的这两段经济言论包括三个方面的财富分配主张和意图：其一，是要在废除清末中国按照剥削阶级制定的政治地位和社会身份的差异来分配社会财富的不平等模式的基础上建立一种均平分配社会财富的新模式；其二，是要采用全民共有或公有的制度模式来对清末中国最主要、最基本的土地财富进行重新分配，换言之，就是为了广大贫苦农民的土地需求而将当时中国少数人坐拥多量土地进行剥削的地主土地私有制度变换成全体国民特别是农民共有共耕的新型土地制度；其三，是要按照财富均平主义的理念对社会财富二次分配的主要机制和形态——国家财政收支活动进行缩减性改革和调整，换言之，也就是要实行轻税减支的财政政策。

至于陶成章提出这些财富分配主张和意图的具体原因，除了学者们已经论及的中国农民绝对平均主义和西方空想社会主义、无政府主义思想的影响之外，还有一个重要原因不应忽视。那就是他本人早年在恪守和评议孔子的重义轻利论的基础上所形成的散利、共利思想（详见前文）。顺便说一句，陶成章早年形成的散利、共利思想与孔子基于其重义轻利理论提出的"不患寡而患不均，不患贫而患不安"[②]的财富分配思想相比，显然有着异曲同工、殊途同归的意蕴与奥妙。虽然目前尚未发现陶成章早年有评议孔子"不患寡而患不均，不患贫而患不安"的财富分配思想的文稿存世，但从他早年形成的散利、共利思想的逻辑基础也是孔子的重义轻利理论这一视角来看，他后来在《龙华会章程》中提出的财富分配主张归根结底也

---

① 参阅李时岳《近代史新论》，汕头大学出版社 1993 年版，第 291 页；唐文权《陶成章略论》，《江汉论坛》1981 年第 1 期。

② 《季氏第十六》，《论语》，吉林人民出版社 2005 年译注本，第 203 页。

和孔子的财富分配思想有逻辑传承关系。而且，从历史上看，很多学者文人以及农民起义领袖都提出了与他的主张相近相似的要求均平分配以土地为主的中国社会财富的观点和口号，而其理论源头之一也都是孔子的"不患寡而患不均，不患贫而患不安"的财富分配思想。此外，从财政角度看，陶成章在《龙华会章程》中表露出来的轻税减支的财政政策思想，也和孔子提倡"薄赋敛"和"节用"的财政收支观点如出一辙。这大概也与他早年在村塾中记诵和评议孔子的言论总集《论语》的教育经历有关。

（二）经商生财论

光绪三十三年（1907）以后，陶成章、章太炎等原光复会要员在革命理念、革命经费、人事大权等问题上逐渐与同盟会领袖孙中山先生产生分歧和矛盾，遂在一番运作和筹备之后退出同盟会，于宣统二年（1910）正月在日本东京重组光复会总部，并在东南亚各埠广设分会，直接面向当地华侨募集反清民主革命所需的钱财物资。但由于孙中山先生和同盟会南洋支部在东南亚华侨中经营多年，素孚众望，加之他们的这一举动是公然分裂反清革命阵营的行为，客观上不利于反清革命大局的维系，所以重组后的光复会遭到了很多同盟会会员和海外华侨的批评与抵制，一时间筹款不易，发展困难。

面对这一局面，担任重组后的光复会副会长、并负实际领导责任的陶成章经过审慎思考和缜密调查之后，决意采用经商生财之法来解决光复会的经费困难问题。于是，他在宣统二年春写给光复会一位重要干部的信中详细介绍了他所设想的经商生财之法和相关计划。①

在这封信中，他首先分析了光复会重组后必须经商生财的缘由："弟历观万事，皆与财政相为因果。然财政之道，非自行筹画无由，此商业之所以不得不速为经营。且诸同志寄食南方，② 固与燕巢幕上无异，而同志中又有记名党案者，设一有变易，行将进退维谷。故经营商业，专为个人生计计，又非可已者。"这是从光复会革命事业发展和光复会会员个人生计两个层面指明了光复会必须经商生财的原因。

接下来，他提出了四种可供光复会经营的商业项目：一是要经营教科

---

① 陶成章：《与某某书》，《陶成章集》，第132—135页。

② 这里的"南方"，指东南亚。

书、图画、科学仪器、体育音乐器具等教育教学用品；二是要经营笔墨文具；三是要经营衣衫、牙粉、洋皂等日用杂货；四是要代人刻印书籍、图章和名片。他还对这些商业项目的进货渠道作了具体说明：教科书可由他和几位同志在日本东京"自行编辑出版"；"图画可向图画店办特别交涉"，能够享受4—4.5折的购价优惠；科学仪器、体育音乐器具、笔墨文具均可通过其友人"上海科学仪器馆东京坐办张之铭"采购；日用杂货可在其友人"露清银行横滨支店经理宁波郭外峰"介绍下采购；书籍、图章和名片的代刻代印"亦可在东京办特别交涉"。如此谋划，显然可以为光复会节省不少进货成本。

然后，他详细分析了光复会经营上述商业项目的具体方案和收益："夫经商之道，不外进货出货两项。出货主自我，事尚易为……今进货一方面，既可与普通商人无异，所可办者一也。凡兴一事业，开创费最无谓，且非小数也。今石生君既将开设店面，即可于石生君店内另设一小店面，俟有成效，再移设泗水、吧城等埠，是出货处之开创费可稍节省矣。日本坐办，即以杂志社充之，是进货处之开创费可无有矣。所可办者二也……今世界营商之得益与否，全视其广告行之远近为准。教育杂志①四、五期后，势必普及南方各地，即可为此公司之广告机关，而教育杂志亦可因此公司推广其销路，所可办者三也。今南方诸同志行将设教育会以联络感情，苟一埠有一热心教员为之提倡，则此一埠之教育用品，必可尽入我手，所可办者四也。目下所难者，惟资本。弟意先定款六千，分三期交纳……半年一期，苟有十人合股，每人一期仅出资二百盾，所可办者五也。诸君意中必以此数为未足以经商者，其实非也，何者？初次办货，专择行本稍轻、销售较易者购之，若大宗图画、科学仪器等，则须俟他人定购，始向日本进货，而定购者又须先纳半价，如此则即以他人之资，经我之商也……所可办者六也。又有利者数事。诸君每月进款，若无存储之所，势必耗诸无形之中……苟公司成立，即以之为公司资本，积少成多，其利一也。开通民智，全恃图书。公司成立，一切图书即可由我意输入，南方各地势将日有发达，其利二也。南方印书非易，苟公司为代印，凡教员学生，均得发表其意见，其利三也。"

---

① 这里的"教育杂志"全称是《教育今语杂志》。该杂志1910年3月由陶成章创办于日本东京，是光复会重组后的机关刊物，"以保存国故，振兴学艺，提倡平民普及教育为宗旨"。

　　不言而喻，陶成章主要是从节省创业成本、广告营销、市场开辟、资本筹集、启迪民智等方面论析了光复会经营上述商业项目的具体方案和经济社会收益。应当说，他为光复会设计的这一经商方案是切实可行的，既有利于改善光复会当时的经济困境，也有利于光复会在东南亚华侨中宣传革命思想和制造革命舆论。而这一经商方案的核心内容则是希望通过组建一个股份制商业有限公司来筹集光复会所需的反清革命经费。事实上，这样的筹资生财方式和设想在清末反清革命党人中绝不是个案，如同盟会会员、浙江湖州人张静江就曾设想开办一个股份制企业"通义银行"来为孙中山先生领导的反清革命运动筹措巨额经费。①

----

　　① 参阅狄膺《张静江先生事略》，载中国国民党党史会编《张静江先生文集》，台北"中央文物供应社"1982 年版。

第三章　蔡元培的经济思想

蔡元培（1868—1940），字鹤卿，号孑民，浙江省绍兴府山阴县（今绍兴市越城区）人。著名的反清民主革命家、中国国民党元老，杰出的教育家、哲学家和思想家，被毛泽东誉为"学界泰斗，人世楷模"。绅商家庭出身。光绪九年（1883）中秀才，十五年（1889）中举人，十六年（1890）中贡士但未殿试，十八年（1892）补殿试，中二甲进士，授翰林院庶吉士。二十年（1894）授翰林院编修，开始留心西学，赞同变法维新。戊戌变法失败后，对清廷失望，弃官南下任绍兴中西学堂总理，倡办新学。光绪二十八年（1902），创办中国教育会、上海爱国女校和爱国学社，借助报刊宣传民主革命思想。三十年（1904）冬，与陶成章等在上海创立光复会，任会长。次年加入同盟会，两年后赴德国莱比锡大学求学。1912年任民国南京临时政府和北京政府教育部总长，主张废止祀孔读经，采用西方教育模式改革中国传统教育制度，7月因不满袁世凯专权辞职。次年赴德、法等国留学。1915—1916年联络吴玉章、李石曾等发起成立留法勤工俭学会和华法教育会，招募中国青少年赴法国留学做工。1916年冬应邀回国担任北京大学校长，其间以"思想自由，兼容并包"为办学方针，依靠教授治校，保护爱国学生，开创了中国教育文化史上民主办学、学术自由的一代新风。1927年春偕同吴稚晖、张静江、李石曾等国民党元老支持蒋介石发动反共"清党"事变。此后，历任国民党中央政治会议委员、中央特别委员会常务委员，国民政府常务委员、监察院院长、大学院院长、中央研究院院长、故宫博物院理事长等职。1931年日本制造侵华事端后主张停止内战，一致抗日。次年12月与宋庆龄等组织中国民权保障同盟，任副主席，积极营救和保护包括中共党员在内的爱国民主人士。1937年11月上海沦陷后迁居香港。1940年3月5日病逝，享年72岁。有遗著数百万言，先后被辑为《蔡元培文选》、《蔡元培全集》、《蔡元培论著专集》、《蔡元培学术论著》、《蔡元培选集》、《中国现代学术经典：蔡元培卷》、《蔡元培学术文化随笔》、

《蔡元培语萃》、《蔡元培书信集》等文献广泛流布。

蔡元培去世后，其思想学说和生平业绩在很长一段时期内没有得到应有的重视、关注与研究。直到20世纪80年代，我国学界才逐渐兴起研究蔡元培思想学说和生平业绩的热潮，并取得了为数不菲的研究成果。然而，这些成果以研究和探讨蔡元培的教育思想、哲学思想、政治思想、学术理念及文化贡献为主，而较少关注和研究蔡元培思想学说和生平业绩的其他内容与层面，其中系统研究蔡元培经济思想的成果至今仍告阙如。①从研究方法上看，关于蔡元培的现有研究成果也存在明显的不足：一是对蔡元培思想的分析"仍缺乏阶段性和层次性"，能够从"思想流变"的角度深入研究蔡氏思想丰富内涵的成果还偏少；二是关于蔡元培与中国近代其他历史人物的比较研究的成果十分稀缺。②因此之故，本章拟采用分时段研究和比较研究相结合的方法，根据蔡元培政治立场和职务职业的发展变化，将他的经济思想大致划分为民元之前、专注教育时期、中间偏右时期、主张抗日时期四个发展阶段加以归纳和评析。

一　民元之前

民国元年即1912年之前的十多年间，蔡元培的政治立场和职务职业有一个较为明显的转变过程，即从一名在清王朝体制内赞成变法维新、倡办新学的开明士大夫，逐渐变成了一个跳出体制外以推翻满清王朝腐朽统治为职志的民主革命家。受此影响，他在这一历史时期的经济思想也呈现出一条从晚清维新派的改良主义经济思想向反清革命党人的革命民主主义经济思想转变的演进脉络。这在光绪二十五年至三十二年（1899—1906）间他撰写的多篇文章中有着较为清晰的体现。

光绪二十四年农历十二月（1899年1月），时任绍兴府中西学堂总理的蔡元培应绍兴知府徐仲凡之请，写就了一篇题为《〈绍郡平粜征信录〉

---

① 目前仅有高建民的《蔡元培教育经济言论探析》、刘剑虹的《蔡元培的教育经费思想之研究》这两篇文章（分载《教育与经济》1992年第4期和2000年第4期），对蔡元培经济思想中涉及教育问题的言论与主张作过初步研究与探讨。

② 参阅邱若宏、伏玲《蔡元培思想研究综述》，《湖南城市学院学报》2005年第4期。

叙》① 的文章。他在该文中除了对徐知府运用平粜之法勉力解决"丁戊之间"（1897—1898）绍兴市面上粮荒米贵问题的成效表示肯定，还赞同徐知府认为平粜之法不是治本之策的观点，进而提出了自己对于解决绍兴米粮短缺问题的两点建议：一是劝导绍兴人接受近代农学知识，兴修水利，以增加粮食生产；二是通过教化绍兴人来开启民智，提高其知识和道德素养。而他提出这两点建议的原因则是：第一，他"闻欧人之论，地十方里所受日之热力，可以养万六千人"，如以绍兴"人数、田里推之"，所产粮食养活既有人口自然绰绰有余，但由于当时绍兴"农学不劝，水利不兴"，使得其粮食生产在丰年都不能自给自足；第二，由于绍兴当时"民知未开，计学之公理未明"，徐知府虽"尝与海上同志倡农学会"，试图劝导绍兴人用科学方法兴修水利，发展农业生产，却收效甚微，而且绍兴人遇到米价上涨时往往不问情由地哄抢稻米，甚至还有"四维不张"、不讲道德者乘机囤米渔利，变本加厉地抬高米价，造成米市的进一步恐慌。不难看出，蔡元培的这两点建议虽然是为了解决当时绍兴的米粮短缺问题而提出来的，但其中也包含了在吸取西学基础上形成的类似于晚清维新派改良主义经济思想的特征和意蕴。

　　光绪二十六年正月（1900 年 2 月），蔡元培辞去绍兴中西学堂总理之职，前往嵊县主持剡山、二戴两书院，同年九月（11 月）又应邀赴嘉善县宁绍会馆筹建学塾，其间先后草拟了《剡山二戴两书院学约》、《改善嘉善客农垦荒纳租建议》二篇文稿。② 这两篇文稿中的有关言论和建议也具有晚清维新派改良主义经济思想的特征和意蕴。蔡元培在第一篇文稿中对其"有志为士"的学生们提出了一条必须遵循的求学准则：要"究心有用之学"，"不可不明工食之理"。为此，他特地从社会分工角度对"工食之理"的含义作了一番大致符合"各尽所能，按劳分配"的现代经济学原理的阐释："天下未有无工而徒食者，此古今之公理也。"即便是由"官与师"组成的"士"作为中国自古相沿的"四民"阶层之首，也要通过切实履行教育、监督等本职工作来和依靠耕牧、制造、贸易之工养活自己的"农工商"阶层相交换，才能获取自己所需的生活资料。至于士、农、工、商阶层所获得的生活资料的多少，则由他们所从事工作的难易、广狭和轻重程度所

① 　高平叔编：《蔡元培全集》第 1 卷，中华书局 1984 年版，第 85—86 页。

② 　《蔡元培全集》第 1 卷，第 93—97、114—116 页。

决定。在阐明了"工食之理"的含义后，他又话锋一转地联系清末中国贫穷衰颓的国势指出，由于"世衰道微，知诈愚，强陵（凌）弱"，"未有无工而徒食者"的古今公理在当时已被中国"农工商者"的愚昧无知特别是"为士者"的奸诈钻营、巧取豪夺严重破坏了，所以就导致了偌大中国的积贫积弱，"以四万万之众，而亟见侮于外国，以酿成亡国亡种之祸者也"。他进而对其学生大声疾呼："当思自有生以来，一切养生之具，何事不仰给于农工商，而我所以与之通易者，何功何事？（你们）不患无位，患所以立，怵然脱应试求官之积习，而急致力于有用之学矣。"值得注意的是，蔡元培在对其学生提出要"究心有用之学"，"不可不明工食之理"的求学准则之后，还以其自幼为应试求官而研读儒家经书 20 年却"不免迷惑"，后来"得阅严又陵氏之说及所译西儒天演论"，并"证之于旧译物理学、心灵学诸书"，才有"怡然理顺，涣然冰释"之感悟的求学经历为例证，要求他们认真修读自己所开列的生理学、心理学、教育学、政治学、社会学、伦理学等源自西方的能够"益己、益世"的课程。由此不难推断，他围绕"工食之理"所作的一番文字阐述和议论，确实具有晚清维新派改良主义经济思想的特征和意蕴。至于蔡元培在第二篇文稿中针对清末客居嘉兴县垦荒的宁波、绍兴籍农民在土地租佃问题上遭遇的种种矛盾和弊害而提出的"丈田造册、垦单编号、集资易田、粮串稽年、认田归圩"等解决方策，虽只是为调整和解决一县一时特殊的土地租佃关系和矛盾而提出的权宜之计，但联系当时长江流域和全国混乱的土地关系状况以及晚清维新派人士提出的同类改革主张来考量这些方策，[①] 则不难发现其中也闪烁着改良主义经济思想的特定意蕴和光辉。

光绪三十年至三十一年（1904—1905），蔡元培先是在上海联络陶成章、龚宝铨等人组建了反清革命团体光复会，而后又加入了孙中山先生领导的反清革命政党同盟会，成为了一名坚定的反清民主革命家。光绪三十二年（1906），他曾写下一篇短文《记绍兴志学会三大愿》，[②] 对 25 年前（即 1881 年）周炳琦、王余庆等绍兴乡贤在创设"志学会"这一文人社团

---

① 如维新思想家陈虬、汤寿潜都曾针对清末全国混乱的土地关系状况提出自己的土地改革主张，其中有些内容也涉及了垦荒问题和土地租佃关系的调整。参阅蔡志新《民国时期浙江经济思想史》，中国社会科学出版社 2009 年版，第 82、104 页。

② 《蔡元培全集》第 1 卷，第 394—396 页。

时所许下的"愿天下无贫人、无病人、无恶人"的三大宏愿进行过回忆和评论。其中有些评论体现了他成为一名反清民主革命家之后所具有的希望消灭贫穷和民生幸福的革命民主主义经济思想。他写道："现在社会上最重要的问题，不是贫富不均么？不是资本家与劳动家的关系么？解决这个问题的方法，现在正逐渐进行……将来工作与享用的支配，果能均平，就没有富人，自然也就没有贫人了。现在卫生学非常发达，似乎人人可以却病。因贫富悬绝的缘故，贫人的衣、食、住，决不能按照卫生的法则，富人又因有骄奢淫逸的力量，故意造病；医生呢，又因避贫求富的缘故，或者不能御病，反来助病。要是到了没有贫人的时候，这种弊端都没有了……或者可以达到没有病人的境界。照社会主义的看法，许多罪恶，都是由贫富差别生起的……照犯罪学家的看法，许多罪恶，都是由病而起的。无论何等犯罪人，都是受他生理上病的影响。要是世界上已经没有贫人，没有病人，那（哪）里还有罪人呢……志学会诸君，虽没有寻到能达这种目的的方法，但是他们的志愿是不错的。"显然，此时的蔡元培与反清民主革命党人的领袖孙中山先生一样，也在吸收包括社会主义学说在内的西方近代人文社会科学理论的基础上，形成了一种以追求均富社会和民生幸福为奋斗目标的革命民主主义经济思想。而他设想实现均富社会和民生幸福的奋斗目标的两个重要方法就是希望调整当时西方社会日益尖锐的劳资关系和有朝一日实行按劳分配的财富分配原则。应当说，他的这一设想颇具前瞻性和预见性，与孙中山先生为了预防中国在反清革命胜利之后重蹈西方社会劳资冲突和两极分化严重的历史覆辙而提出的以"节制资本"为基本准则的民生主义经济思想在本质上是一致的。

二　专注教育时期

1912 年至 1926 年（下文简称"民国早期"）可谓是蔡元培人生中专注于教育事业的重要时期。正是在这一时期，他从反清民主革命家变成了中国教育界的领袖人物，先后担任民国临时政府和北京政府的教育部总长，竭力推行不同于清王朝的教育新方针和新政策，1916 年底又担任北京大学校长，通过一系列改革将北京大学办成了实至名归的中国第一学府。其间，他还多次出国访学和考察欧美教育，并倡办多个留学教育机构，组织国内有志青年出国深造。相应地，他在民国早期的经济思想也就和教育密切联结起来，体现出为了教育的发展而着重思考和谈论某些经济问题的鲜明特征。当然，有时候他也会从其他角度思考和谈论一些较为纯粹的经济概念和范畴。据此，可以将他在民国早期的经济思想归并为教育经济思想和非教育经济思想两个部分来加以评析。

（一）教育经济思想

蔡元培在民国早期主要围绕教育与经济的关系、教育经费的筹集和使用这两个问题发表了一系列重要的思想言论和主张。

1. 教育与经济的关系

众所周知，教育与经济之间存在着相互依存、相互作用、相互影响的辩证关系，但身为教育家的蔡元培似乎更愿意从教育促进经济发展的角度来看待两者之间的关系。这一点明确体现在他以教育部总长身份提出的"实利主义"教育方针的内涵中。1912 年，他在担任教育部总长之后一再申明："实利主义之教育，以人民生计为普通教育之中坚。其主张最力者，至以普通学术，悉寓予树艺、烹饪、裁缝及金、木、土工之中。此说创于美洲，而近亦盛行于欧陆。我国地宝不发，实业界之组织尚幼稚，人民失业者至多，而国甚贫。实利主义之教育，固亦当务之急者也。""我国人本以善营业闻于世界。侨寓海外，忍非常之困苦，以致富者常有之，是其一例。所以不免为贫国者，因人民无道德心，不能结合为大事业，以与外国相抗；又不求自立而务侥幸。故欲提倡实利主义，必先养其道德。"① 显然，他所讲的"实利主义"教育方针不同于前清时代以读经尊孔、应试求官为主题的脱离社会经济实际的旧式教育方针，而是受到欧美实用主义教育思潮影响的，旨在帮助学生掌握实用的生产生活技能以促进中国近代社会经济发展、改变中国贫穷落后面貌的新式教育方针。换言之，这既是一种主张根据民国早期中国社会经济发展的实际需要培养新型实用人才，以消除前清教育积弊的新式教育方针，也是一种颇值得肯定的广义、辩证的实利主义教育思想，其核心内涵是强调普通教育与职业教育的有机融合，强调道德教育对于培养人格健全的新型实用人才的引领作用。而蔡元培本人对于这种广义、辩证的实利主义教育思想的核心内涵也作过多次阐述和说明。

---

① 蔡元培：《对于新教育之意见》、《全国临时教育会议开会词》，高平叔编：《蔡元培全集》第 2 卷，中华书局 1984 年版，第 131、263 页。

　　1915 年，他曾在一篇题为《1900 年以来教育之进步》的文章中写道："以记诵为常课、而屏除致用各科者，诚与人性相违……故普通教育中多列手工诸科，不得不视为至当。即如德佛伊氏（Dewey）[①] 一派，欲以烹饪、裁缝及金工诸工为一切科学之导线者，其理论之至当，所不待言。惟今日实利教育之趋势，殆有以致用诸科为足尽教育之能事，而屏斥修养心性之功者，则未敢以为然也……利用厚生之事业，非有合群之道德心，常不足以举之……夫通功易事之制，于今为盛。在职业教育以上，自不必有顾此失彼之顾虑。小学教育既以遵循天性、养成人格为本义，则于身、心两方面，决不可有偏废，而且不可不使为一致之调和。此则对于极端之实利主义而不可不加以补正者也。"[②] 他在这里明确否定了那种只鼓吹在小学教育中添加职业教育科目而忽略道德教育功用的狭义、极端的实利主义教育思想，在他看来，在小学教育中贯彻实利主义教育思想的正确做法应当是职业教育和道德教育齐头并进，相依为用，只有这样，才能为中国社会经济的发展培养合格的初等实用人才。此外，他还在一些演讲中表达了类似的思想理念和见解。

　　如 1913 年 6 月，他在上海浦东中学发表演讲说："中学生负指导国民之任，将注意何事乎？共和国最重道德，与从前以官僚居首要之主义，适相反对。从前风俗，以科名为荣耀……为欲藉考试而得做官也，为做官可得较优之财产……如此旧染污俗，永锢国民之身而不洗除，则吾国将来决难立于世界之上……世界优强之国，官吏收入，较诸实业之收入，不如远甚，故国民相率趋实业而避官僚。今欲挽救吾国之弊，亦惟趋重实业而避官僚而已。今年本校添设工业班，正与此义相合，此又愿与诸君劝勉者也。"[③] 1916 年 12 月，他又在一次演讲中指出，当时中国存在着小学生毕业后不能悉数升入中学的"教育恐慌"现象，其主要原因有两点：一是"实业教育之缺乏"，致使中学毕业生不能适应社会需求；二是"道德心之缺乏"。为此，他提出两项补救之法：一是国内教育界要根据政治和商业范围逐渐缩小，"农、工事业发达，投机者将无所施其技"的"世界大势"，双管齐下地"注重职业教育"，既要在普通教育中"酌加农、工等科"，又要

---

① 即美国实用主义教育家杜威。

② 《蔡元培全集》第 2 卷，第 411—412 页。

③ 《在浦东中学演说词》，《蔡元培全集》第 2 卷，第 298—299 页。

多设甲、乙两种职业学校，专门招收中小学毕业生进行职业教育。二是要采用签订契约的方式公费派遣职校生赴欧洲留学，以弥补国内职业学校实习时间过少之缺陷，同时为预防公派留欧职校生学成归国后违约去"作官吏"，应当对国内职校生实行"美感教育"，以培养其高尚道德和做人良知。①

不言而喻，蔡元培在上述演讲中紧跟民国早期的世界潮流，以矫正中国旧式科举教育导致官本位思想泛滥的弊害为依据，反复强调要实施普通教育和职业教育相融合、职业教育和道德教育相依靠的广义、辩证的实利主义教育思想，以期为中国社会经济的发展和国家的富强输送充足的合格人才。应当说，这样的教育思想既切中历史弊病，又具有现实指导意义，即便是今天中国的教育事业改革和社会经济发展也可从中汲取宝贵的理论营养和启迪。因为今天中国的教育事业仍存在与社会经济发展的实际需要严重脱节的问题：一方面普通教育培养的学生大都缺乏实际的职业技能，而职业教育整体办学水平滞后，培养出来的学生虽掌握了一定的职业技能，但理论知识和道德修养似乎又比普通学校毕业生逊色不少，社会上和家长中也存在着"差生"才读职业学校的错误观念和舆论，一年"热"过一年的"考公务员热"说明官本位思想仍然根深蒂固；另一方面，广大工商企业却抱怨招不到足够的理论知识和职业技能"双过硬"的优秀人才，农业和农村中能够学以致用的高学历、高技能人才更是稀缺。一言以蔽之，今天中国的教育事业仍然和民国早期一样，存在着不能为社会经济的发展培养和输送充裕的合格人才的弊病。在这种情况下，研究和借鉴蔡元培在民国早期提出来的广义、辩证的实利主义教育思想就显得重要而迫切了。

值得注意的是，蔡元培在民国早期提出来的广义、辩证的实利主义教育思想虽然主要来源于同时期美欧盛行的实用主义教育思潮，但与他早在清末倡办新学时就要求其学生"脱应试求官之积习，而急致力于有用之学"②的教育理念也有内在的逻辑关联。而由此审察蔡元培在民国早期提出的广义、辩证的实利主义教育思想，则可发现其所具有的一大本质特征是强调中国的教育事业要能够理论联系实际地为社会经济的发展培养足够的学以致用的合格人才。这一特征在前述蔡元培的文章和演讲中已有所体现，

---

① 《教育界之恐慌及救济办法》，《蔡元培全集》第 2 卷，第 485—489 页。

② 《剡山二戴两书院学约》，《蔡元培全集》第 1 卷，第 94 页。

在民国早期蔡元培留下的另两段涉及教育和经济关系的言论中也能得到印证。

"欧战期中，法国工人多数从军，因有招致华工之议。我等以为此事之裨益于我国……一曰扩张生计……二曰输入实业智识。我国地产极富，各种工业必将次第建设。建设工业，非徒恃有少数之工学士，而亦恃多数工人均有工业上普通智识。今乘法国各工厂缺人之际，而以我国人分插其间，则各种工业均有多数实验之工人，将来回国以后，转相授受，必能使工业常识普及于人人。三曰改良社会……诚以吾国多数工人生活于彼国工会中，耳濡目染，吸取所长，他日次第归国，必有以助社会教育之进行，而大减阻力。"①

"法国中等农校，关于实习，非常注意。实习钟点，除每周十余句钟理论外，皆为于农场实习。或于上午听讲笔录之，下午施之于实验。由是理论与实验，相辅而行……农业进步之秘诀，其在是乎！其在是乎！俯审吾国，以固有习惯，于农业一事，颇肯注意。然以沿用旧法，于学理上毫无应用。故学理之研究者，亦为振兴农业不可少之设备……且欲发达工商业，非提〔振〕兴农业不可。工非农，材料之产出无资；商非农，运输之功何用？故农业者，工、商之本，强富之基也。猗欤！农业一事，岂可忽视乎……某君由天津至法，曾专攻于农已年余，愿从事耕作……彼以素无实习之工夫，不能行持久之作业，而卒以被制于耕夫。是故虽有研究学理之事实，不能与耕夫同操作，乏实习之工夫，其结果也，卒不能达振兴农业之目的……因此，注意实习，而卒业后得从事耕种，与农夫谋进步，庶几农业前途，有……希望焉。"②

这两段言论是蔡元培在1916年和1917年分别以华法教育会会长和北京大学校长身份说给国内各省行政机关负责人和某地甲种农业学校的师生听的。分析其意可知，在出任北京大学校长之前曾在法国留学数年的蔡元培对法国工农业和教育的发达至为欣赏，对法国工厂因第一次世界大战而缺乏产业工人的状况也很了解，所以他才发起创立华法教育会招募华工赴法国做工积累经验，并将法国教育的成功之处介绍给国内有关学校的师生。

---

① 《致各省行政机关函》，《蔡元培全集》第2卷，第417页。

② 蔡元培：《在甲种农业学校演说词》，高平叔编：《蔡元培全集》第3卷，中华书局1984年版，第239—240页。

与此同时，他也深谙当时中国社会经济贫穷落后的重要原因之一就是理论知识和职业技能兼具的实用人才极为匮乏，而这在很大程度上又是包括职业教育在内的中国教育事业严重脱离社会经济的具体实际，过于重视书本知识的灌输而忽视实用职业技能的训练所造成的。因此，他才主张招募华工到法国工作并建议国内农校像法国农校那样加强实习训练，希望借此培养出足够的理论知识和职业技能兼具的熟练产业工人和农业劳动者，以推动中国工农业的发展和进步。换言之，他希望依靠理论和实践相统一的工农业教育来为中国工农业的振兴和繁荣提供大量合格人才，而这恰恰又是其广义、辩证的实利主义教育思想的具体贯彻和体现。

2. 教育经费的筹集与使用

教育经费是教育事业的首要物质基础和保障，其多寡有无直接制约着教育事业的成败兴废。民国早期，由于社会经济十分穷困，而军阀和政客又将大部分财政资金用于内战和政治斗争，所以政府财政中用于教育事业的资金极为有限。更有甚者，军阀和政客还任意克扣、挪用财政预算中本就少得可怜的教育经费，致使很多公立学校濒临破产，连日常教学工作都难以维系，师生员工只得用罢教罢课的极端方式向政府当局讨要薪水和办学经费。对于这些本不该发生的反常事例和现象，先后担任教育部总长和北京大学校长的蔡元培也深感痛苦和无奈。他曾就此公开抱怨说："在檀香山的太平洋教育会议席上，各国的代表都要贡献他国内的教育成绩，而我们正是首都国立高等学校陷于破产的时候，使人心里实在难受……现在，我们为教育所凭藉的经费而逼到罢教，世间痛心的事，还有过于此的么？"①不过，抱怨归抱怨，身为教育界领袖的蔡元培深知，只有双管齐下，从节流和开源两个方面筹措稳定可靠、充裕确实的教育经费，才能确保中国教育事业的正常运转和长久发展。

早在 1912 年担任教育部总长时，他就明确指出："教育之困难，由于学生程度不齐，加以前清办学之种种糜费，其细情不外奢、纵二字。现在入手办法，拟先将中学以上官、公、私立各学校，严加归并，裁汰冗员，

---

① 蔡元培：《在北大欢迎蔡校长考察欧美教育回国大会上的演说词》，高平叔编：《蔡元培全集》第 4 卷，中华书局 1984 年版，第 77—78 页。1921 年 8 月，蔡元培曾率中国教育代表团参加在美国夏威夷首府檀香山召开的太平洋各国教育会议，并向会议提交了两份关于推广世界语和举行太平洋运动会的议案。

严定章程，以便早日开学。国家无论如何支绌，教育费万难减少。无已，惟有力行节俭，以为全国倡（导），亦拟自中学以上始。其所撙节之款，以之多办初、高两等小学，渐立普及教育基础，一洗前清积习。""教育经费之规定。（甲）专门教育经费，取给于国家税，或以国有财产为基本金。（乙）普通教育经费，取给于地方税，或以地方公有财产为基本金。"[①]显然，在民国初建、教育事业理当有所兴革而政府财政又困难的情况下，他就已认识到，必须合理调整教育经费的使用方向，通过内部节流和突出重点的办法来集中、高效地使用有限而宝贵的教育经费，易言之，即要通过优化教育财政的支出结构来保证某一重点教育领域的经费供给；同时，他也主张从财政制度上采用中央和地方政府分担不同类型的教育税收或公立教育基金的办法来确保全国教育事业的长久稳健发展。应当说，其见解是正确无疑的，然而要切实贯彻和施行之，则要依靠良好的政府信用和规范的财政预算。但是自1916年袁世凯辞世后，北京政府就由各派军阀轮流坐庄，信用窳劣，财政破产，即使有规范的预算方案也根本得不到执行。在这种情势下，除了用消极节流的办法对极有限的教育经费进行合理调配和使用[②]之外，更重要的是得从开源角度着手，努力为教育事业开辟独立、稳定而充裕的可以不受北京政府操控的经费来源。蔡元培对此不仅有着明确的认识，而且提出了多种解决教育经费短缺问题的办法和设想。

1921年9月，他以校长身份对北大教职员工演讲说，要使得首都国立高校师生罢课向北京政府讨要教育经费的不幸事件不再发生，"只有使政府同别国的政府一样，能够维持预算案的信用，我们才可以安然做事。但是中国的政府，我们向来知道是不可靠的，如何能希望不再发生此等不幸……一定要有点预备，方不致临时失措……其方法我想最好是发行教育公债，这债票可以去纳租税，这就是将教育费从由政府间接取得的变成直接向国民取得了……政府要办所得税，以十分之七做教育经费，引起全国人的反对——即办教育的人亦反对。这实在并非根本反对所得税，是反对

---

① 《在北京就任教育部总长与部员谈话》、《向参议院宣布政见之演说》，《蔡元培全集》第 2 卷，第 156、164 页。

② 1917 年蔡元培担任北大校长之后，曾提出合理调配和使用有限教育经费的若干设想和举措（详见高建民《蔡元培教育经济言论探析》，《教育与经济》1992 年第 4 期），但其本质仍未超出他在 1912 年担任教育部总长时提出的"节俭"、"撙节"之策的意蕴。

由这种政府来办。所以，我想只要有极周密的办法，使这钱不至被政府挪移，完全用在教育或实业上，我们应当赞成的。"他还提到了此前自己为扩建北大图书馆向国外华侨募捐的事："我自纽约到檀香山各处，对华侨也屡次演说，承他们各团体的领袖都热心赞同，允代为募集……我想能捐到几十万，第一要紧，就是建筑图书馆的新房子……但是几十万元的款，不能全靠国外的华侨，还要在国内募集。"① 显然，此时他主张撇开财政信用破产的北京政府，通过发行教育公债、开征教育所得税、募捐等办法来筹集北大和全国教育事业所需的基本经费。这实际上是当时全国性的教育独立运动和蔡元培本人所具有的"教育独立"思想在教育经费问题上的集中体现，② 可称作"教育经费独立论"。半年后，他又公开发表《教育独立议》一文，在参酌法、德、美三国教育制度的基础上，设想在全中国划分若干学区，每个学区设一所大学，然后以大学为中心来实行一种独立、超然的教育体制，也就是由教育家独立办学而"不受各派政党或各派教会的影响"的教育体制。他还明确规定了这种教育体制之下各学区教育经费的来源都是"从本区中抽税充用"，但经济贫乏的学区"得由中央政府拨国家税补助"。③其意思是要用专门的税收制度来确保教育经费来源的独立、充裕和确实。

除了上述办法，蔡元培还提出过另两种缓解民国早期教育经费困难的方策：一是由市民分担普通教育经费。1922 年 12 月，他曾以"市民对于教育之义务"为题对北京市民演讲说，"北京普通学校的经费，向来由中央政府支拨。近因财政紊乱，教育经费或数月不发，致有罢课的举动……其实此等教育市民子弟的经费，当然由市民分担。若市民有适当的办法，全市民教育经费可完全不受中央财政的影响。这也是我们应当注意的一件事。"④由市民来分担北京普通教育的经费固然是他迫于当时中央财政性教育经费的缺位而提出的权宜之策，但其中所蕴含的为确保教育事业发展而试图开辟独立、稳定、充裕的教育经费来源的思想主张则与他在此前提出的几种

---

① 《在北大欢迎蔡校长考察欧美教育回国大会上的演说词》，《蔡元培全集》第 4 卷，第 77—78 页。

② 参阅刘剑虹《蔡元培的教育经费思想之研究》，《教育与经济》2000 年第 4 期。

③ 《蔡元培全集》第 4 卷，第 177—179 页。

④ 《市民对于教育之义务——在京师市民会演说词》，《蔡元培全集》第 4 卷，第 300 页。

办法如出一辙。至于他希望北京市民拿出何种"适当的办法"来分担普通教育经费，他虽没有明言，但按其意推断应当是指由北京市民直接出资助学或缴纳教育税费给北京市政府的教育主管机构。二是利用列强退还的庚子赔款办学。早在 1918 年 12 月，身为北大校长的蔡元培就带头赞同北大教授王兼善提出的《请各国退还庚款供推广教育事业意见书》，[①] 表达出利用列强退还庚款兴学的强烈意愿。此后，他又为促成此事多方奔走和游说。例如，1924 年春他曾应邀赴伦敦发表演讲，希望以英国拟退还的 1100 万英镑庚款的大部分办自然和科学博物院，小部分办工商学校、图书馆和留学生教育，并在一份备忘录中提出了利用英国退还庚款发展中国教育的七项具体建议；同年 7 月，他还写信恳请英国著名学者罗素全力敦促英国政府同意将退还的庚赔专用于中国教育。[②]

（二）非教育经济思想

除了教育经济思想之外，蔡元培在民国早期还曾就消费、财产、职业、财政等较为纯粹的经济概念和范畴发表过颇有见地的思想言论和见解。

1. 消费思想

清末民初，中国古人普遍持有的黜奢崇俭的消费思想信条曾受到谭嗣同、梁启超等近代思想家的批判和否定。但蔡元培对此信条持肯定态度，并运用儒家的中庸之道和西方的自由、平等、博爱学说对此信条作了别具特色的解读和演绎。

1912 年，蔡元培在其编撰的《中学修身教科书》[③] 中分析说，守财奴式的"鄙吝"和"靡费金钱"的奢侈"实皆欲望过度之所致"，二者在财

---

① 该意见书《蔡元培全集》第 3 卷第 224—227 页有收录，其主旨是要求西方列强将庚子赔款余额悉数退还给中国，"专为振兴教育之用度"。

② 《在留英学生退款兴学会及留英工商学共进会欢迎会上的演说词》、《处理退还庚款的备忘录》、《致罗素函》，《蔡元培全集》第 4 卷，第 468、477、490—491 页。

③ 1907 年至 1908 年，上海商务印书馆分五册刊印了蔡元培编写的《中学修身教科书》。该书前两册于 1907 年 12 月刊印，蔡元培碍于其反清革命党人的身份未在书上标注作者名号，直到 1908 年 3 月该书后三册付梓时，他才借用其夫人黄世振姓名中的"振"字，将作者名号标注为"蔡振"。1912 年 5 月，商务印书馆又将该书整合为一部出版，并将作者正式署名为"蔡元培"。该书整合后分为上下两篇，共十章，约十万字，不断再版，截至 1921 年 9 月共出 16 版，是民国时期最流行的中学生思想品德教科书之一。

产的蓄积和使用上各执一端，各有弊害，都不符合儒家的"中庸之道"。所以，世人应当"折二者之衷"，用"节俭"的态度来对待和使用财产。他进而写道："节俭者，自奉有节之谓也，人之处世也，既有贵贱上下之别，则所以持其品位而全齐本务者，固各有其度，不可以执一而律之，要在适如其地位境遇之所宜，而不逾其度尔。饮食不必多，足以果腹而已；舆服不必善，足以备礼而已。绍述祖业，勤勉不怠，以其所得，搏节而用之，则家有余财，而可以恤他人之不幸，为善如此，不亦乐乎？且节俭者必寡欲，寡欲则不为物役，然后可以养德性，而完人道矣。家人皆节俭，则一家齐；国人皆节俭，则一国安。盖人人以节俭之故，而赀产丰裕，则各安其堵，敬其业，爱国之念，油然而生……且国家以人民为分子，亦安有人民皆穷，而国家不疲苶者。自古国家，以人民之节俭兴，而以其奢侈败者，何可胜数！"① 其主要意思是说，节俭就是一种适度消费的生活方式和美德，能够使人富裕并有余财去救助他人，能够使人不异化为物质的奴隶，还能使国家兴旺发达。蔡元培这样解释节俭的含义和作用无疑是中肯恰当的，但是他同时认为要根据人的"贵贱上下"、"地位境遇"的不同来节制其消费多寡，做到"不逾其度"，似乎具有维护权贵阶层利益的思想倾向。而这自然是他受到儒家主张按照伦理等级和身份差异来"各得其分"地占有和支配生活资料的经济思想②影响的结果。

值得注意的是，上述维护权贵阶层利益的思想倾向在 1917 年蔡元培发表的一次题为《说俭学会》③ 的演说中得到了纠正，而他用来纠正这一倾向的理论工具则是西方的自由、平等、博爱学说。他在这次演说中自问自答说："学者何以当'俭'？一方面因为易于游学计，一方面实尚有进德之关系。盖自生理上及伦理上考之，俭胜于奢，历有明证……至于道德要义，曰自由，曰平等，曰博爱。习于奢者……一旦境遇变迁，虽普通人所能受者，彼将不胜其苦。习于俭者反之。古人云：由俭入奢易，由奢入俭难。即自由与不自由之别也。俭者常得大多数之同等，而奢者常得少数。俭者之心理，乐与人同……奢（者）之心理，则务与人异……物产之数，与人类之数有比例，此有所赢，则彼必有所绌，知平等之义者，其忍奢乎？博爱

---

① 《蔡元培全集》第 2 卷，第 177—178 页。
② 这种经济思想也是儒家中庸之道在经济层面的一种体现。
③ 《蔡元培全集》第 3 卷，第 61—64 页。

者，由平等而推暨之者也。不承认平等之义者，即不能再望以博爱。稽之历史，好奢之人，常有违反博爱之行为……惟俭故能博爱，亦惟博爱，则不能不俭也。"至此，蔡元培就从个人修身养性、节制欲望的逻辑基准上对中国人黜奢崇俭的传统消费信条进行了近乎完美的辩护和演绎。这不仅比他先前单纯依据儒家中庸之道来崇俭黜奢更加令人信服，也是对历代大多数思想家在消费信条上单纯崇俭黜奢的超越和发展。更重要的是，蔡元培对黜奢崇俭的传统消费信条的辩护和演绎，也是对清末以来一些进步思想家过分强调奢侈的积极作用，完全否定节俭的积极作用的否定之否定。而他本人接下来也揭示了这一点。他指出："二十年来，我国学者，耳食一种倒果为因之经济学，反对古代崇俭黜奢之说，至以西洋物质文明之发达，归功于侈靡，如谭复生《仁学》中，即有此说。"

蔡元培提到的"谭复生"就是为戊戌变法献出生命的谭嗣同。谭嗣同在其代表作《仁学》中完全否定节俭的积极价值和功用，并把正常的节俭和守财奴式的过分节俭混为一谈，然后在猛烈抨击守财奴式的过分节俭的基础上认为富人的奢侈有助于穷人谋生，有助于社会物质文明的进步。其目的是鼓励清末富人像西方资本家那样投资兴办近代农工商业谋利，进而促进全中国经济的整体发展和繁荣，对此自应给予肯定。但是他为此而不加区分地看待奢俭问题，对于俭一概否定，对于奢则说其"害止于一身家，而利十百矣"，① 则犯了矫枉过正的评判错误。其实，奢俭都要适度，在任何时代，过分的奢或俭都不利于人类物质文明的进步和生活水平的提高，片面强调或夸大奢俭的利害得失都是不对的。而这也正是蔡元培批评谭嗣同等人"反对古代崇俭黜奢之说"是"倒果为因之经济学"的逻辑依据所在。因为按照他们的逻辑，节俭和资本主义物质文明的形成就毫无关系，而奢侈才是促成资本主义物质文明的重要因素。实际上，在资本主义物质文明的发展过程中，政府、资本家和民众仍然要靠节俭来降低生产生活的成本和提高经济资源的利用效率。

正因为节俭在资本主义物质文明的发展过程中不可或缺，所以蔡元培在对谭嗣同等人一味否定古代的"崇俭黜奢之说"提出批评之后，又指出其理论缺陷是："不知物质之作用，必普及于各阶级之人，而后谓之文明。

---

① （清）谭嗣同：《仁学》，华夏出版社 2002 年点校本，第 70 页。

如汽机、电机、驰道、公园及公开之大建筑等皆是。其他供少数富豪挥霍之奢侈品，如巴黎之时装、香槟之美酒，初不在物质文明之内"。从字面上看，他的表述较为含蓄，但稍加推敲即知，其潜台词是说：很多代表资本主义物质文明的具体成果都只是供社会大众消费的普通生活用品，而不是专供少数富豪消费的奢侈品，虽然它们表明人类的物质文化生活水平比过去有了很大提高，但绝不能说它们是奢侈的象征，而应当说它们是依靠人类的勤俭节约生产出来的劳动产品，可惜谭嗣同等人不知道这一点。

耐人寻味的是，上述潜台词在蔡元培 1913 年发表的一次演说中得到了较为直白的体现，而从字面上看，这似乎又是他针对谭嗣同认为在资本主义物质文明中有奢无俭的一段错误言论而作出的批评。他明确指出："或又谓世界文明进步……因机械多，交通便，而装饰品增多，似无须尚朴者，此谬论也……交通便而装饰品多，乃以装饰普及于人民，非欲个人穷奢极侈也。世界文明进步，无非以向时少数人所独享者，普及予人人而已。即就建筑布置而论，最讲究者，为学堂、博物院、公园，皆为人人可至之地，亦一证也。昔时惟多财者可以远游，而远游一次，须费多数金钱。今则交通便而旅费廉，远游之举，可普及于人人矣，非教人奢侈也，所以补偏狭之见而渐趋大同。"① 而谭嗣同认为在资本主义物质文明中有奢无俭的一段错误言论则是："自俭之名立，然后君权日以尊，而货弃于地，亦相因之势然也。一旦衔勒去，民权兴，得以从容谋议，各遂其生，各均其利，杼轴繁而悬鹑之衣绝凹，工作盛而仰屋之叹消幽。矿禁弛，谁不轻其金钱；旅行速，谁不乐乎游览？复何有俭之可言哉？"② 比较这两段文字可知，其中有两句话极为相似，但含义是截然相反的。这两句话就是蔡元培所说的"今则交通便而旅费廉……非教人奢侈也"和谭嗣同所说的"旅行速，谁不乐乎游览"。前者的着眼点是谈节俭，而后者的着眼点则是论奢侈。联系前面相关分析可知，后者把近代交通条件改善后人人都可出门旅游看成是一种普遍性的奢侈消费，显然是矫枉过正之论，确实犯了蔡元培所说的倒果为因的逻辑错误。因为其理论本质是形而上学地看待奢和俭的区别，错误地把节俭看成是存在于古代君主专制社会的不良消费现象和陋俗，而把奢侈则看成是近代资本主义社会的普遍消费现象和行为。

---

① 《在浦东中学演说词》，《蔡元培全集》第 2 卷，第 300—301 页。

② （清）谭嗣同：《仁学》，第 75 页。

综上所述，与谭嗣同等过分崇奢黜俭的近代思想家相比，蔡元培对于奢俭问题的认识和论析显得辩证而全面。而其特异之处则是综合运用儒家的中庸之道和西方的自由、平等、博爱学说对中国人传统的黜奢崇俭信条作了极有说服力的辩护和演绎。应当说，他主张节俭、反对奢侈的消费思想较为公允持正，也与清末启蒙思想家严复对于奢俭问题的认识最为接近。严复认为奢侈只对少数人有利，对整个社会而言则会使财富耗尽。他肯定"道家以俭为宝"的观念，但反对守财奴式的过分节俭，并主张把节俭下来的钱财用于发展生产。他还提出要处理好资本积累和消费的比例关系，即要使"母财、支费相酌剂为盈虚"。①

蔡元培没有像严复那样明确提出要处理好资本积累和消费的比例关系，但是他为反驳那种认为近代社会"机械甚多，交通便利"，故人类已"无须劳动"和"尚朴"的谬论而发表的下列言论却隐含了同样的意蕴。他说："我国老子，俄儒托尔斯泰所主张，似有反对机器、交通之意，即以机器、交通，似与勤朴主义不合也。余则谓勤朴主义，适与机器、交通相得益彰，似无须过虑。"② 显然，他所说的"勤朴主义，适与机器、交通相得益彰，就包含了要处理好资本积累和消费的比例关系的意思。因为即便在"机械甚多，交通便利"的近代社会，人类也要勤于劳动，简朴消费，并注意妥善处理资本积累和消费之间的比例关系，才会使生产持续发展，财富不断增长，生活不断改善。

2. 财产论

财产是人赖以在世间安身立命的物质基础和保障，也是仅次于生命或人身安全的一项具体的基本人权。民国早期，蔡元培曾在其编写的《中学修身教科书》中对人的财产问题作过系统论述。③

首先，他在论述财产重要性的基础上阐明了财产来自于劳动的道理。他写道："财产者，人所辛苦经营所得之，于此无权，则一生勤力，皆为虚掷，而于己毫不相关，生亦何为？且人无财产权则生计必有时不给，而生命亦终于不保。故财产之可重，次于生命，而盗窃之罪，次于杀伤，亦古

---

① 参阅侯厚吉等《中国近代经济思想史稿》第 2 册，黑龙江人民出版社 1983 年版，第 549—551 页。

② 《在浦东中学演说词》，《蔡元培全集》第 2 卷，第 301 页。

③ 《蔡元培全集》第 2 卷，第 211—215 页。

今中外之所同也。财产之可重如此，然则财产果何自而始乎？其理有二：曰先占；曰劳力……先占者，劳力之一端也。田于野，渔于水，或发见无人之地而占之，是皆属于先占之权者，虽其事难易不同，而无一不需乎劳力。故先占之权，亦以劳力为基本，而劳力即为一切财产权所由生焉。"

其次，他对财产权的含义作了明确界定。他下定义说："吾人之处置其财产，且由是而获赢利，皆得自由，是之谓财产权。"从字面上看，这个定义主要是揭示了人对于其财产的处分权和收益权，但也带有人能够自由使用其财产的意思。在揭示了财产权的定义之后，他进而强调，人的财产权确立与否是"国之文野所由分也"，而要真正确立人的财产权，既"恃乎法律"，又受制于道德。他还指出："人既得占有财产之权，则又有权以蓄积之而遗赠之，此自然之理也。蓄积财产，不特为己计，且为子孙计，此亦人情敦厚之一端也……遗赠之权，亦不过实行其占有之权。盖人以己之财产遗赠他人，无论其在生前，在死后，要不外乎处置财产之自由，而家产世袭之制，其理亦同。"这看似在谈论人蓄积、遗赠其财产的权利，其实质仍是在强调人在获得财产的占有权之后，还享有自由处分其财产的法定权利。

最后，他分门别类地论述了个人财产的神圣不可侵犯原则。他认为，个人财产虽然可以通过先占、劳动、他人遗赠等不同的途径获取，但"其权之不可侵则一也"。他把人们互不侵犯财产权的行为规范或社会契约称作"对于财产之本务"，然后把它区分为对于他人财产的"直接本务"以及"贷借"本务、"寄托"本务、"市易"本务等四种类型，并逐一解释了其含义。关于他人财产的"直接本务"，就是不得用盗窃、诈骗、贪贿等非法且不道德的行为直接侵犯他人的财产。至于"贷借"、"寄托"和"市易"等三种本务，其对待和处置财产的具体方式虽然有别，但有一点是共同的，就是都要重信守诺，正当取利，而不能"有违信背义，以占取一时之利"的不道德之举。他进而指出："夫财物之当与人者，宜不待其求而与之，而不可取者，虽见赠亦不得受，一则所以重人之财产，而不敢侵；一则所以守己之本务，而无所歉。人人如是，则社会之福利，宁有量欤？"

通观其意可知，蔡元培实际上是在糅合西方近代人权学说和中国古人重义轻利思想的基础上来对人的财产问题展开系统论述的。一方面，他像西方近代资产阶级思想家那样抽象地谈论人性和人权，把财产看成是人与生俱来的"自然权利"之一，认为人对于这种权利的追求、拥有和处置是天经地义、顺乎自然的事情，是受到国家法律和社会道德的双重保护和制约的，任何社会成员或权威力量都不能随意剥夺人天生就应享有的这种权利；另一方面，饱读儒家经典的他又深受孔孟等中国古代贤哲的影响，在看待财产利益与道德、道义的关系时，仍然不忘强调道德、道义对于人追求和处置财产利益的约束作用，但不同于前者的是，他把道德、道义的这种约束作用放到了第二位。换言之，他首先是在接受西方近代人权学说的前提下强调人天生就拥有追求财产的权利，其次才在中国古人重义轻利思想的影响下强调人在追求和处置财产方面的利益时要遵守道德规范，不能牟取不义之财。进而言之，他系统论述人的财产问题的实质，是在吸收西方资产阶级人权学说的基础上将中国古代的重义轻利思想转换成了更为科学、合理的义利并重思想。这一实质也体现在他自己作出的下列总结中："财产虽身外之物，然人之欲立功名享福利者，恒不能徒手而得，必有借于财产。苟其得之以义，则即为其人之所当保守，而非他人所能干涉者也。"①另外，比较而言，蔡元培的上述论述是对晚清以来从魏源到严复等数代思想家片面批判古代重义轻利思想的调整和修正，而同其英年早逝的绍兴籍老乡徐锡麟、陶成章对古代重义轻利思想的恪守相比，则又有明显的发展和超越。②

3. 职业论

如果说财产是人在世间安身立命的物质基础和保障的话，那么职业就是人获取财产以谋生的根本泉源和依托。蔡元培深知这一点，所以他在《中学修身教科书》中还不惜笔墨对职业问题进行了详尽的分析和论述。③

首先，蔡元培认为人不可无职业，即使是富人也不能坐吃山空，而要善用其财为社会服务。他写道："无职业者，不足以自存也。人虽有先人遗产，苟优游度日，不讲所以保守维持之道，则亦不免于丧失者。且世变无常，千金之子，骤失其凭借者，所在多有，非素有职业，亦莫以免于冻馁乎……夫富者，为社会所不可少，即货殖之道，亦不失为一种之职业，但能善理其财，而又能善用之以有裨于社会，则又孰能以无职业之人目之耶？"

其次，蔡元培认为人应当根据自己的兴趣、能力、境遇和职业的性质、

---

① 《蔡元培全集》第 2 卷，第 208 页。

② 参阅本书第一、第二章。

③ 《蔡元培全集》第 2 卷，第 231—239 页。

义务等主客观条件自由、慎重地选择职业，而不能盲目择业。他还据此强调说，人的"职业无所谓高下"，只要"择其所宜"，就可以获得相应的职业名望。至于"子弟袭父兄之业"，则有极便利的条件，这是因为他们在父兄身边"幼而狎之，长而习之，耳濡目染"，可以轻易领会父兄职业的理论方法，而且其性情与父兄亦有遗传相通之处。但他也指出，由于人的主观资质和外部条件有差异，对于子弟承袭父兄职业这样的事例，也不可一概而论，而应"别审所宜"地灵活看待。

再次，蔡元培以道德维度的"义务"为标准，将大多数人的职业区分为"佣者"和"被佣者"两类，并对之作了重点论述和解析。他认为："佣者"就是"出其资本以营业，而借劳力于人者"；"被佣者"就是"出其能力以任事，而受酬报于人者"。二者在生计上关系密切，但"义务各异"。具体说，佣者的"义务"就是要付给被佣者适当工资，保护关爱被佣者，役使被佣者不能过苛，为被佣者设立保险公司、储蓄银行及慈善事业以保障其生活福利；被佣者的"义务"则是不能嫉妒佣者的资财，工作要勤勉，假日娱乐要正当无害，不宜索要过多薪酬（应按劳取酬），平日应"积恒产而养恒心"。

值得注意的是，蔡元培在论述佣者和被佣者的"义务"时提出的观点大都是公允持正的，但其中也有一些观点失之偏颇，显示出回避阶级矛盾、掩盖阶级剥削的主观偏向。如他认为佣者不可因被佣者同盟罢工"或他种迫胁之故"就满足其加薪要求，被佣者则不能以"纠结朋党，挟众力以胁主人"的方式要求加薪。此观点的实质就是片面维护佣者即资本家的利益，而抹杀被佣者即工人为了自身权益团结抗争的正当性。正因为存在着片面维护资本家利益、掩盖阶级剥削的主观偏向，所以他又绝对地认为被佣者具有"无恒心"的"通病"，"故动辄被人指嗾，而为疏忽暴戾之举"，并认定"其思想本不免偏于同业利益，而忘他人之休戚，又常以滥费无节之故，而流于困乏，则一旦纷起，虽同业之利益，亦有所不顾矣"。这实际上是以偏概全地把工人阶级看成了流氓无产者，并用流氓无产者的缺点来否定工人阶级的优点。也正因为存在这种主观偏向，所以他在正确主张要通过教育农民来改变其"见闻不出乡党之外"，往往"囿于目前之小利，而不遑远虑"的劣根性的同时，面对中国社会"贫富悬隔之度"必将像欧美各国那样因"世运日开"而"日异"，且将引发激烈阶级"冲突"的两极分化格局和演变态势，只能苍白无力地提出如下应对之策："今日而预杜其弊，惟在教育农工，增进其智识，使不至永居人下而已。"显然，通过教育农民、工人来"增进其智识"固然可为改变其社会地位提供助推力量，但这只是治标之策，并不能从根本上杜绝两极分化严重、阶级冲突尖锐的社会弊病。在不愿采用没收富人财产均分给穷人的暴力式"均富主义"政策的前提下，解决两极分化和阶级冲突之社会弊病的根本策略是要直面社会上存在阶级剥削的客观事实，从国家法律和政治层面上切实保障农民、工人的正当权益，同时综合采用法律、政治、经济及教育手段来约束和钳制地主、资本家剥削农民、工人牟利的行为，不让他们获取过分过多的剥削利益。可惜的是，由于民国早期的蔡元培具有片面地维护地主特别是资本家利益的主观偏向，所以他一方面因为看到当时中国社会贫富差距没有欧美各国严重而庆幸暴力式"均富主义"在中国"尚无蔓延之虑"，另一方面也提不出或不愿提出切实保障农民、工人正当权益的根本策略来。

又次，蔡元培对官吏、医生、教员等三种专门职业进行了简要论述。在他看来，官吏、医生、教员不仅要掌握常人所不具备的一些专业知识和技能，而且要具备远超过常人的职业道德和素养。

最后，蔡元培认为商人"亦有佣者和被佣者之别"，其关系则和农工业中的佣者、被佣者关系类似。但"与农工业之佣者有异"的是，商人之佣者要特别注意讲求"正直"的商业道德，使货物"与标本"保持一致。如果他出售的货物"优劣悬殊，甚且性质全异，乘购者一时之不检，而矫饰以欺之"，那么他就是"道德界之罪人"，并会因暂时"攫锱铢之利"丧失信用，导致以后受损无穷。

4. 财政论

民国早期，蔡元培曾针对外债、税收等财政问题提出过一些可圈可点的思想言论和主张。

首先，他认为不能以牺牲中国主权和内政为代价举借外债。这一思想主要体现在 1912 年 5 月他以教育部总长身份对德国记者发表的一段谈话中："中国苟允六国银行团之所请，是犹作茧自缚耳。但今幸犹有余地可容两方面之续议，余固深望此事之能和平解决，以保全中国之大局也。"[①] 所谓"六国银行团之所请"，是指当时英、美、法、德、俄、日六国银行团因

---

① 《为六国银行团借款事向德文报记者谈话》，《蔡元培全集》第 2 卷，第 163 页。

中国北京政府向其商借巨款而乘机提出的两项苛刻条件：一是由该银行团派代表监督借款的具体用途，二是由各国驻华使馆选派军官监督遣散南京、上海两地军政府所辖军队（实为革命政党同盟会掌控的军队）。① 这两项条件不但有损中国的主权和内政，还明显对同盟会不利，所以一经提出就遭到了具有同盟会会员身份的北京政府总理唐绍仪的严词拒绝。当时在北京的外国人大都以为"唐绍仪拒绝外人监督中国财政，实由于蔡元培在内阁中反对最力"。② 从前引蔡元培的谈话亦可看出，他确实反对六国银行团以损害中国主权和内政为条件来向北京政府提供借款，同时也希望双方能以和平、友好的方式完成借款事宜的后续商谈。他的这种态度不仅有借取外债以缓解北京政府财政困难的现实考量，也隐含了辩证看待外债功用的思想倾向和主张。而这又和时任南京留守的同盟会重要领导人黄兴的外债思想较为接近。黄兴不赞同"外债拒绝论"和"侈言外债观"，认为外债"是一柄双刃剑，唯有正确利用，才能不为其所伤而有利于民国建设"。③

其次，他认为人民有纳税的义务，不应偷税、漏税。他在出版于民国早期的《中学修身教科书》中写道："国家内备奸宄，外御敌国，不能不有水陆军……国家执行法律，不能不有法院监狱；国家图全国人民之幸福，不能不修道路，开沟渠，设灯台，启公囿，立学堂，建医院……凡此诸事……则国家应出之经费，其浩大可想也，而担任此费者，厥维享有国家各种利益之人民，此人民所以有纳租税之义务也。人民之当纳租税，人人知之，而间有苟求幸免者，营业则匿其岁入，不以实报，运货则绕越关津，希图漏税……以国民之本务绳之，谓之无爱国心，而以私人之道德绳之，亦不免于欺罔之罪矣。"④ 分析这段文字可知，蔡元培实际上是运用西方近代政治经济学中的权利、义务对等理论来解释了人民向国家纳税的本质和依据。在他看来，人民既然需要国家提供国防、司法、交通、水利、教育、医院等公共产品和公益设施来保障其安全和幸福，那么就应当为享受这些公共产品和公益设施带来的好处和利益支付相应的经费给国家，以保证国

① 中国第二历史档案馆编：《中华民国史档案资料汇编》第 3 辑财政经济（2），江苏古籍出版社 1991 年版，第 1008—1010 页。

② 参阅《蔡元培全集》第 2 卷，第 163 页注释。

③ 赵炎才：《略论民初黄兴的财政思想》，《民国档案》2001 年第 1 期。

④ 《蔡元培全集》第 2 卷，第 225—226 页。

家有财产或力量提供这些公共产品和公益设施。这就是人民向国家纳税的本质和依据。换言之，向人民课税是国家的权利，而向国家纳税则是人民的义务，两者之间存在着互为因果、对等交换的利益依存关系。对于这一点，也可以用蔡元培在《中学修身教科书》中写下的另一句话来加以说明。他写道："国家既有保护人民之义务，则必有可以行其义务之权利；而人民既有享受国家保护之权利，则其对于国家，必有当尽之义务，盖可知也。"①应当肯定，蔡元培用源自西方的权利、义务对等理论来解释人民向国家纳税的本质和依据，对于民国早期刚刚摆脱两千多年皇权专制统治的中国人来说具有思想启蒙的积极意义。但不可否认的是，他所作的上述解释也具有明显的理论缺陷：一是没有认识到国家实际上是远非人民能够匹敌的强势权利主体，它可以凭借暴力手段来强迫人民承担一些义务，而人民则无力抵制或拒绝，因而它和人民之间的权利义务关系不可能是一种所付与所得相当的等价交换关系；二是未能揭示税收固有的强制性、无偿性特质，而只把税收看成是国家向人民提供公共安全和公共福利等产品后应当获得的等价报偿。

再次，他在简略考察中国财政史的基础上提出了节俭、均税、法治的理财主张。1920 年 6 月，他曾在追述先秦什一税制、西汉文景之治和隋朝开皇之治时的轻徭薄赋政策以及《周官》等古代财会典籍的基础上连发三问：为何"晚近赋税敛及百分之一二，而民犹以为苦"？为何"汉文景、隋开皇时"，"民不劳而国富"？为何明朝以后中国"会计之学转晦"？然后，他自行解答说："什一之税，均税之政也……后世……单田赋不足以维持政费，而后杂征敛繁兴，人民负担不均……晚近税务最发达者，曰关税，曰盐税，而直接税略无进步。此种畸形发达之财政，实与社会经济背道而驰……财政之渐次发展，世界各国历史上之形势略同……故政治与财政之盈朒常为正比例。乃求之中国历史，适得其反。政治愈紊乱，财政愈扩张，民穷财尽之时，必为一般官吏中饱之极好机会。何也？俭与恭为缘，侈与巧相应也。汉文景、隋开皇之富庶，所以为后世不可及者，只此俭与侈之分耳。至若……中国历史上关于会计者……至今日不存一者，重视计政者一二人，毁乱者常千百万……若是乎，吾人可证明中国财政，非无相当之模

范，明备之典章，而治日常少、乱日常多者，皆任人不任法治之戚也。夫往事已矣，吾人不能不望将来之法治。"①

不难看出，蔡元培主要是通过概述中国财政史上因政治紊乱、开支无节制和重人治轻法治而导致人民税负加重又不均等，官吏肆意贪墨舞弊，会计管理制度败坏的基本弊病，有针对性地提出了节制财政支出、实行均平分担税负政策、财会管理法治化的理财期望和主张。与此同时，他还对清末民初中国税制由传统的直接税——田赋逐渐趋重于关税、盐税等间接税的发展态势而表现出了担忧和批评的态度。这说明他已然在理论和实际上认识到，像关税和盐税这类以进出口商品和民食必需品为课税对象的间接税税种不仅有碍正常的商品流通和人民生活，而且易于富人和权贵向劳苦大众转嫁税收负担，从而造成其纳税能力和实际税负的严重背离，所以他倾向于中国税制能够向以直接税为重心的方向发展和演进。当然，从清末民初中国税制的具体情况来看，他认为当时"发达"的关税"实与社会经济背道而驰"，则有失笼统和片面。因为清末民初中国的关税制度是西方列强依靠侵略战争和不平等条约强加给中国政府和人民的非自主型关税制度，曾长期实行"值百抽五"的极低税率，以利于其向中国低价倾销商品和掠夺原材料。这样的关税制度自然与中国社会经济的正常发展要求"背道而驰"，也实在算不上"发达"，因为其极低的税率水准根本起不到保护中国社会经济特别是民族工商业发展的作用，也不能给中国政府带来真正可观的关税收入。反言之，如果这样的关税制度能够变更为正常的自主决定关税税率的制度，那么它就能够保护和促进中国社会经济的发展，并能够使中国政府获得明显增加的关税收入。事实上，十多年后蔡元培所在的南京国民政府就通过实施基本自主的关税制度，既在相当程度上保护和促进了中国社会经济的发展，又为自己带来了激增的关税收入。

三　中间偏右时期

1926年至1931年是蔡元培在政治上出现中间偏右倾向的特殊时期。1926年2月，已在欧洲游学两年有余，且在1924年国民党第一次全国代表

---

① 《〈中国财政史讲义〉序》，《蔡元培全集》第3卷，第425—426页。

大会上缺席当选为中央监察委员的蔡元培甫一回国，就无视国民党在苏联和共产国际帮助下，通过与中共合作取得重大革命进展的事实，对记者表示马克思的阶级斗争学说"求效过速，为害无穷"，"绝不适宜于中国"，并反对苏联和共产国际派顾问帮助中国革命。[①] 1927 年春，他又与吴稚晖、张静江、李石曾等人在上海召开秘密会议，支持蒋介石发动反共"清党"事件。此后，他陆续担任国民党中央政治会议委员、中央特别委员会常务委员、国民政府常务委员、大学院院长、监察院院长、中央研究院院长等党政要职，并在公开维护国民党一党专政和蒋介石领导权威的同时，委婉批评了其不民主、反人权的一些施政方略。必须说明的是，他此时维护国民党一党专政和蒋介石的领导权威，主要是基于一个国民党元老的坚强党性和对孙中山先生三民主义理论的高度推崇，并误把蒋介石及其领导的国民党政权看成是孙中山先生革命事业唯一的继承者和维护者；而他此时对于马克思主义和共产党人的态度主要是从思想理论上加以否定和批判，并不是要从肉体上对信仰马克思主义的中共党员和左翼民主人士进行血腥镇压和剿灭，实际上他在 1927 年反共"清党"事件之后也设法营救和保护了一批身陷囹圄的中共党员和左翼民主人士。这种看似自相矛盾的政治立场和行为归根结底是他在国共两党革命理念和路线日益相左的历史情势之下，综合运用儒家中庸哲学、孙中山先生三民主义理论和西方民主人权学说所作出的具有稳健调和特征的政治决断和选择。[②] 受此影响，他在 1926 年至 1931 年间的经济思想虽然含有否定马克思经济学说的右倾主张和内容，但主要还是具有调和折中色彩的经济发展思想和闪耀着人文主义光辉的教育经济言论。

（一）否定马克思经济学说

蔡元培之否定马克思经济学说，是只否定其中要求工人反抗资本家压迫以建立社会主义社会的阶级斗争学说。他赖以否定马克思阶级斗争学说

---

① 蔡元培：《与〈国闻周报〉记者的谈话》，高平叔编：《蔡元培全集》第 5 卷，中华书局 1988 年版，第 59—60 页。

② 参阅［美］林敦《蔡元培与中国国民党》，载蔡元培研究会编《论蔡元培：纪念蔡元培诞辰 120 周年学术讨论会论文集》，旅游教育出版社 1989 年版，第 286—299 页；张寄谦《蔡元培的社会主义观》，载张寄谦主编《素馨集》，北京大学出版社 1993 年版，第 485—488 页；蔡建国《蔡元培与近代中国》，上海社会科学院出版社 1997 年版，第 284 页。

的理论工具和哲学基础是俄国无政府主义者克鲁泡特金的劳资互助论、孙中山先生的民生主义和儒家的中庸之道，历史依据则是苏联放弃战时共产主义政策，改行"新经济政策"的前车之鉴和近代中国贫穷落后的经济面貌。这一切在他于 1926 年至 1931 年间发表的下列几段言论①中体现得很清晰。

"共产主义，为余素所服膺者。盖生活平等、教育平等，实为最愉快、最太平之世界。然于如何达到此目的之手段，殊有研究，讨论之余地。以愚观之，克鲁泡特金所持之互助论：一方增进劳工之智识与地位；一方促起资本家之反省，双方互助，逐渐疏浚，以使资本家渐有觉悟，以入作工之途，则社会不致发生急剧之变化，受暴烈之损失，实为最好之方法。若夫马克思所持之阶级争斗论，求效过速，为害无穷。且其立论之根据，必须生产机关已臻完备，徒以支（分）配机关不良而造成之畸形现象，以及确为劳工劳力而不得食，徒为资本家作牛马……故一改变间即能奏效。俄国生产机关并不完全……为首先试验之国家，徒凭其脑筋中之理想，遭遇失败，原非始料所及。若夫中国，则既有前车之失，又何必重蹈覆辙。且中国之生产机关，远不如俄国之发达，环顾国内，又安有所谓资本家？而教育幼稚，受高等教育能有几人？故即使改变支（分）配机关，其势惟尽驱四万万人同受冻馁而已……今日之世，国际关系，未能完全脱离，非共产国家之经济侵略，环伺其旁，结果不免于失败。俄国之行新经济政策，亦即基于此种理由。夫以俄国处境，尚不克闭关自守，况以中国之强邻四逼，外货充斥，将步俄国之后尘而不得。故马克思所主张阶级争斗，绝不适宜于中国也。"

"自从机器发明以后，有许多工人，一时失业，劳资阶级的战争就从此开始，于是发生社会主义。就中分作两派：（1）理想派，象柏拉图的乌托邦；（2）科学派，象马克思的经济学说最为有力。孙先生对于马克思的学说，有些不大赞成……一民族有一民族的情况，俄国要共产，实在不能共产；一来，他不能和非共产的国家往来；二来，马克思是德国人，俄国和德国的情形不同……所以，现在改行新经济政策。俄国所有的条件，中国也没有。讲到资本，只有大贫和小贫；要用旧力量发达实业，不必再走迂

───────────

① 见《与〈国闻周报〉记者的谈话》、《三民主义与国语》、《三民主义的中和性》、《中华民族与中庸之道》，《蔡元培集》第 5 卷，第 59—60、414、284、488—489 页。

路，造成资本家，再革资本家的命。所以，孙先生的办法是：（1）平均地权；（2）节制资本。"

"主张自由竞争的，维持私有财产制；主张阶级斗争的，要没收资本家一切所有。这都是两极端的意见。孙先生用平均地权与节制资本两法来解决这个纠纷，不是突然把私有的财产没收，而是渐渐的化私为公；不是共现在的产，而是共将来的产，这岂不是经济革命的中和性么？"

"极右派与极左派，均与中华民族性不适宜，只有儒家的中庸之道，最为契合，所以沿用至二千年……孙逸仙博士的……三民主义……也是以中庸之道为标准。例如……持资本主义的，不免压迫劳动；主张劳动阶级专政的，又不免虐待资本家；这又是两端的见解；而孙氏的民生主义，一方面以平均地权、节制资本，防资本家的专横；又一方面行种种社会政策，以解除劳动者的困难。要使社会上大多数的经济利益相调和、而不相冲突，这是劳资间的中庸之道。"

综观上述言论可知，蔡元培个人对于美好的共产主义世界是很向往的，但他因为受到克鲁泡特金的劳资互助论特别是孙中山先生的民生主义和儒家中庸哲学的深刻影响，而认为马克思的阶级斗争学说过于激进，所以并不是人类社会实现共产主义的最优方法和手段，同时他也不赞成照旧维持靠压榨工人牟利的自由竞争的私人资本主义制度，因为他和孙中山先生一样看到了这一制度在西方国家所造成的劳资冲突和贫富悬殊的社会弊病，所以他主张采用克鲁泡特金所讲的劳资互助和孙中山先生所讲的平均地权、节制资本等温和渐进的改良主义手段来防止私人资本主义制度的这些弊病在中国重演。其实，他的这一主张就是孙中山先生基于同样理由而提出要实行民生主义以促使中国的"政治革命、社会革命毕其功于一役"[①]的意思，而其终极目的也和孙中山先生一样，是要预防马克思所设想的工人反抗资本家压迫的社会主义革命在中国发生，[②]只不过与孙中山先生稍有不同的是，他是用"经济革命"而不是"社会革命"——这一词汇来指称社会主义革命。换言之，他否定马克思阶级斗争学说的理论实质与孙中山先生的民生主义如出一辙，即都希望通过调和劳资矛盾和冲突来在中国建立一

---

① 《〈民报〉发刊词》，《孙中山全集》第 1 卷，中华书局 1981 年版，第 289 页。

② 1930 年 9 月，他在《上海各团体招待樊迪文欢迎词》中对此目的有详细说明，见《蔡元培全集》第 5 卷，第 460—461 页。

个区别于社会主义和私人资本主义的既不激进，又不保守的国家资本主义的经济制度模式。值得称道的是，他之所以提出这样的理论主张，除了他一再提到的苏联在立国初期放弃战时共产主义政策，改行实质上也是国家资本主义的"新经济政策"的前车之鉴，还因为他和孙中山先生一样，对近代半殖民地中国极为贫穷落后的经济面貌感到忧心忡忡，因而主张采用孙中山先生的平均地权和节制资本政策来改变半殖民地中国贫穷落后的经济面貌。而从生产关系变革促进生产力发展的角度说，孙中山先生的平均地权和节制资本政策也确实具有解放和发展生产力，改变半殖民地中国贫穷落后的经济面貌的积极价值和功用。然而，他和孙中山先生一样，也以半殖民地中国经济上的贫穷落后为依据，断言当时中国尚未产生自己的资本家，因而不必采用马克思倡导的阶级斗争手段来解决西方国家才有的劳资冲突和贫富悬殊问题，这样的观点和主张显然背离了半殖民地中国已经产生了本国的资本家的历史实况，反映了维护中国资产阶级利益的主观倾向。而且，这样的观点和主张也同他在1926年12月为上海国际工业服务团成立大会撰写的一篇演说词①相矛盾。

他在这篇演说词的前半部分写道："现在是工业最发达的时期，中国工业虽不及欧美各国的（兴）盛，然而大工业已渐渐发起，工人也就不少了。我们靠着工业发达所赐的一切物质文明，可以尽量享用，觉得舒服。但我们若一考察物质文明的来源，看工厂内作工的辛苦、与他们工人生活的艰难，我们心上就难过得很。工人替别人建筑了合于卫生而且美观的房屋，与房内一切应用的器具，而工人自身（住房）是狭小而秽恶的……而且劳动了一时，必要用别种动作来换一换，才无碍于健康而生活也有趣味，这是人人经验过的。若是工厂的工人，早起就劳动，一直到晚没有多余的休息，自然无暇去求点智识，寻点娱乐，就同机器一样了。你们想，可怜不可怜？别国的工人工钱较多，工人领了钱，往往酗酒浪费，中国的工人是很节俭的，然而不足以养一身与一家，这实在是因为工资太薄的原故，你们想不是更可怜吗？"

照理说，工人和资本家是相互对立又相互依存的统一体，犹如硬币的两面或鸟儿的双翅，缺一不可。否则，硬币就不成为硬币，鸟儿就不是鸟

---

① 《蔡元培全集》第5卷，第100—102页。

儿，孕育工人和资本家的近代大工业也无法产生和发展了。既然承认中国近代工人因为"大工业已渐渐发起"而"不少了"，并看到中国近代工人"工资太薄"而生活得比别国工人"更可怜"的事实，就不应当无视中国近代已经产生了本国的资本家的另一事实，不应当回避或掩盖本国资本家（当然也有外国在华资本家）的残酷剥削是导致本国工人生活得比别国工人"更可怜"的矛盾根源。但蔡元培偏偏无视和回避这一事实和矛盾根源，只能说明他具有维护中国资产阶级利益的主观倾向，在相当程度上扮演了中国资产阶级利益代言人的角色。而这又是他绝对否定马克思阶级斗争学说，认为其"绝不适宜于中国"的实际原因所在。也正因为这一实际原因的作用，所以他在上述演讲词的后半部分写下的"劝告厂家"实行八小时工作制，按最低生活费标准增加工人薪资，建造工人新村，创办工人消费合作社和储蓄保险基金，组建工人补习学校、演讲会和书报阅览室，建立工人俱乐部等七项建议，虽然具有维护中国工人阶级工作权益和改善其生活境遇的积极意义和作用，但在本质上只不过是他基于人道主义观点和维护中国资产阶级利益的主观倾向而提出来的居中调和中国实际存在的劳资矛盾和冲突的改良主义举措与选择。

此外，需要指出的是，蔡元培在否定马克思阶级斗争学说的同时，希望在中国建立一个区别于社会主义和私人资本主义的既不激进，又不保守的国家资本主义的经济制度模式的理论主张和见解，与民国经济学界的中心组织"中国经济学社"的代表人物既反马克思主义又批判中国传统经济思想的"不激不随"的经济哲学立场①颇为相似。也就是说，两者在经济哲学上都符合儒家的中庸之道，都反对"左倾"激进的马克思主义和批判右倾保守的经济思想，但两者所批判的右倾保守的经济思想的具体内容是不同的，蔡元培所批判的是压迫劳工过甚的私人资本主义的经济制度和思想，而中国经济学社的代表人物则基于维护私人资本主义制度的价值判断标准对中国传统的经济思想和制度进行了猛烈批判。

（二）经济发展思想

1926 年至 1931 年间，蔡元培因职责所在或受机关团体、友人请托，拟

---

① 参阅孙大权《中国经济学的成长——中国经济学社（1923—1953）》，上海三联书店 2006 年版，第 201—211 页。

订或撰写了十多篇包含了丰富的经济发展思想的演说词、工作计划、工作杂记、施政提案、著作或刊物序言等各类文稿。大致说来，这些文稿中包含的经济发展思想可以归纳为经济发展规划和设想、依靠科学促进社会经济发展、提倡和使用国货等三项内容和观点。

1. 经济发展规划和设想

1927 年 2 月，在南方革命阵营发起的北伐战争节节胜利的大好形势下，蔡元培曾到福建漳州对当地各界人士发表过一篇简短的演说词，其主要内容是从金融、农业、工业、商业等方面为漳州的经济发展作了简略规划和建言。同年 3 月，他奉命代理国民党中央政治会议浙江省政治分会主席后，首先草拟了一份题为《新浙江之第一步》的工作计划，以主要笔墨对浙江省的经济发展作了较为全面的规划和设想，然后又在一篇工作杂记中估算了浙江省筹办铁路、电厂、丝厂、卷烟专卖、辅币改良等经济发展事项的成本和收益。同年夏，他向国民党中央呈交了一份题为《〈浙江最近政纲〉审查报告》的施政提案，其中也含有关于浙江省经济发展的简要规划。这四篇文稿①在措辞和逻辑上多有重复相通之处，可以说第一篇演说词是作者提出《新浙江之第一步》这一工作计划的蓝本和前奏，而《新浙江之第一步》又是作者拟订第三篇工作杂记和第四篇施政提案的直接思想来源和依据。所以，对《新浙江之第一步》这一工作计划进行重点分析，是能够准确把握蔡元培在北伐战争节节胜利的大好形势之下提出来的经济发展规划和设想的基本意蕴与思想实质的。兹将该计划中涉及经济发展问题的文字和条款概述如下：

一是要通过整理财政和改革金融来筹集经济发展所需的经费。怎样整理财政和改革金融呢？蔡元培的设想是：在省会杭州设立浙江省银行总行，并"广设分行于各县各乡村"，然后由浙江省银行以实行孙中山先生的钱币革命理论"即预算本省岁入为若干万，而发行若干万之纸币"的方式来筹集财政用款和经济发展经费。他还为此估算说："查本省岁入额定为二千七百余万，而实收不过千八百余万者，中饱故耳。若剔除中饱，而又加以整理，则至少可扩至三千五百万以上。若以此为准备金而发行五千万之钞票。凡纳税者必以现金或旧日通行钞票易此票而后纳，则此票必可流行；而一切目前应发之款，均可藉此等钞票以供给之，而不虞匮乏……一切需款建

---

① 这四篇文稿见《蔡元培全集》第 5 卷，第 120—121、124—129、130—131、142—149 页。

设之事业，亦不必待支支节节筹款有着之后而始能开办矣。"

二是要通过设立农事改良局，植树造林，招农垦荒，扩充渔业，施行农民补习教育，省银行分行办理农民储蓄、借贷和保险业务，举办农产品公卖，规定佃户还租率和荒年免租法，私人出卖田地只能由公家收购等政策举措来促进农业发展。

三是要通过保障工人工作待遇（如八小时工作制、最低工资标准、男女同工同酬等），利用水力发电，多办公立工厂，收购私立工厂，举办工人补习教育，省银行分行办理工人储蓄、借贷、保险业务，设立劳资仲裁会等政策举措促进工业发展。

四是要通过兴办公立百货店，减少私人商店，以省银行为全省汇兑、储蓄的总机关，统一辅币，不准私人银行、钱庄紊乱币制和买空卖空，举办商店店员补习教育和失业救济事业，限制书画古玩商、珠宝商和奢侈品商店的交易行为，兴办公立食堂、旅社、洗衣店和裁缝店等政策举措来引导和促进商业健康发展。

五是要采取另一些促进浙江省经济发展的政策举措，如发展交通事业，完成沪杭甬铁路，修筑浙赣、浙闽等铁路线，完成省级公路建设；试行孙中山先生的平均地权政策，登记地价；对遗产开征累进税，强迫坐享遗产的游民接受职业教育；绝对禁止鸦片烟；等等。

不难看出，蔡元培提出的这些促进浙江省经济发展的政策举措具有国家资本主义经济政策或政府主导型市场经济体制的鲜明意蕴和推广到全中国施行的普遍价值。其理论实质是要通过采取介于自由竞争的私人资本主义制度与绝对消灭私有制、阶级剥削及市场法则的共产主义制度之间的调和折中的国家资本主义经济政策和体制来推动浙江社会经济又好又快地发展。这一点不仅与他否定马克思阶级斗争学说的经济思想有一脉相承的逻辑联系，而且可以用他为《新浙江之第一步》这一工作计划所写的破题说明来加以印证。他写道："新浙江之第一步的题目太简单，实当为我个人对于本省革新上第一步的计画。其中有本诸孙先生遗著者，有本诸国民党政策者，有闻诸朋友者，有出诸我个人之推想者；就目前浙江情势，而草此计画……"[①] 这就清楚地说明了他草拟的《新浙江之第一步》是他调和折

---

① 《新浙江之第一步》，《蔡元培全集》第 5 卷，第 124 页。

中孙中山先生遗著、国民党政策、朋友见解和个人想法所取得的思想成果。而无论孙中山先生遗著、国民党政策，还是他朋友的见解及其个人想法，显然又都含有国家资本主义经济政策和体制的理论因素与成分。

2. 依靠科学促进经济发展

依靠科学促进社会经济发展是蔡元培在 1926 年至 1931 年间反复提出和阐述的一个重要经济发展观点和主张。1927 年 3 月，他在《新浙江之第一步》这一旨在促进浙江社会经济发展的工作计划中即已指出："现在是科学万能之世界。一省之中，苟不能集本省科学家于一处，以研究一省中物质上历史上各方面之产物与沿革，以再图发展，则必有退步而无进步。故鄙意宜先设一研究院，为研究高深学术之所。一方面纯粹的研究学理，以贡献于世界，如本国特有之矿物、生物……一方面应用于实际，如地质学之于矿产，理化学、机械学之于制造……经济学之于经济状况，与其他社会科学之于改良社会等。"① 他在这里主要是要求建立一个省级科学研究机构，但也指明了科学对于社会经济发展的重大价值和功用，易言之，也就是强调要依靠科学促进社会经济发展。

此后数年，他又多次表达了类似的观点和主张。诸如：气象学观测是"纯粹科学"事务，"施于实际，为利至溥"，能够促进农业生产，助推航空事业发展，"于水利、军事、教育、救灾诸端，关系亦至密切"。"中国的人民，农人占百分之八十"，如"把全国农业上的关系，（用科学方法）调查清楚，就得了救济中国的锁钥"。"再就现在科学对于物质文明的贡献来说"，青岛从"一个渔村"变成繁荣的"商埠要区"，并且"青岛的地价，一天一天的增高，人口渐渐稠密，这没有一件不是科学的帮助和科学的成效"。"欧美先进诸国，本其学理，施于时政，预窥朕兆，先事绸缪，农产因以丰收，民生因以遂顺。而我国各地，旱涝迭见，人民颠沛流离，致国内社会经济，恒呈杌陧不安之象。其补救之法，纵非止于一途，而农业气象之研究，实为首要之举。""中国经济学社为国内专家所组织，藉以研求经济学理及其应用方法……有社刊之发行。其第一卷曰《中国经济问题》，于财政、金融、货币、会计、地方经济……多所论列，切中肯綮……其嘉

---

① 《蔡元培全集》第 5 卷，第 126 页。值得注意的是，他在这里所说的"科学"范畴，既包括基础科学和自然科学，也包括应用科学和社会科学。

惠学子，而裨益于吾国经济之改善，岂有极耶。"①

3. 提倡和使用国货

20世纪二三十年代，在国民政府再三倡导和实业界人士的呼应下，中国曾出现一股提倡国货、振兴实业的经济发展思潮。其主旨是通过振兴国货生产，宣传和使用国货来抵制洋货倾销，促进国民经济持续快速发展。蔡元培作为国民党的资深元老，也一再呼吁全国民众和社会各界积极响应国民政府的宣传和号召，投身到提倡和使用国货，促进国民经济发展繁荣的伟大事业中去。1929年6月，他曾发表演讲，对国民党另一元老、浙江省政府主席张静江主持召开的西湖博览会给予高度褒扬。他认为西湖博览会"提倡国货，激进工商，设计至善"，能够使广大游客在饱览杭州西湖秀美风光的同时，观摩各种国货，比较其优劣短长，进而"各出其力，以谋一己之企业"，使得"将来国产蓬勃，外货抵制"，"庶渐符民生主义饱食、暖衣、安居、畅行之旨"。②次年10月，在上海市庆祝民国成立19周年大会上，他又发表演讲说："（中国）每天每人所赖以生活的，如电火、煤油、衣着等东西，差不多都仰给于外国人，甚至米和麦大部分也从外国购来。可见中国人莫一个不是贫。救贫的方法，最好是振兴实业，提倡国货。现当金贵银贱之际，我们正可以自己来制造国货，一面努力劝导民众服用国货。今天各处年成又很好，正可将它用来兴办工业，改良农业。如果能够照此切实做去，那末金钱不致外溢，实业可以振兴，国民经济从此也可渐裕……提倡国货，亦应上下一致，全国同心。"③他在这里提到的"金贵银贱"，系指1929年之后因为西方国家经济大萧条而导致的国际金价上涨、银价下跌的短暂现象，而当时中国仍是以白银为货币的国家，国际银价下跌，使得中国的货币贬值，物价温和上涨，有利于国民经济的发展和中国商品的出口创汇。他懂得这一点，所以才呼吁有关方面要利用"金贵银贱"的时机"来制造国货"，同时"劝导民众服用国货"，以挽回长期以来中国被西方国家廉价商品倾销所侵夺的经贸市场和利权，进而促进中国国民经

---

① 《〈钦天山气象台落成纪念刊〉序》、《〈到田间去〉序》、《中国科学社第十五次年会开会词》、《〈全国气象会议特刊〉序》、《〈中国经济问题〉序》，《蔡元培全集》第5卷，第309、329、451、473、308页。

② 《西湖博览会祝词》，《蔡元培全集》第5卷，第319页。

③ 《今年庆祝国庆的新意义》，《蔡元培全集》第5卷，第467—468页。

济的持续发展和繁荣。

（三）教育经济言论

1926 年至 1931 年间，蔡元培在国民党政权中担任了多个党政要职，但他最为看重的还是大学院①和中央研究院这两个教育及学术机构的院长职务。事实上，他也以这两个机构为平台，为中国教育事业在国民党执政背景下的改革与发展倾注了大量心力和智慧。受此影响，他在 1926 年至 1931 年间也提出了一些值得后人珍惜和总结的教育经济言论和主张。这些言论和主张与他在 1926 年前围绕教育与经济的关系、教育经费的筹集和使用问题提出的同类思想和见解有着一脉相承的逻辑联系，大致可归纳为劳动化教育论和教育经费独立论两个部分。

1. 劳动化教育论

1926 年之前，蔡元培曾围绕教育与经济的关系提出"实利主义"的教育方针和思想，并予以反复申述和贯彻。其基本内涵和特质是强调中国教育事业应当依据社会经济发展的实际需要来培养大量理论知识和实用技能兼具的合格人才，换言之，就是强调要大力发展职业教育，并在普通教育中有机融入职业教育的方法和理念。1926 年之后，在国民党政权内担任要职的蔡元培虽未在字面上重申"实利主义"的教育方针和思想，但也与时俱进地对其内涵和特质作了多次阐述和说明。

1927 年 10 月，他在"大学院成立之初"曾提出一条名曰使教育"劳动化"的工作方针，其内容是："养成全国劳动人民的习惯，使劳心者亦出其力以分工农之劳，而劳力者亦可减少工作时间，而得研求学识机会，人人皆须致力于生产事业，人人皆得领略优美的文化。"② 次年 1 月，他在《〈大学院公报〉发刊词》中指出，大学院贯彻前述方针的具体举措有两点：一是创办由中高等班及工农夜校构成的国立劳动大学，以使平日"偏重劳心之学者"和"偏重劳力之农、工"有机会"兼为劳力之工作"和

---

① 大学院是根据蔡元培希望在中国建立不受政治和宗教势力操控的相对独立、超然的教育新体制的美好设想，于 1927 年 10 月经国民政府批准成立的主管全国教育及学术的最高机构，并由蔡元培担任院长。一年以后，因其推行的多项教育改革遭到国民党保守势力的极力反对和阻挠，蔡元培不得不辞去大学院院长职务。不久，国民政府亦宣布裁撤大学院，另设教育部主管全国教育。

② 《全国教育会议开会词》，《蔡元培全集》第 5 卷，第 228 页。

"劳心之课程"；二是在普通中小学中开设劳动类课程，使中小学生养成劳动的习惯，并"仿兵制"，使中学毕业生"服一年以上之义务"劳动。① 数月后，他又郑重表示，"中华民国教育宗旨"的重要一条是"养成（人民的）劳动习惯，增高（其）生产技能，推广科学之应用，提倡经济利益之调和，以实现民生主义"。② 1930 年 6 月，他在国立劳动大学发表演讲说，"自从中国采用外国制度而后，就有甲种农业学校、工业专门学校及大学的农科和工科等。这种学校，本系学理与实际并重的，但到了中国后，就变了性质，跑到工、农学校去读书的人，专以书本为事，不做实际工作……他们一出学校，便去做管理工、农的事，或竟做与工、农毫无关系的事。"因此，1927 年他才"提议创办劳动大学"以补偏救弊，而劳动大学的办学宗旨则是希望学生"能够去做实际工作"，以改变工程师"专门以指挥工人为事的"不良风气。③ 1931 年 2 月，他又领衔发表《中华职业教育社宣言》，从解决中小学毕业生就业、培养实用人才、振兴新式工业、增强妇女职业技能、提高农民素质五个方面陈述了发展职业教育的急迫性和必要性，并针对当时职业中学仅在全国中学中占 13%、职校生仅在全国中学生中占 7% 的不正常状况，要求政府和社会协力采取多项政策措施促进全国职业教育的发展。④ 同年 6 月，他还针对全国国民会议决议通过的教育改革措施发表评论说，"今后之教育方针，自小学以至大学，均以养成职业化，增加国民生产为一贯的精神。此种重大之革新，甚合于中国目前的需要。"⑤ 综上所述，蔡元培在 1926 年至 1931 年间实际上提出了一种可以称之为"劳动化（或职业化）教育论"的旨在将职业教育的知识、方法和理念贯彻到整个教育领域的广义的职业教育思想。其核心内涵与他在 1926 年之前所提倡的"实利主义"教育方针一脉相承，即都从教育要为社会经济服务的角度主张根据社会经济发展的实际需要来培养理论知识和实用技能兼具的合格人才，为此就要大力发展职业教育，并将职业教育重视实用的职业技能培训、重视生产劳动训练、强调理论学习和实训实习相统一的办学模式和机

---

① 《蔡元培全集》第 5 卷，第 195 页。

② 《在大学院拟定中华民国教育宗旨》，《蔡元培全集》第 5 卷，第 276 页。

③ 《劳动大学的意义及劳大学生的责任》，《蔡元培全集》第 5 卷，第 430—431 页。

④ 高平叔编：《蔡元培全集》第 6 卷，中华书局 1988 年版，第 21—25 页。

⑤ 《谈今后教育改革的方针》，《蔡元培全集》第 6 卷，第 71 页。

制尽量融入和推广到从基础教育到高等教育、从学校教育到民众教育的全国教育体系的各个领域和层面。但与先前提倡"实利主义"教育方针稍有不同的是，此时的蔡元培显然把职业教育在全国教育体系中的地位和作用提到了更加突出和更加重要的位置，同时也希望通过推广职业教育来缩小乃至消除中国脑力劳动者和体力劳动者之间的差别，使得两者都能成为有文化、有技能的高素质劳动者。

2. 教育经费独立论

前文已经论及，1921 年前后，蔡元培曾在北京政府财政信用破产的情况下主张通过举债、征税、募捐等多种办法来为中国教育事业开辟独立、稳定、充裕的经费来源，并发表《教育独立议》一文，对服务于他所心仪的独立、超然的教育新型体制的经费来源问题作了简要规定。从理论上说，这样的教育经费主张和见解应当概称为"教育经费独立论"，只是蔡元培本人当时没有如此表述罢了。但到了 1927 年 12 月，蔡元培在以大学院院长职衔向国民政府呈交并获准施行的《提议教育经费独立案》中，则很明确地提出了"教育经费独立"的理论主张和政策建议。他在该议案中写道："总理手定国民党政纲对内政策第十三条云：厉行教育普及……增高教育经费，并保障其独立。足征教育经费独立之重要……惟细查全国教育经费，种类繁多，数目复杂，若任其散漫无稽，不加清理，于独立精神，相去尚远……拟请钧府通令全国财政机关，嗣后所有各省学校专款，及各种教育附税，暨一切教育收入，永远悉数拨归教育机关保管，施行教育会计独立制度，不准丝毫拖欠，亦不准擅自截留挪用，一律解存职院，听候拨发。如此，则教育经费与军政各费完全划分……全国教育永无废弛停顿之虞。即将来整顿扩充，亦得随时通盘筹划，不致徒托空言，束手无策。"[1] 1928 年 5 月，他又在《全国教育会议开会词》中指出："增高教育经费，并保障其独立，此为总理所定之政纲，决不能以财政统一之口号打破之者也。"[2]

1927 年 12 月至 1928 年 5 月，正当国民政府定都南京未久、讨伐北方奉系军阀的战争紧张进行之际，国民党军政机构需款孔亟，财政部门支应艰困，捉襟见肘。在这种情势之下，自然难免发生拖欠、截留和挪用教育经费的种种违规案例。也正是在这种情势面前，蔡元培才一再搬出孙中山

---

① 《蔡元培全集》第 5 卷，第 178—179 页。

② 同上书，第 229 页。

先生亲自拟定的"增高教育经费,并保障其独立"的国民党政纲,来明确提出要实施"教育经费独立"的理论主张和政策建议,由全国教育主管机构大学院来独立自主地保存、管理和使用全国教育经费,以确保教育经费能够专款专用,不被国民党军政机构以"财政统一之口号"随意挤占、克扣和挪用,进而为全国教育事业的正常运转和改革发展提供充裕、可靠的财力保障和支撑。应当说,蔡元培的这一理论主张和政策建议,与他在1926年前迫于把持北京政府的各派军阀肆意拖欠、挪用和削减教育经费的恶劣行径而希望撇开北京政府另辟独立、稳定、充裕的教育经费来源一样,都反映了他作为中国近代最杰出的教育家,在内战不断、政府财政困窘的情况下不得不苦心孤诣地为中国教育事业的维系和发展寻求稳定、可靠之财源的悲情和无奈。幸运的是,此时的他已不必再像1926年之前那样游离于政府体制之外为教育经费的筹集和使用殚精竭虑,奔走呼号,而能够以国民党元老和全国教育行政机构负责人的身份在政府体制内竭力为中国教育事业的维系和发展构建一个相对独立、安全的财政性教育经费的调配和管理机制。但究其本质,他构建的这个机制也只是调配和管理全国财政性教育经费的权宜之计,因为它折射出了当时国民政府财政制度的一大缺失或瑕疵,即尚未建立起严格统一的财政预算管理体制和机制,以致收支失衡,绩效不彰。换言之,如果当时国民政府已经建立了严格统一的财政预算管理体制和机制,包括军政开支、教育经费在内的一切财政经费都能在预算机制的约束下做到筹措有方,支用有度,自然就不会发生军政当局挤占、挪用和拖欠教育经费的各种情事,也就无须再节外生枝地构建一个财政性教育经费的调配和管理机制了。

除了明确提出"教育经费独立"的理论主张和政策建议之外,蔡元培在1926年至1931年间还多次向国民党中央和国民政府提出了筹集教育经费的一些具体建议和办法。这些建议和办法主要有:要求将江浙两省的渔业税继续拨充教育经费;主张设立全国商标注册局,以其收入充作教育经费;提议以俄、英所退庚款为担保发行1000万元教育文化建设公债,充作国立大学及研究院的办学资金。[①] 从内涵上看,这些建议和办法是他在1926

---

　①　《提议维持以江浙渔税充教育经费的原案》、《提议设全国商标注册局以收入充教育经费案》、《提议以俄英退还庚款拨充教育基金案》,《蔡元培全集》第5卷,第151、187—189、196—197页。

年之前提出的各种筹集教育经费方策的延续和发展。

四　主张抗日时期

1931 年以后，由于日本帝国主义炮制了一系列侵略中国的事端，使得中华民族走到了生死存亡的紧要关头，蔡元培的政治观点和倾向因此发生了新的积极变化，即由前一阶段维护国民党一党专政和否定马克思主义的中间偏右立场转变为主张举国一致抵抗日本侵略的民族主义立场。受此影响，他在 1931 年以后的经济思想也带有了要求从经济上抵抗日本侵略的民族主义特征。而据此去剖析和解读他在 1931 年以后的经济思想，则可将其归并为抗日经济方策论和日本经济崩溃论两个部分。

（一）抗日经济方策论

自 1931 年开始，面对日本帝国主义加紧侵略中国所带来的民族存亡危机，身为国民党元老的蔡元培从经济角度陆续向国民政府提出了多项抵抗日本侵略的重要方策和建言。这些方策和建言主要包括以下几点：

1. 移民 "充实" 东北

1931 年 6 月底 7 月初，日本为侵占中国东北蓄意制造了万宝山事件和朝鲜暴民排华事件。7 月 20 日，蔡元培在一次时局报告中既揭露了日本制造前述事件的不良居心，又提出要用移民 "充实" 东北的方策抵御日本对中国东北的觊觎和侵略。他指出："照日本人的表（述）看起来，满洲地方比日本大三分之二，而人口却比日本人少三分之二。他们正患人满的时候，焉得不觊觎？其实，我们东南各省，何尝不患人满。北方多旷土，而南方多游民，移殖本不可少。前年浙江移民到黑龙江，所以失败，是气候、习尚太不相同的缘故。山东人移殖东三省的，与土著无异……东三省若得善农、善商的山东人，把地方充实起来，又合全国的力量，把应当建设的事业都建设起来，那自卫的力（量），一定随之而增长，强邻虽要侵略，也无可下手。"①

不难看出，蔡元培是在综合考虑地理位置、气候条件、风俗习惯和成

---

① 蔡元培：《韩案发生后之对日问题》，高平叔编：《蔡元培全集》第 6 卷，中华书局 1988 年版，第 93—98 页。

功范例等因素的基础上主张大量迁移更能适应东北地理环境或风土人情的山东过剩人口去那里定居和生活，以"充实"和增强东北三省的人力资源和经济实力，进而杜绝日本对东北三省的垂涎和野心。特别值得称道的是，蔡元培提出的移民"充实"东北的方策实质上是一种依靠山东移民的聪明才智和全国各地的支援，全面发展东北地区的农工商业和其他经济社会事业的复合型、立体式的边疆开发策略，这要比很多古圣先贤不约而同提出的移民垦荒的单一型边疆开发策略高明得多。而且，蔡元培提出的移民"充实"东北的方策，即便与时任国民政府实业部长、对中国经济建设作过全面擘划的孔祥熙提出的同类主张相比，也明显高出一筹。孔祥熙当时也注意到了日本对我国东北的觊觎和寻衅，因而提出了一种名曰"移民垦边"的边疆开发策略。他一再声明："近年以来，日人在东北方面，对于林垦事业，使其组织扩大，用朝鲜人和我们竞争……是以移民垦边一事，在今日实极为重要。""政府首当实施林垦政策，开发东北、西北、西南各省荒地，移民垦边，以裕民生而固国防，俾人口得平均分配，地力得广泛利用。"①显然，与蔡元培提出的移民"充实"东北的方策一样，孔祥熙所说的"移民垦边"也具有抵御日本侵略中国东北和解决内地过剩人口生计的双重意图，但其内涵没有前者深刻和丰富，依然没有超出中国历代贤哲经常提出的移民垦荒的单一型边疆开发策略的窠臼。

2. 实行"钱币革命"

1931 年"九·一八"事变爆发后，日本侵略者仅用四个多月就占领了东北三省，接着挑起"一·二八"事变，进攻中国的经济中心和南京的门户上海，迫使国民党党政中枢于 1932 年 1 月 30 日宣布迁都洛阳，而只在南京设立留京办事处。同年 7 月 1 日，蔡元培在国民党中央留京办事处所作的一次演讲中提出，要通过实行孙中山先生的"钱币革命"理论来解决财政困难，抵抗日本侵略。

他说："我等现在值日本侵入东北之际，人人都愿意以实力收回失地，而军事当局不敢不审慎从事……是何以故？以经济困难故。"然后，他在回顾 1913 年孙中山先生因为要抗击沙俄侵略蒙古而发出的"钱币革命之通电"电文前半段的基础上强调说，中国"今日之因财政困难而不能言战，

---

① 孔祥熙：《实业部今后施政计划》、《实业行政宣言》，分载《中央周报》第 139 期、《实业公报》第 1 卷第 1 期。

非与当日相同乎？借金策、借银策均无结果，而内债又已到竭泽而渔之境，窘迫之状，非与当日相同乎？无论有战无战，财政问题当解决，非又与当日相同乎？我等试一考总理解决财政困难之策为何？曰'钱币革命'。"接下来，他完整引述了孙中山先生主张"悉贬金银为货物"而代之以不兑现纸币的"钱币革命"理论，并指出：孙氏的理论当时并未引起中国政府和学界的注意与呼应，"近始有湖南刘冕执君，遵总理钱币革命之遗训，而提议设国币代用券"，其办法是"每年由政府印刷钞券若干，设局管理，无论何人及何项机关，均可领券发行，但领券时须得保证，凡人民发行之制限额，至多不得超过财产收入十分之一，机关发行之制限额，不得超过每岁收入十分之五，钞券流通至第十二个月，发行人须以同额之券，缴还局中，以资拨抵，不必兑现"。他认为"刘君此法"与孙中山先生为避免通货膨胀而提出要以税收、货物为担保来限制纸币发行数量的"钱币革命"的基本原则"并行不悖"，因而希望国民党中央留京办事处"诸同志"协助刘冕执推行其币制改革主张。[①]

　　不言而喻，蔡元培对孙中山先生的"钱币革命"理论和刘冕执的类似币制改革建议均持肯定态度，并希望国民党有关部门和领导干部竭力贯彻和施行孙中山先生的"钱币革命"理论或刘氏的币制改革建议，以为抵抗日本帝国主义侵略提供强有力的币制保障和财政支持。而他的这种态度和希望不仅可以看作是国民党当局对于1931年前后刘冕执等中国多位经济学家提出以确立不兑现纸币制度为改革方向的货币政策建言的初步回应，[②]而且在1935年11月随着法币政策的出台和推行变成了历史事实。历史也已证明，后来国民党当局依据孙中山先生"钱币革命"理论推行的本质上是不兑现纸币制度的法币政策确实为抵抗日本军事侵略提供了必要的财政资源和保障。

3. 实施保护贸易政策

　　1932年至1935年间，由于受东北三省沦陷和帝国主义列强转嫁经济危机等多种因素的影响，中国国民经济陷入了严重的衰退境地。其基本表现就是农工商业每况愈下，外贸逆差不断扩大，包括日本商品在内的外国商品大肆抢占中国市场，而丝、茶等中国传统优势商品的海外市场却急剧萎

---

① 《钱币革命》，《蔡元培全集》第6卷，第199—201页。
② 参阅张家骧主编《中国货币思想史》下册，湖北人民出版社2000年版，第1137—1145页。

缩。在这一形势之下，国民政府竟然迫于日本的外交抗议和军事蚕食放弃了 1933 年 5 月为限制日货等外国商品输入、保护本国工商业发展而颁布实施的第三个海关进口税则，于 1934 年 7 月修订实施了新的海关进口税则。新税则的主要变化和特点是在明显降低棉制品、纸张、海产品等日本大宗输华物品进口税率的同时，大幅提高了从美英进口的棉花、金属制品、机器工具等国内必需的工业原材料和生产设备的关税税率。① 其中，主要从美国进口的棉花关税税率竟然从每百公斤 3.5 个关金单位提高到每百公斤 5 个关金单位，提高幅度高达 43%，从而大大加重了国内棉纺织业的生产成本，使得其产品在国内外市场上难以同低价倾销的日本棉制品竞争。显然，这样的海关进口税则除了有利于日本对华倾销商品和增加国民政府的财政收入外，不能起到保护本国工商业发展、振兴国民经济的积极作用，因而出台后遭到了国内实业界和舆论界的强烈反对和批判，② 并引起了主张抵抗日本侵略的蔡元培、吴稚晖等国民党元老的重视和关注。

　　1934 年 12 月和 1935 年 11 月，蔡元培、吴稚晖等国民党元老顺应国内实业界和舆论界的要求和呼声，联名向国民党四届五中全会和六中全会递交了两份要求国民政府实施保护贸易政策以促进民族经济发展的提案。③ 他们在第一份提案中指出，保护贸易政策是近代工商业幼稚国家为扶植本国产业发展、杜绝巨额外贸逆差的"一定不易之原则"，而"政府之未能实施保护（贸易）政策"，则是 1933 年前后中国外贸逆差激增以致产业前途"黯淡"的"重大症结"所在。他们因此建议国民政府从三方面"厉行"保护贸易政策：一是要在详密调查"各种主要产业"发展状况的基础上对其进行奖励或改良；二是要尽量进口"机械工具"等"为吾国目前所最需要"的能够促进生产技术及企业发展的外国商品，并以较高关税"防止"外国奢侈消耗类商品的进口；三是要通过与有关国家签订互惠互利的商品推销协约来保证中国所需商品的进口和过剩商品的出口。而他们在第二份

---

　　① 参阅［美］小柯布尔《上海资本家与国民政府》，杨希孟译，中国社会科学出版社 1988 年版，第 154—156 页；陈晋文《对外贸易政策与中国经济现代化》，知识产权出版社 2012 年版，第 101—103 页。

　　② 参阅赵淑敏《中国海关史》，台北"中央文物供应社" 1982 年版，第 84—85 页；陈晋文《对外贸易政策与中国经济现代化》，第 104—105 页。

　　③ 《厉行保护政策扶植国内产业并于对外贸易施行管理案》、《本国棉纺业极度衰落请迅免棉花进口关税案》，《蔡元培全集》第 6 卷，第 465—468、615—616 页。

提案中则是明确呼应了中国棉纺织业厂商的利益诉求,①建议国民政府"特别减轻或全数免除"1934年海关进口新税则实施后大幅提高的进口棉花关税,以拯救因此而"日见消沉,几濒全体崩溃之境"的中国棉纺织业。

显而易见,蔡元培和吴稚晖等人在上述提案中建议国民政府实行保护贸易政策的直接目的固然是为了帮助本国产业部门摆脱1933年前后的严重经济衰退,但其中也隐含了批评国民政府1934年海关进口税则的失当之处和力图抵制日货倾销的双重意图。易言之,他们实际上是针对1934年海关进口税则利于日货倾销却阻碍本国工商业发展的失当之处,以国民党元老的身份要求国民政府在外贸政策上改弦更张,正确运用减免关税和高额关税等保护贸易的政策手段来扶植本国产业部门的发展和抵制日货倾销,进而维持和增强本国的经济实力,为应对必将爆发的全面抗日战争奠定物质基础。

(二) 日本经济崩溃论

除了一再从经济角度提出抵抗日本侵略的重要方策和建言之外,蔡元培为了鼓舞中国人民抗日的必胜信心与勇气,曾在1937年全面抗战爆发之前公开发表一篇题为《日本往哪里去》的论文,②从经济角度分析和预言了日本侵略者外强中干、必将崩溃的历史本质和命运。

他首先设问说:"日本军阀口口声声说'满洲'是日本的生命线,可是现在把这生命线劫夺到手……其前途是否光明了一点呢?我们肯定地说:没有!在世界经济恐慌的狂潮中飘动着的日本经济,自1932年下半期以来,工业生产和对外贸易总算在逐渐地增进,日本当局得意扬扬地说:'繁荣'的日子就在眼前。这是真的吗?……我们的答案又是相反。"然后,他从财政、工业、外贸、民众购买力四方面依次分析和评估了日本经济发展的黯淡前景:第一,日本在1931年至1934年间为侵略中国而支出的巨额军费主要靠公债筹集,这使得其财政偿付的公债总额激增到近百亿日元,

---

① 参阅《上海华商纱厂联合上电汪院长等反对新订海关进口税则》,《大公报》,1934年7月8日第4版;《行政院关于华商纱厂联合会为挽救纱业危机建议标本兼治办法致全国经济委员公函》(1935年3月26日),中国第二历史档案馆编《中华民国史档案资料汇编》第5辑第1编财政经济(6),江苏古籍出版社1994年版,第77—78页。

② 《蔡元培全集》第6卷,第428—432页。

从而大大加重了日本国民的经济负担，使其"生活愈加困穷"。第二，自1931年下半年以来，日本工业生产虽然确有增加，"但增加得最快的，都是直接与战争有关的军需工业"，而军需工业"纯粹是消费"性质的工业，"对于国民经济的质量，不仅毫无增进，反而足以使国民经济日益陷于破产的境地"。第三，日本近年竭力向海外低价倾销商品，致使其出口贸易以日元计算确有增加，但换算为美金"反形大减"，同时其"输入必需品价格却无大变或反形飞涨"，所以日本出口贸易增加的实质是"成反比例地"减少了其"国富"。与此同时，西方各国为了摆脱"世界经济恐慌的狂潮"，"莫不用尽种种严酷手段，予日本商品以闭门羹"，从而使得日本当局所说的"繁荣"变成了梦想。第四，日本当局向海外低价倾销商品的目的之一是保障本国资本家的经济利益，但这主要是通过减少工人工资、提高生产效率进而"拼命减低生产费"来实现的。但减少工人工资必然减低一般民众的购买力，而提高生产效率又使得失业者"愈益增多"，从而进一步削弱民众的购买力，"因此日本在国外市场之所得，恐怕不足以偿国内市场之所失，（于）是愈益陷入经济恐慌的深渊了！"最后，他得出结论说："如问'日本往哪里去？'我们的答案是：走往危机的路上去。"

简言之，蔡元培在全面抗战爆发之前认为日本侵略者必然走向经济崩溃的穷途末路，这显然是一种极具先见之明的历史预言，也确实能够鼓舞中国人民抗日的必胜信心与勇气。不过，与同时代的丁文江、孔祥熙等人相比，蔡元培为论证这一观点而对日本财经状况所作的分析和评估似乎不够客观和全面，也不利于中国人民特别是其中的热血青年理性看待当时中日两国在经济结构和综合国力上的显著差异和差距。

在全面抗战爆发之前，深得蔡元培赏识的著名地质学家丁文江曾撰文对中日两国的财经状况作过对比分析。他指出，世界性经济危机和侵略中国的结果，使得日本的财政赤字和外贸入超逐年攀升，其经济因而"很可悲观"，但"距崩溃的程度还远"。而中国呢，中央财政"收入最好的时候"也不过六亿多元，其中一半以上还要用于偿还内外债。"九·一八"事变以前，中央财政每月能够支配的款项不到3000万元，"一·二八"事变一发生，就锐减到200万元。1932年日本出口贸易总值约为27亿日元，其中对除去东北三省但包括香港在内的"中国本部"的出口贸易额仅2.6亿多日元，占其出口贸易总值的比重还不到10%。即便中国能够成功抵制日货倾销，中日两国的贸易关系完全断绝，日本出口贸易总值仍然高达24亿多日元，而日本又是当时中国最重要的贸易对象之一，如果中日两国的贸易关系真的断绝，在经济上也"决不能制日本的死命"，中国的经济反倒"要受很大的牺牲呢"。① 从表面上看，丁文江所作的上述分析略显悲观，似乎有给中国人民特别是热血青年的抗日信心与勇气"泼冷水"的嫌疑。但细细推敲可知，其真实用意是为了提醒中国人民特别是当时的热血青年认清一个道理：由于当时中国的财经实力与日本对比悬殊，所以抵抗日本侵略就是一件需要大家共同努力、经过长期坚持和奋斗之后才能取得彻底胜利的伟大事业。而他本人在作出上述分析之后也明确揭示了这一点。他说："如何能使中国有战胜日本的力量，是全国人民的责任，尤其是现在受高等教育的青年的责任。因为这决不是几年以内所能做得到的……所以抗日的工作，不是凭一时的热心可以了事的，是要有长期的继续工作，使中国真能自卫，真能战胜日本，才可以发生真正的效能。"②

应当说，丁文江在全面抗战爆发之前对于中日两国财经状况的对比分析要比蔡元培对日本财经状况所作的分析和评估来得客观和全面一些。而换个角度看，他实质上也是以其作为地质学家的严谨态度，通过使用与蔡元培稍有不同的文字表达方式，来委婉地表达了自己对于日本侵略必败、中国抗战必胜的坚定信念和勇气。这在逻辑上与蔡元培认为日本侵略者必然走向经济崩溃末路的历史预言也是相辅相成、殊途同归的，都表现了他们憎恨日本侵略者占我领土、害我人民、夺我资源、损我主权的爱国主义情怀。

如果说丁文江对比分析中日财经状况的文字表达方式与蔡元培对日本财经状况所作的分析和评估稍有不同的话，那么在1937年全面抗战爆发以后，国民政府财政部部长孔祥熙对于日本财经状况所作的分析和评估则与蔡元培较为接近，得出的基本结论也与蔡氏发出的历史预言相同。与此同时，他也指出了中日两国在经济结构和综合国力上的显著差异和差距，而这一点又与丁文江相似，具有借此提醒中国抗日军民要团结一致，长期坚持，艰苦奋斗，才能夺取抗战最后胜利的鲜明意蕴。孔祥熙对日本财经状况所作分析和评估的内容要点是：

---

① 丁文江：《日本的财政》、《抗日效能与青年的责任》，欧阳哲生编：《丁文江文集》第1卷，湖南教育出版社2008年版，第274、319—320页。

② 丁文江：《抗日效能与青年的责任》，《丁文江文集》第1卷，第320页。

　　第一，中国是农业国家，日本则是缺乏天然资源、以出口贸易为"唯一生命线"的工业国家，它在"平时赖人民刻苦，工资低廉"，"可以在世界市场上廉价倾销"工业制成品，但自从发动侵华战争以后，其"工业原料来源减少，许多工人，被征入伍，军事工业畸形发展，普通工业，无形陷于停顿的状态"。第二，日本侵略者在中国犯下的残酷暴行激起了"全世界人士强烈的反对"，所以抵制日货运动"风起云涌，弥漫全球"，使得日本在 1937 年出现了超过 6.35 亿日元的"空前未有"的外贸逆差。第三，由于军费不断膨胀，日本政府的财政预算严重失衡，仅在 1937 年和 1938 年就出现了总计近 90 亿日元的巨额赤字，使每个日本人背上了平均 120 日元、占去人均收入比例高达 60% 的债务负担。第四，在发动全面侵华战争后的短短一年内，日本政府就已增税三次，使得日本人民苦不堪言，此后它势必要靠增发纸币和公债来弥补不断增加的巨额赤字和军费，而这又会导致"不可收拾"的恶性通货膨胀和全面经济衰退。第五，总而言之，日本的经济在长期战争之后"必然趋于崩溃"，但"在目前阶段中"，中国军民绝不能过于低估日本的力量，以致松懈了自己的抗日斗志。恰恰相反，中国军民应当清醒地看到日本具有"军事上准备充分"、"政治上运用灵活"的明显优点，所以还需要以更大的决心和毅力精诚团结，"刻苦耐劳，忍辱负重"地"应付长期抗战，争取最后胜利"。[①]

---

　　① 孔祥熙：《敌我财政现状之比较》，刘振东编：《孔庸之先生演讲集》，台湾文海出版社 1972 年版，第 189—193 页。

第四章 马寅初的经济思想

马寅初（1882—1982），字元善，浙江嵊县（今嵊州市）人，民国时期经济学界泰斗，著名的人口理论家、教育家。幼年在家乡受过私塾教育，少年时到位于上海虹口的美国教会中学中西书院读书，后考入天津北洋大学矿冶专业，于光绪三十二年（1906）顺利毕业。次年以清廷官派留学生资格赴美国耶鲁大学经济学系深造，宣统元年（1909）考入哥伦比亚大学攻读财政专业硕士学位，两年后写出题为《中国的公共收入》（Public Reve-nues in China）的硕士毕业论文，荣获硕士学位。1914 年又在美国财政学家赛利格曼（Edwin. R. A. Seligman）教授指导下完成了博士论文《纽约市的财政》（Finances of the city of New York），并借此荣获哥伦比亚大学博士学位。1915 年任北洋政府财政部职员，次年调任北京大学经济学系教授，后曾兼任系主任、教务长。1924 年 3 月加入著名学者刘大钧创办的中国经济学社，次年任副社长。1927 年起长期担任中国经济学社社长，逐渐将该社发展成为全国经济学界的主流社团。其间，先后担任杭州财务学校、交通大学、中央大学、重庆大学、上海中华职业学校、上海工商专科学校等校教授，同时兼任国民政府立法院财政委员会和经济委员会委员长，为中国经济学的教学科研事业和国民政府的财经立法工作作出了杰出贡献，故和另三位著名学者刘大钧、何廉、方显廷一起被誉为"中国四大经济学家"。抗日战争爆发后迁居重庆，经常对国民政府的战时财经政策提出批评和建议。1940 年因公开抨击宋子文、孔祥熙家族发国难财而被蒋介石投入监狱，后在各方营救下获释，但仍遭特务监视，直至 1944 年冬才恢复人身自由。1947 年当选为中央研究院唯一的经济学院士。1949 年 10 月参加中华人民共和国开国大典，后历任浙江大学校长、北京大学校长、华东军政委员会副主席，中央人民政府财经委员会副主任，第一、二、五届全国人大常委会委员，第一至第五届全国政协委员，中国科学院哲学社会科学学部委员，中国人口学会名誉会长等职。1982 年 5 月 10 日在北京病逝，享年

100 岁。遗著凡 600 余万言，先后被编为《马寅初演讲集》、《马寅初战时经济论文选集》、《马寅初经济论文选集》、《马寅初抨官僚资本》、《马寅初选集》、《马寅初全集》（15 卷）、《马寅初全集补编》（1 卷）等传世。

一　评判马寅初经济思想的基本标准

在具体研究马寅初的经济思想之前，必须提出一个基本的评判标准：马寅初作为民国时期最著名的中国经济学家，其在经济学研究上的基本特色与成就不是独创了什么重大的或具有国际一流水平的理论经济学成果，而是在应用经济学领域取得了一系列具有国内领先水平的理论成果，并提出了若干切中民国经济领域时弊的改革建言。换言之，他的经济学研究的最大优点和特色，是注重运用西方发达国家的经济学理论来研究和解决中国的实际经济问题，而不是简单搬运和传播西方先进的经济学说或者脱离中国的国情从事纯粹的经济学理论研究。这一优点与特色不仅体现在夏炎德、朱通九等老一辈经济思想史家对马寅初治学风格和特色的评介中，而且体现在马寅初对自己基本的治学准则和理念的总结上。

民国时期著名的经济思想史家夏炎德认为："马氏于中国经济实况非常娴熟，每于谈理论后牵至实务，且有时题名理论，内容仍论实务，此殆其整个之思维方式如斯。故余谓马寅初先生之贡献在经济实务而不在经济理论也。"[1]

民国时期另一著名经济思想史家朱通九则指出："我国经济学者中采用演绎法以研究经济学与从事著述者，可推马寅初……为代表，此派常以经济学之原理与原则，以解析我国之经济现象……关于经济理论方面，马氏以忠实介绍外国经济学说者居多，不过马氏提出解决各项经济问题之建议，均颇切实而甚易付诸实施。此为马氏之最大优点。"[2]

1948 年，年近七旬的马寅初在总结自己的治学准则和理念时也作了类似的表述："我在授课的时候，常对听讲的学生说……经济一门，参考书不妨中西书籍互用，教本则必须用国文原本（并不指译本而言）。盖外国教本皆根据外国的实际情形，社会环境，以及历史背景写成的，以之用于中国

---

① 夏炎德：《中国近百年经济思想》，商务印书馆 1948 年版，第 177 页。
② 朱通九：《近代我国经济学进展之趋势》，《财政评论》第 5 卷第 3 期。

的大学，非特不易使学生领悟，且要发生极大的流弊……一肚子装满着西洋学说的我，回国之后，见了这种种情形，心理上起了一种极大的反感，于是，余不能不就中国的实际情形，重加一番考察与研究，可以说痛下工夫，把中国的实情与西洋的学理配合起来，遂想出比较适合于中国的学识，用短篇的演说稿出之以飨读者……余以为经济理论可以分为纯粹理论（Pure theory）与经验理论（Empirical theory）。我们从泰西搬来的理论，既不以中国的现实为对象，可以视同纯粹理论，是一种训练思想的宝贵工具，它不仅训练了我们的思想，且教了我们研究的方法，可以说纯粹理论包括了经济哲学与经济学方法论两部分；读了这两部分，我们所得的益处，确实不少。至于经验理论，就是经验的经济理论，是中国的经济学者，就一定的范围，在一定的立场，把内容复杂包罗万有的国内经济事实搜集起来提炼净化之结果……余对于治经济学的感想既如此，故……把纯粹理论与现实合冶一炉，得出一种经验理论，使读者容易明了，不致发生理论与事实脱节之感……余总以为中国研究经济学的青年，应多注意中国的实际情形，社会环境，与历史背景。我们生在这个社会之中，决不能离开这个真实社会，而高谈空论。"[1]

基于上述评判标准，加上篇幅所限，所以笔者只从财政金融思想和经济发展学说两个层面对马寅初经济思想中融西方经济学原理和中国实际经济问题于一炉的"经验理论（Empirical theory）"进行重点突破、兼顾其他的专题研究和探讨，而对其中源自西方经济学原理的各种"纯粹理论（Pure theory）"基本不予研究和探讨。

二 财政金融思想

马寅初是民国时期最著名的财政、金融专家之一。他早年在美国留学时完成的硕士论文和博士论文就以财政问题为研究对象，1915 年学成回国之后又数十年如一日地关注和研究中国财政、金融的实际状况和发展变化，并写出了数百种财政、金融学论著。据笔者统计，《马寅初全集》和《马寅初全集补编》共收录了 876 种马氏著述，其中的财政、金融学论著约计 330

---

[1] 马寅初：《财政学与中国财政——理论与现实》，商务印书馆 2001 年版，第 1—2 页。

种，所占比例高达37.67%；而在目前已知的形成于民国时期的11种马氏专书中，直接研究或以较大篇幅探讨财政、金融问题的书籍就有九部，[①] 所占比例高达81.82%。由此可知，财政、金融方面的思想理论占有较大篇幅和比重，是马寅初经济思想的一项鲜明特征。而该项特征的形成，固然与民国时期财政、金融领域弊病丛生，始终不能真正走上健康稳定、和谐有序的制度化和现代化运作轨道，从而给整个国家的政治统一和革新、社会经济的变革和发展、民生福利的改善和提高带来了无穷的干扰、破坏和阻碍——这一无法回避、不容忽视的现实经济问题直接相关，但与马寅初一贯强调和坚持的经济学研究要明白"理论与现实一致"的大原则，[②] 要注意运用"西洋学理"研究和解决中国实际经济问题的治学准则和理念的关系更加密切。正因为马寅初一贯强调和坚持这样的治学准则和理念，所以当他面对民国时期财政、金融领域诸多病态的现象和问题时，自然要灵活运用他所学到的西方国家的财政、金融学理论和财政、金融史知识来研究和解决中国实际存在的财政、金融弊病和难题，并在此基础上提出各种对症下药、切实可行的财政、金融改革和政策建言。而按照马寅初本人的治学准则和理念推断，这些财政、金融改革和政策建言在本质上就是他努力提倡和构建的一种经济学研究的"经验理论"。这种"经验理论"主要由三部分理论主张和内容构成：一是财政、金融关系论；二是财政改革和政策建言；三是金融改革和政策建言。由于不少学界前辈和同仁已经对后两部分理论主张和内容进行了较为全面、精深的研究和探析，[③] 所以笔者只对他们尚未涉及或关注不够的第一部分理论主张和内容进行专门的研究和探析。

通观马寅初留下的大量财政、金融学论著可以发现，其中存在着一条

①　即《纽约市的财政》、《中国关税问题》、《中国国外汇兑》、《中华银行论》、《中国当前之经济问题》、《中国经济改造》、《中国之新金融政策》、《通货新论》、《财政学与中国财政——理论与现实》。

②　《马寅初全集》第15卷，浙江人民出版社1999年版，第323页。

③　这方面的研究成果主要有：邹进文《民国财政思想史研究》，武汉大学出版社2008年版；叶世昌等《中国货币理论史》，厦门大学出版社2003年版；张家骧主编《中国货币思想史》下卷，湖北人民出版社2000年版；黄达等《百年中国金融思想学说史》第1卷，中国金融出版社2011年版；牛定柱《对马寅初财政思想的简要述评》，《云南财贸学院学报》2005年增刊；孟建华《马寅初先生银行思想研究》，《浙江金融》2005年第4期；牛林豪《1945年前马寅初财政金融思想研究》，硕士学位论文，河南大学，2005年；马洪范《倡导国库集中收付思想的先驱——马寅初国库管理思想评析》，《中国财经信息资料》2004年第20期；等等。

若隐若现、似断实续的逻辑发展理路和主线。这就是他时不时地运用西方古典经济学的健全财政理论和通俗易懂的语言文字对财政、金融的关系所作的精辟理论分析和阐述。这条逻辑发展理路和主线既是马寅初在民国时期提出各种财政、金融改革和政策建言的理论总纲和枢纽，也是今人正确把握和理解马寅初的财政金融思想内涵的必不可少的逻辑起点和锁钥。可以说，马寅初在民国时期提出的各种财政、金融改革和政策建言，都是他对于财政、金融关系的理论分析和阐述的具体引申和例证。

（一）马寅初财政、金融关系论的西方古典经济学意蕴

仅据笔者所见，马寅初在民国时期公开发表的深入阐述财政、金融关系的言论就有 20 余次之多。其中较具代表性的言论主要有以下几段：

> 尝考纷乱之财政，足以致金融之破坏……由于财政与金融混合之所致也。吾国今日之财政与金融所以难于收拾者，职是之故。夫财政者，所以维持政府者也；金融者，所以发展农、工、商各业者也。两者宜分离，不宜混合。分离则财政可理，金融活泼；混合则财政混乱，金融破坏。英国素主分离，故此次欧战，始终保守其平日之政策，军政各费皆取之于赋税与公债（财政），未尝强迫中央银行发行纸币（金融），以应军事上之急需。其结果金融界虽不免稍有变动，然未闻有破坏之事。若夫俄、德、法各国，则财政与金融时相混合，故此次战争，于募债、增税之外，复强迫中央银行滥发纸币，以充其购买之能力，于是纸币愈发愈滥，其价值愈多愈跌。百物腾贵，汇兑大落，金融破坏，亦固其所……吾国财政，与法国如出一辙，财政当局倘能取英国之长，而舍法国之短，则财政与金融之前途，庶有豸乎。①

> 吾国之赋税，因乏伸缩力，不能随时增加，一旦有事，欲得借款以资应付，殊属难能。吾国之军阀，知赋税之不足以供需要，遂发行公债，以救其穷。但因财政之基础薄弱（国富不丰），应募者甚少，故公债亦不甚畅行，一有急需，不能发公债以资挹注，则公债之无伸缩力，一如赋税，故不得不另觅一聚敛之法，于是设立省银行，滥发纸币，

---

① 《英法财政与金融之比较》，《马寅初全集》第 2 卷，浙江人民出版社 1999 年版，第 119—136 页。

以裕省库而补预算。夫公债为害之烈，前已言之详矣。然发行公债，系财政上之一种方法，以公债而弥补预算，苟有得款可以备还本付息之用，未始不可以一试。盖征税与募债，均在财政范围之内也。若夫纸币，则完全在金融范围之内，不得视同财政……金融之伸缩，应视国内外贸易之盛衰为转移，贸易盛，货币必增……贸易衰，货币必减……是金融之缓急，与贸易之盛衰，适成一正比例，两者相辅而行，不可须臾离也。今若因军政费不足，而发行纸币，则纸币随军政费而增，非随国内外贸易而增。金融与贸易断绝关系，以致贸易衰落时，纸币不减而反增，贸易旺盛时，纸币不增而反减，不但如赋税、公债之乏伸缩，且含有一种反伸缩力，应伸反缩，应缩反伸，则以纸币补预算，无异于以财政乱金融，其为害之烈，比公债尤甚。[①]

中央银行应与财政部脱离关系。盖银行为金融事业，目的在使国内商品流通圆滑，信用交易，周转灵便，信用工具之伸缩，一视市面需要之紧缓而定，不但可以稳定币价，且得收经济繁荣之实效。譬如棉花商以其票据向银行贴现，支取钞票，收买棉花，纺纱成布，售与消费者，收回钞票，清偿银行之债款，货去票亦收回。故凡因工商业需要而发出之钞票，皆有其代表之物，钞票之价值与信用，悉基于此。财政则不然，其所支用，悉属消费，支发薪饷无论矣，即寻常所谓事业费，多半亦归消费。故其收入应采用租赋方式，取国民之所余，以济国用，国民苟富，国用亦可增加，如是则财政与金融，两不相妨。非然者财政不足，每借中央银行之钞票为挹注，货已消费，而钞依然存在，能发而不能收，钞票之信用，如何可以维持，诚极危险之现象也。美国尝采金库独立保管制度，每因政府征税之时，市面通货，必大量集中于金库，金融骤见紧张，及其支用时，市面通货骤形松缓，金融骤见膨胀，识者尚以其病民，力加改革。而我反使中央银行之管理权，无限制地听命于财政部，以财政部长兼为中央银行总裁，使财政不至扰乱金融者寡矣。[②]

---

① 《吾国之财政适合于对外宣战否》，《马寅初全集》第 2 卷，第 497 页。类似文字还可参阅《中国之财政与金融》，《马寅初全集》第 3 卷，浙江人民出版社 1999 年版，第 417 页；马寅初《财政学与中国财政——理论与现实》，第 552—553 页。

② 《中国经济改造》，《马寅初全集》第 8 卷，浙江人民出版社 1999 年版，第 246—247 页。

　　　中国对所借外资，愿意将其放入（法币）汇兑平衡基金乎？抑放入于（法币）信用准备金乎……以现实之需要言，必乐其加入于信用准备金中，决不愿其放入于汇兑平衡基金中也。因放入于汇兑平衡基金中，纵有 1 千万（英）镑，仅能得 1 千万镑之用。若放入信用准备金中，则可得 3 千万镑之用。但吾人倘一想及通货膨胀之恶影响，未必不为之踌躇者……中国将来借用外资之机会正多。若一经借入，均放入信用准备金之中，则通货膨胀，危险万分。故汇兑本位（即法币政策——引者注）之将来，危机四伏。无疑汇兑平衡基金仍须设立，使借入之外资，均应放入此基金中。政府借款建设，有属于财政之范围，而信用准备金则属于金融范围之内。善于理财者必使财政与金融之限界划分清楚，否则纵能将汇兑平衡基金与信用准备金分别设立，徒具虚名，无补实际。英国金融之所以脍炙人口者，即在英（格）兰银行之业务完全独立，其职掌在维持金融，与财政无涉焉。故在平时不受财政当局之干涉。[①]

　　上述言论先后发表于 1922 年冬、1925 年 7 月、1934 年 10 月和 1944 年 2 月。综观其意可知，马寅初无论是在北洋政府统治时期、国民政府统治初期还是在抗日战争时期，都坚决要求政府当局审慎处理财政、金融的关系，明确划分两者的职能界限，坚决反对因为政府当局自身的财政需要而干涉和破坏金融机构特别是中央银行的独立性，肆意利用本归金融机构或中央银行所有的纸币发行职能来应付军政开支和财政赤字。易言之，就是他在民国时期始终反对任何一个执掌中央或地方政权的政治集团利用滥发纸币政策来满足自身的财政需要，不管这个政治集团是忙于内战、罔顾民生的北洋政府和地方军阀，还是由国民党一党掌控的在形式上统一全中国并顺应中华民族生存需要主持过全面抗日战争的国民政府。从理论上说，就是马寅初在分析财政、金融的关系时始终反对"纸币的财政发行"这种故意混淆财政和金融的职能界限、必然导致严重通货膨胀和经济衰退的错误原则和政策，而坚决捍卫由金融机构特别是中央银行按照经济发展的实际需要来自主发行纸币的正确原则和政策。马寅初之所以如此分析财政、金融

---

　　① 马寅初：《通货新论》，商务印书馆 1999 年版，第 156—157 页。此处的"汇兑平衡基金"即抗日战争时期维持法币对外价值稳定的外汇平准基金。

的关系，又是和他早年留学美国时所掌握的西方古典经济学派的健全财政理论和自由放任的市场经济理念密切联系在一起的。

上述言论还表明，马寅初对于长期奉行自由市场型资本主义经济制度的英、美两国特别是英国政府慎重对待财政、金融的关系，在和平与战争时期都竭力维护中央银行独立性的历史经验和成例十分推崇。这种历史经验和成例的直接理论基础则是由西方古典经济学派的鼻祖亚当·斯密创立的，直到 20 世纪 30 年代世界经济危机爆发为止都在西方经济学界和各国财政活动中占据主导地位的健全财政理论。健全财政理论的主要观点是：政府的职能是狭小的，只限于向私人提供市场机制不能有效供给的国防、司法、教育、道路等公共服务和公共产品，而不应干预市场机制能够自动稳定和调节的经济运行与经济增长；赋税是保证政府履行职能的主要财政收入，但不宜征课过多，因为那样会损害私人经济的发展；财政支出大都是非生产性支出，所以要尽量节省，并严格控制其用途；每年的财政预算都要以量入为出、收支平衡为原则，不能出现财政赤字，因为财政赤字会导致通货膨胀；万一出现财政赤字，也要尽量靠赋税而不是公债来弥补，因为公债要比赋税更多地侵占私人经济的生产资本和消费资金，还会加重子孙后代的负担。西方古典经济学派之所以鼓吹健全财政理论，归根结底是由他们信奉的自由放任的市场经济理念决定的。以亚当·斯密为鼻祖的西方古典经济学派是自由放任、自由竞争、自主经营的市场经济制度的坚决维护者，他们几乎完全反对政府干预经济运行，而极力主张实行由市场机制这只"无形之手"自发调配经济运行和经济资源的自由主义政策，以充分满足资本家私人的求利欲望和促进资本主义国家的经济增长。而从马寅初在民国时期反复强调要划分财政、金融的职能界限的具体理由可以看出，他所依据的理论基础恰恰就是西方古典经济学派所鼓吹的健全财政理论。至于他对于金融的职能就是要为市场流通和经济发展提供货币信用工具（纸币）的正确界定以及他对于英国政府竭力维护中央银行独立性的特别推崇，则清晰地反映了他在西方古典经济学派的影响下信奉和维护自由放任、自由竞争、自主经营的市场经济制度的思想倾向，因为金融职能的正确运转和政府对于中央银行独立性的维护不但是市场经济制度的应有之义，而且是市场经济制度在近代西方国家日益发展和成熟的重要动因和标志之一。

（二） 马寅初对国民政府"积极的干涉主义"财政政策的批判

当然，马寅初在民国时期之所以反复强调要审慎处理财政、金融的关系，明确划分两者的职能界限，还和他看到并猛烈抨击的民国财经生活中长期存在的一个政策恶例有关。这一政策恶例就是从民国早期的北洋政府和地方军阀到民国后期的国民政府都肆意干涉和利用金融本该为商品流通和经济发展提供货币信用工具（纸币）的职能来为解决它们自身的财政困难服务。而马寅初运用西方古典经济学派的健全财政理论反复告诫民国政府要注意划分财政、金融的职能界限，不能为了财政需要滥发纸币的实际目的也正是为了根除这一政策恶例。但遗憾的是，这一政策恶例非但没有因为他的反复告诫而从民国的财经生活中逐渐消失，反倒因为20世纪30年代世界经济危机之后力主政府干预经济运行的英美凯恩斯主义经济学的流行而被民国后期的国民政府盲目推向了所谓"积极的干涉主义"财政政策的极端，由此又引发了日益严重的通货膨胀和经济衰退。于是，马寅初便在1948年7月完成的财政学名著《财政学与中国财政——理论与现实》中，再次运用西方古典经济学派的健全财政理论对所谓"积极的干涉主义"财政政策作了系统深入的批判。而他批判后者的事实依据则是强调由于中国的政治、经济国情不同于资本主义经济高度发达的英美两国，所以简单袭用由英美凯恩斯主义经济学衍生出来的赤字预算的"财政新哲学"，实行所谓"积极的干涉主义"财政政策，当然会导致无比严重的赤字财政、通货膨胀和经济衰退。他陆续写道：[①]

在英、美这样的资本主义发达国家，当陷入经济危机时，"人人视投资为畏途，人力物力皆无出路"，不得不由政府投资兴办公共工程"来弥补私人支出之不足，以免除消费不足或生产所剩的现象，兼以救济失业。因此原以收支平衡为原则的财政，至此不得不以赤字预算为准绳。于是在财政学上有所谓'财政新哲学'出现了，虽（然）凯恩斯没有讨论赤字财政，但循他的思路而推展，非至赤字财政不可"。

当资本主义发达国家经济繁荣之时，"公共工程必须延缓，以待工商业渐趋萎缩时再行举办。这种说法，在理论上是合逻辑的，不过在中国实行

---

① 以下引文分见马寅初《财政学与中国财政——理论与现实》，第7、17—19、53—55、66—73页。

起来，困难重重。在中国百废待举，没有一桩大规模的工程，可以随举随停……可以在商业繁荣时保留下来，以待补充工商业衰落时之不足……要举办公共工程，在财政上就要破坏收支平衡的原则，势必走上赤字预算的道路。在英美，固可以利用公共工程之自偿力以收回公债，于财政上不致发生危险。但在中国，当政治不上轨道的时候，这个办法，施行起来，有很大的危险性。不要说政府直接参加投资，即政府对农工商所做之贷款，已足以造成通货的恶性膨胀……在英美赤字预算或可产生有自偿力之生产事业，于国民有益。在中国赤字预算之运用，造成人力物力之浪费，徒饱私囊，未裕国帑，害多而利少……今日我国所施行之财政政策，采取积极的干涉主义，就是'用财政力量推动金融发展；再用金融力量，扶助经济建设；再基于经济建设之推进，充裕财政……'美国罗斯福总统的新政策，是用政府的力量与信用，发行公债，投资于公共工程，使国民所得增加，国家经济繁荣……这样的干涉政策，是很适应时代之需要的，但……若以之原封不动地移之于今日的中国，则其结果，决不能如吾人之所预期。中央预算上往往编列大宗救济经费……采取贷款方式……委托于银行代办……至银行方面，承受委托贷放，其贷放资金可与其原有资金统筹调度，以增强金融力量。此即所谓'用财政力量推动金融发展'者也。所谓银行，就是国家行局，而国家行局所贷放之资金……乃是出于印刷机的转动。这样，只有加强通货膨胀的程度……与政府推行干涉政策的目的适相背驰。另一方面，接受贷款者所获得的利益，由于物价的急剧上涨，正当生产预算不能确立，生产无法推进……故政府舍放任主义采干涉主义的后果，徒使少数企业者苟延残喘于一时，对于生产本身起不了什么作用，徒然养成那些边际以下企业的依赖性……如满以为'再用金融力量，扶助经济建设'以促进生产，未免是太天真的想法。所以'用财政力量推动金融发展'，徒使金融益加紊乱，通货益加膨胀。欲'再用金融力量，扶助经济建设'，结果反使经济转形萎缩。所发展的，只是货币的流通速率，所扶助的，只是臃肿的虚资本。这是把外国的理论原封不动移用于中国的结果。"

"现代国家在平时，多以量入为出，为理财之原则，事实上不能尽依支出之需要而谋取收入，故行政计划之能否推行，须视岁入充足与否而决定；否则有计划而无经费，即不能付诸实行，其结果与无计划等耳……换言之，计划之能否施行，要看财政政策之是否健全，而健全的财政，要以经济条件为基础，尤其是地方财政的负担，必须由当地人民承受。假使人民的经济情形不佳，其税负能力必定很小。在目前，中央财政与地方财政同处于困难的时候，为了顾全民力负担的问题，不得不主张量入为出……在此次世界大战之前，英国原是一个富庶的国家，所以英国财政学家于著述财政学时，往往先论岁出，次论岁入……就此可以看出他的心目中，着重于量出为入的原则……况量出为入，到了20世纪，已成为财政预算上不可击破的真理。在平时如此，在战时更是如此。但余总以为凡国民收入微薄，国家财富式微的国家，只能向量入为出的路途上进行，战时的财政当然是另一问题。美国在1933年为克服经济恐慌与不景气，采用了罗斯福的复预算制度，包括通常预算与非常预算两种；将通常支出和非常支出分开……把紧急法案所要求的一切紧急费用……算作非常支出……即复兴经济计划所需要的支出，是以举债的收入来应付；换句话说，就是以举债的方式，使非常计划的收支，趋于平衡。罗斯福所以敢大胆地实行复兴经济计划而以公债来应付，是因为他明知一旦计划实施，经济情形即可恢复，国民所得增加，社会欣欣向荣，于内债未引起通货膨胀危害政府信用以前，就可以增加税收来收回债券。所以在美国采用量出为入的政策，不致发生恶结果。但在中国则情形特殊。除战时预算外，如平时预算亦采用量出为入的原则，而以举债的方式来填补经常收入之不足，则结果未必一定能如吾人之所期待……吾意在政治未上轨道之前，不如走向量入为出的路途为佳。

"在资本主义的国家，既采不干涉主义，一切生产事业，全归私人经营，故国家财政支出，仅限于国家机关经常费用，是一种不生产的费用。国家既不经营生产事业，则预算中并无所谓生产费用，故在消极主义盛行时代，固无所谓生产性质之支出。因此生产性质之活动资金，全归金融市场供给，而非生产性质之国家机关经常费用，划归财政支出范围之内，故财政与金融，截然两橛，泾渭分明，不能混为一谈。职是之故，中央银行超然于财政之上，脱离财政部之羁绊。财政部长不得以财务乱金融。如发钞来弥补预算之不足，则为舆论所不容。因此资本主义国家之中央银行，大抵是私人所组织，政府不与焉。今日放任主义已成过去之陈迹，干涉主义抬头；即以老牌资本主义国家自命的英国，亦已改头换面，采行温和的社会主义，先以英伦银行收归国有……因而昔日与财政分家之金融，至此亦不得不受国家之统制。我国为奉行三民主义之国家，当然不能例外，故四行二局一库……皆是国家金融机关。事实上，财政与金融已打成一片。近数十年来，理财者所共同遵守之原则，已趋向于生产性支出之费用，应在预算中占重要地位之理想。故国家经费之支出，应置重于国营经济事业，盖此不仅为国家资本累积所必需，自财政收入言之，亦具有重大之意义。"是以近十余年来我国之财政政策"已置重于国营事业收入之原则"，但是因此"而将财政与金融打成一片"又会导致通货膨胀的流弊。这可在近十余年我国财政政策逐渐"从消极的放任主义进而至于积极的干涉主义"的"新转变"上得到印证。"所谓积极的财政政策"，就是"用财政力量，推动金融发展；再用金融力量，扶助经济建设；再基于经济建设之推进，充裕财政"。所谓"以财政力量，推动金融发展"，就是"委托银行代理国库，俾银行自由运用"；所谓"以金融力量，扶助经济建设"，就是依靠银行存款、放款与汇款"来充分供给生产事业以资金"。向生产事业"供给资金"，应当是通过发行公债等有价证券"吸收社会游资"，而不是通过转动印刷机发行钞票。可是，中国老百姓穷苦，买不起政府发行的公债。"所以对生产事业放款，无论属于公营或私营，只能仰仗于印刷机的转动了。这是（我国）新派（理财者将财政与金融）打成一片的方法，造成赤字财政。向凯恩斯派学习，但学得不好。"

　　综上所述，民国后期国民政府推行的所谓"积极的干涉主义"财政政策的理论实质就是起源于英美凯恩斯主义经济学的量出为入的赤字预算思想。而马寅初则是紧紧针对这一财政政策所导致的严重通货膨胀和经济衰退的负面效应，立足于当时中国政治、经济状况远远落后于英、美等资本主义发达国家的基本国情，以西方古典经济学派的量入为出、预算平衡的健全财政理论为武器，来从根本上批判当时国民政府的理财者盲目袭用外国新潮的经济理论和经济思想的错误学风的。这样的批判既准确地击中了当时国民政府财政政策的理论实质和弊病，又和他在1947年7月增订出版自己的《经济学概论》一书时明确重申的自由资本主义时代"在中国并没有过时"，"且还没有真正开始"①的理论主张一样，都反映了他对于西方古典经济学所宣扬的自由放任、自由竞争、自主经营的市场经济理念的坚持和信守。其中所包含的处于不同社会发展阶段的国家和地区应当如何看待和采用放任主义或干涉主义宏观经济政策的深刻思想意蕴，不但可以从人类经济史上找到正反两方面的经典案例和经验教训，而且值得当前奉行

---

① 《马寅初全集》第11卷，浙江人民出版社1999年版，第208页。

不同社会经济制度的中国大陆政府和港澳台地区政府思考和借鉴。

(三) 马寅初财政、金融关系论的历史影响

尽管马寅初在民国时期经常呼吁和告诫政府当局要审慎处理财政、金融的关系，但由于当时的中国内外战争频仍，天灾人祸不断，不管是中央政府还是地方政府（或军阀）的军政开支都极为浩繁，常年处于入不敷出、寅吃卯粮的赤字财政状态，所以他的这一理论主张和立场似乎仅在抗日战争初年对于国民政府战时财政金融政策的制定和施行产生过重要但短暂的历史影响。

1939 年 3 月 20 日，国民政府财政部部长兼中央银行总裁孔祥熙在论述抗日战争时期中国的财政金融政策时指出："尚有一要义，不得不特别郑重指明者，即财政与金融之关系，既如此密切，而财政之健全，尤有赖于金融之健全，而后方可实现，故为健全金融计，必先严格划分财政金融，不因财政（需要）而滥用金融，则金融方可有助于财政。抗战以来，虽军费支出浩繁，而以多方运用，法币发行数额，较之战前增加，仅为四五万万元，故虽在此非常时期，对于金融尽力维护，仍不以财政（需要）而危及金融，此次地方金融会议续提出此原则，与会诸人，一致赞同，足证此原则之重要。在此敌人多方破坏我金融之际，尤当三复斯言也。"[1] 孔祥熙的论述揭示了国民政府抗战初期财政金融政策的一个重要环节，即国民政府在当时曾审慎处理财政、金融的关系，力求避免因为抗战军费的巨额需要而无节制地增加纸币的财政发行数量。这一环节不但在孔祥熙呈报给蒋介石的一份秘密文件中有详细记载，而且笔者也曾撰文对其原因作过具体分析。[2] 不过，笔者在分析其原因时，虽曾间接提及马寅初的战时财政政策建言对于国民政府制定抗战初期财政金融政策所产生的理论影响，但因研究视角所限并未对此展开更为深入的理论追踪与查考。现在看来，国民政府

---

① 孔祥熙：《对党政训练班讲词》，见刘振东编《孔庸之先生演讲集》，台湾文海出版社 1972 年版，第 232 页。孔祥熙所说的"此次地方金融会议"，是指 1939 年 3 月 6 日至 10 日国民政府在重庆组织召开的第二次地方金融会议。

② 参阅孔祥熙《最近财政实况》，中国第二历史档案馆编《中华民国史档案资料汇编》第 5 辑第 2 编财政经济（1），江苏古籍出版社 1997 年版，第 369 页；又见拙文《孔祥熙的战时财政理论和战时财政政策》、《孔祥熙和抗战时期的通货膨胀》，分载《历史档案》2006 年第 1 期和《西南大学学报（社科版）》2007 年第 5 期。

之所以能够在抗战初期较为节制地管控法币的财政发行数量，还和民国经济学界的领袖人物马寅初经常要求政府当局审慎处理财政、金融关系的理论主张和立场有一定关联。这不仅是因为国民政府财政金融工作的主管者孔祥熙也在抗战初期提出了和马寅初所论基本相近的理论原则"不因财政需要而滥用金融"，而且有多方面证据表明，马寅初要求政府当局审慎处理财政、金融关系的理论主张和立场对国民政府制定抗战初期的财政金融政策产生了重要影响。

首先，1936 年 4 月初，马寅初曾借助国民政府的舆论喉舌《中央日报》发表自己对于中国"非常时期财政政策"的一项建言："非常时期之国家财政，应以开办所得税为主要收入，必要时再作有限制之通货膨胀，并发少数公债以补助之。"[1] 该建言发表之后，引起了国内经济学者的普遍关注和讨论，他们都对其中"有限制之通货膨胀"的观点表示赞同，认为"马氏鉴于德国战时纸币政策之惨痛教训，不主张我国亦采行纸币政策，确为复员时期保存国家经济基础之要图，否则，国内资金悉数消减，几十百年不易恢复也"。[2]

其次，1937 年盛夏，身为民国经济学界泰斗的马寅初曾偕同数十位著名学者参加国民政府最高领袖蒋介石亲自召集的庐山谈话会，专门讨论抗日战争时期的财政与金融问题。在这次谈话会上，他代表与会学者向政府首脑建议说，只可将"有限的增发纸币"作为中国筹措抗战军费的方法之一，并就此作了具体申述："增发纸币，亦为各国战时普遍采取之方法。稳健派采用有限制之增发（如英如美），野心派采用无限制的增发……中国……已施行法币政策，以法币一元对英国之一先令二便士半为汇兑平价，施行至今，汇率尚能维持不坠者，得英、美之助力不少。英国所以肯多多帮助中国者，亦正以中国之汇率，如能维持不变，则其对华之投资较有保障……故中国今日如希望友邦之继续协助，不可不维持法币之汇率，一旦无限增发以为筹措战费之方法，则法币汇率之维持，至感不易。惟吾国发行之现金准备……定为六成，未免失之过高。故中央银行法草案，依照先

---

① 《马寅初谈非常时期财政政策》，《中央日报》1936 年 4 月 2 日第 3 版；又见马寅初《非常时期之财政问题》，《马寅初全集》第 9 卷，第 173—174 页。

② 《马寅初续谈非常时期财政》，《中央日报》1936 年 4 月 11 日第 4 版；还可参阅马寅初《非常时期的管理经济》，《马寅初全集》第 9 卷，第 222—223 页。

进国通例，规定为至高四成，其余六成则以经中央银行重贴现之国际汇票充之。现金准备之低减，既是合理的，则有限的增发纸币，使其数额与现金总额成十与四之比……于理论上讲得通，于事实上为不可避免者。"①显然，马寅初向国民政府提出并得到当时国内绝大多数经济学者公认的"有限制之通货膨胀"或"有限的增发纸币"的财政政策建言，是他在抗日战争全面爆发的特殊历史背景下对自己一贯坚持的要求政府当局审慎处理财政、金融关系的理论主张和立场的适度微调，同时也是他对一向慎重对待财政、金融关系的英美两国战时财政经验的合理学习和借鉴。这不仅没有背离他一贯坚持的要求政府当局审慎处理财政、金融关系的理论主张和立场，反而彰显了他一贯坚持的理论主张和立场对于抗战初期国民政府财政金融政策的制定所产生的重要影响。

再次，马寅初作为民国经济学界的领袖人物，曾连续十余年担任民国经济学界的主流社团"中国经济学社"的社长职务（只间或担任副会长），就是在他担任此职期间，国民政府财政部部长兼中央银行总裁孔祥熙成为中国经济学社社员，并在中国经济学社 1938 年年会上就"维持法币汇价"这一牵涉战时财政、金融演变方向的政策性问题和马寅初等多数经济学者达成了一致意见。②而在孔祥熙自 1933 年担任财政部部长兼中央银行总裁之后，马寅初也多次以立法院财政委员会委员长和经济委员会委员长的身份参与筹划过国民政府的重大财经决策和立法工作，并曾在 1934 年 5 月以著名经济学家的身份参加了财政部部长孔祥熙主持召开的第二次全国财政会议。由此可知，身为著名经济学家的马寅初和国民政府财政金融工作的主管者孔祥熙之间并不缺乏当面接触沟通和交流思想的机会，所以他要求政府当局审慎处理财政、金融的关系，即便在抗日战争时期也不能因为军费开支的巨额需要而无限制增发纸币的理论主张和政策建言自然能够影响到国民政府战时财政金融政策的制定和施行。

不幸的是，尽管马寅初要求政府当局审慎处理财政、金融关系的理论主张和立场确实对抗战初期国民政府财政金融政策的制定产生了重要影响，

---

① 马寅初：《二十六年暑期庐山谈话会讨论战时财政问题》，《马寅初全集》第 10 卷，浙江人民出版社 1999 年版，第 482 页。

② 参阅孙大权《中国经济学的成长——中国经济学社研究（1923—1953）》，上海三联书店 2006 年版，第 150 页；又见马寅初《法币汇价打破之危险》，《马寅初全集》第 11 卷，第 83 页。

国民政府财政当局也确实在抗战初期审慎处理过财政、金融的关系，尽力避免因为抗战军费的巨额开支而无节制地增加纸币的财政发行数量，但是，自 1938 年秋季抗日战争转入相持阶段起，由于中国沿海、沿江工商业发达地区的完全沦陷，国民政府原本赖以维系财政运转的三大税收支柱——关税、盐税、统税的大部分来源损失殆尽，而以孔祥熙为核心的财政当局通过加税和募债所取得的财政收入又不足以应付坚持长期抗战所带来的巨额军费开支和财政赤字，所以实际上自 1938 年秋季起，以孔祥熙为核心的财政当局就身不由己、半推半就地走上了主要依靠增发纸币来应付抗战军费开支和财政赤字的不归路。[①] 其实质就等于放弃了他们曾经尽力坚持过的审慎处理财政、金融关系的理论原则，换言之，也就是放弃了孔祥熙在 1939年 3 月 20 日所揭橥的不因财政需要而滥用金融的理论原则（见前文）。而具有讽刺意味的是，孔祥熙在当时是以故意缩小了近一倍的法币发行数额来支撑他所揭橥的这一理论原则的。据统计，1937 年 6 月法币的发行数额约为 14.1 亿元，到 1939 年 1 月时已增至 23.1 亿元，[②] 净增加 9 亿元，恰好是孔祥熙为证明国民政府到了 1939 年仍在坚持前述理论原则而提供的仅比抗战以前增加"四五万万元"的法币发行数额的一倍左右。这无异于从反面凸显了以他为核心的财政当局已背离前述理论原则的事实。在抗日战争进入相持阶段的特殊情势之下，这种实际政策和理论原则的背离固然体现了财政当局任何主观努力都无法将其逆转的历史必然性，但归根结底这种背离也反映了在近代中国政、学两界长期流行的金融要为财政服务的理论观点和国民政府在抗战之前建立的国家垄断型金融体制对于抗日战争时期财政金融政策的制定和演变所产生的消极影响。

由于近代中国历届政府的财政都处于破产状态，而金融又具有发行货币、筹集和融通资金的神奇功能，所以就使得很多官员和学者都或直白或含蓄地要求政府利用金融力量去解决财政困难，换言之，就是要求金融为财政服务。如晚清的王鎏、魏源、依克唐阿、汪文炳、郑观应、陈炽、钱恂、陈虬、汤寿潜等人就是这么要求的，民国早期的几任财政部总长周学

---

① 　参阅拙文《孔祥熙的战时财政理论和战时财政政策》，《历史档案》2006 年第 1 期。还可参阅潘国琪《抗战初期国民政府财政政策考辨》，《抗日战争研究》2003 年第 1 期；吕志茹《无奈的选择：孔祥熙与抗战时期的增发货币政策》，《山西师大学报（社科版）》2008 年第 1 期。

② 　吴冈：《旧中国通货膨胀史料》，上海人民出版社 1958 年版，第 92 页。

熙、熊希龄、梁士诒等也持有类似见解。① 中国国民党的创立者孙中山先生在民国早期多次提出著名的"钱币革命论",主张以不兑现纸币取代金银类货币的一个重要原因和动机,也正是为了解决民初政府的财政困难。他的这一理论主张事实上也成了后来中国国民党建立的国民政府利用金融力量解决财政困难的决策依据之一。与此相对应的是,在近代中国历届政府的财政文件和财政官员的施政纲领、工作报告以及不少学者的财政著述中,都将整理货币、设立银行等金融举措纳入到财政范围内加以论述。而从近代中国货币金融史的发展过程来看,近代中国历届政府所推行的各种整理货币举措都含有获取财政收入、填补财政亏空的目的和效用,近代中国第一家民营银行"中国通商银行"和第一家国家银行"户部银行"的设立都是为了解决清政府的财政困难,此后北洋政府、国民政府在不同时期设立和改组多家国家银行,并不断向国内银行界发行巨额公债和借取临时款项的主要目的也都是为了解决自身的财政困难。因此,无论是从理论根源还是从政策层面上看,审慎处理财政、金融的关系,不因财政需要而滥用金融的理论原则在近代中国基本上成了一句空话。即便有经济学界领袖(如马寅初)反复呼吁和财政官员(如孔祥熙)尽力贯彻,这一理论原则在政策层面上也会因为长期的财政困难而无法持久、稳定、有效地转化为政府施政的一贯立场和举措。

特别值得注意的是,国民政府在抗战之前建立的以法币政策和"四行二局"② 为主要支柱的国家垄断型金融体制,在相当程度上就是一种因为财政需要而滥用金融,草率处理财政、金融关系的产物。其建立的主要原因和目的都跟国民政府的财政困难息息相关,其建立的关键举措和步骤,如创办中央银行(并令财政部部长兼任其总裁),通过增加官股、调整人事控制中国和交通两大银行,废除银两、改用银圆,实施法币政策等等,也是

---

① 参阅程霖《近代中国银行制度建设思想研究》,上海财经大学出版社 1999 年版,第 24—25 页;蔡志新《民国时期浙江经济思想史》,中国社会科学出版社 2009 年版,第 97—98、116—118 页;邹进文《民国财政思想史研究》,武汉大学出版社 2008 年版,第 104—117 页。

② 法币政策本质上是一种由国民政府的法定强制力和政治信誉保证实施的特殊的不兑现纸币流通制度。在这种制度下,纸币的国内价值(购买力)完全和金银脱钩,直接由商品流通总值决定,国外价值(购买力)则按一定比率钉住世界货币英镑和美元,随英镑、美元的波动而波动,故被马寅初称为外汇汇兑本位币制。"四行二局"则是指国民政府在抗战之前建立的中央银行、中国银行、交通银行、中国农民银行、邮政储金汇业局、中央信托局等国家金融机构。

由国民政府授权财政部精心谋划和推进的。显然，这样的金融体制无论在主观动机和客观效果上都极大地抹杀了财政和金融的职能分际，使得两者的关系过于密切，从而在制度上为国民政府利用金融的发行纸币职能来满足其财政需求提供了便利和可能。等到其财政需求不断增加，靠税收、公债等财政手段获取的收入又不断短少之时，尽管财政官员脑海深处紧绷着一根无形的弦——绝不能将增发纸币作为政府筹款的主要方策，否则必会带来恶性通货膨胀、物价飞涨、经济衰退、民生凋敝、财政更加困难、政府形象受损甚至崩溃等一系列严重后果，然而他们面对左支右绌的财政困局，又不得不逐渐放松手中管控纸币发行的那根有形的"弦"。这真是一种两难的抉择啊！也正是这种抉择使得以孔祥熙为代表的财政官员在抗日战争时期逐渐将国民政府带上了主要依靠增发纸币来筹集财政收入的绝路，进而又导致了无法抑制的恶性通货膨胀和日益严重的财政经济危机，使得国民政府最终在抗战胜利之后的国共内战中民心尽失、彻底崩溃。从理论根源上说，这一切都是国民政府因为财政需要而滥用金融，草率处理财政、金融关系的必然结果和表现，但从政策层面上说，这一切寻根究底也是国民政府在抗战之前因为财政需要而建立的国家垄断型金融体制所造成的消极历史影响。

对于国民政府在抗战之前因为财政需要而建立的国家垄断型金融体制，经常呼吁和告诫政府当局要审慎处理财政、金融关系的马寅初将其视为国民政府推行所谓"积极的干涉主义"财政政策的必要步骤，并用"将财政与金融打成一片"的字样来指称其本质，还对国民政府在抗战中后期借此依赖增发纸币方策筹集财政经费的原因和后果作了一分为二的精辟分析。他写道："我国在抗战之初，租税与公债交互运用。在租税方面，有转口税之增征，统税施行区域之扩大……我们用租税去筹集战费，事实上有一个最大的困难问题，便是沿海各省和产业稍具萌芽的区域，已经被日军占领，主要税源的关税、盐税和统税都受了影响……若以加征的旧税与加辟的新税……来弥补，终抵不过关税、统税、盐税三税短收的损失。故以公债来筹措一部分战费，为不可避免之措置。我们在抗战初期，不希望实现战时财政应以加税为主，公债为辅之最高原则，只希望以公债为主，加税为辅之次要原则，能切实遵守，不料战事的演变，竟使这两个原则，都不能实现，转动的印刷机，遂取而代之，以致造成的今日的局面。"① 又说："中国财政与金融之不能纳入正轨，正因两者之界限分划不清，财政之需要，或以金融为挹注。现值抗战方酣，情有可原。在战后之建设时期，如一仍旧贯，不予彻底改革，前途真不堪设想。"② 从马寅初的分析可以看出，他一方面认为国民政府在抗战中后期依赖增发纸币方策筹集财政经费是坚持长期抗战而不得不采取的非常之举，一方面又对这种非常之举所导致的恶性通货膨胀、物价飞涨、民生凋敝等一连串恶果深表忧虑。而历史也证明了他的分析和忧虑的正确：国民政府虽然依靠增发纸币方策迎来了长期抗战的伟大胜利，但不久之后也在由此导致的以恶性通货膨胀为根本标志的全面财政、金融和经济危机中走向崩溃。

三　经济发展学说

民国时期，中国经济的资本主义化或现代化的程度虽然比清末有所提高，但就总体而言仍停留在农耕文明占优势的落后状态，即使是在 1936 年国民经济最为繁荣的情况下采用社会化机器大生产的工业、交通等现代化产业部门依旧处于劣势地位。到了 1937 年 7 月，日本帝国主义者发动的全面侵华战争又断送了中国经济向现代化目标挺进的美好前景，使得中国经济各部门都跌入了严重衰退的低谷。1945 年中国终于迎来了抗日战争的伟大胜利，也迎来了实现经济现代化的空前良机，但又为国共第二次内战的炮火所断送。正是在这样的历史背景下，身为民国经济学界泰斗的马寅初对于当时中国经济发展的制度范式和路径选择等根本问题进行了不懈的研究和思考，并在此基础上形成了一种引领中国经济学研究潮流的兼具共性和个性的经济发展学说。这种经济发展学说主要包括两大理论内核和支柱：一是旨在为中国经济发展打造一个合适的制度范式的统制经济理论，二是旨在为中国经济发展提供一种最优的路径选择的工业化理论。

（一）中国经济发展的制度范式：统制经济理论

马寅初是 20 世纪 50 年代以前竭力主张借鉴西方资本主义市场经济的制

---

① 马寅初：《财政学与中国财政——理论与现实》下册，第 547—548 页。

② 马寅初：《通货新论》，第 157 页。

度范式来推动中国经济发展的学界领袖之一，但由于他是在资本主义市场经济最为发达的美国接受的西方正统经济学的严格训练，而20世纪30年代西方国家爆发的严重经济危机，社会主义苏联奉行计划经济制度所取得的巨大成就，日本自1931年起逐步扩大侵华战争等多种因素又对忧国忧民的他产生了复杂的刺激效应，所以他主张借鉴的西方资本主义市场经济的制度范式就经历了一个从市场调节、自由竞争的资本主义转变为政府干预和市场调节相结合的统制经济或国家资本主义，再回归到市场调节、自由竞争的资本主义的变化过程。具体说，就是：他在20世纪20年代努力宣传在中国培育源自西方的传统自由资本主义的经济制度，而在20世纪三四十年代则反复鼓吹在中国确立和发展一种统制经济或国家资本主义的经济制度，最终又返璞归真，重新要求在中国发展自由资本主义。显然，马寅初对于统制经济或国家资本主义的反复鼓吹是其为民国时期中国经济发展设计的基本制度范式，而他对于自由资本主义经济制度的最初宣传及最终回归则反映了他对于西方正统经济学所推崇的自由竞争、私人产权等市场经济准则的信守和坚持。关于前者，下面将作重点研讨；关于后者，已有专家研讨甚详，[①] 故本书从略。

马寅初对于统制经济的系统阐述主要体现在1935年1月出版的《中国经济改造》一书中。但早在1931年9月中旬，他就在一篇题为《资本主义欤共产主义欤》的演讲中触及了这一经济制度的基本含义："本人向倾向于资本主义，但现在已觉极端资本主义不能施行于中国，极端共产主义亦不适用。我们应舍短取长，采行第三途径。即一面作有计划之生产，一面保留私产制度。后者与俄国相反，因俄国现在已取消私产制度。前者与俄国相同，盖俄国对于各种生产均有计划。所谓有计划生产，即召集经济会议，令全国实业团体，各界各派代表，会议生产办法，先计划各种基本实业，至小产业则可从缓。俄国计划产业，完全取消盈利；中国应保持相当盈利，而由政府代表消费之人民以防生产者之操纵，成功后复以法律保障之。如是，则将来世界无论何种主义战胜……中国均可保持经济调和之状态。"[②] 马寅初是在当时西方资本主义国家陷入严重经济危机，而奉行计划经济模

---

　　① 参阅孙大权《中国经济学的成长——中国经济学社研究（1923—1953）》，第212—214、216页。

　　② 《马寅初全集》第5卷，第376—377页。

式的社会主义苏联却蒸蒸日上的国际经济形势之下，以及日本侵占中国东北的民族危机面前发表上述见解的。他在此虽未明确使用"统制经济"的概念来指称他为当时中国经济发展所设计的基本制度范式，但他后来在反复阐述这一制度范式时所涉及的几项要点均已包含在内，即：要将社会主义计划调控和资本主义市场经济下的财产私有制融为一体，要在政府和民间实业团体协商一致的基础上对交通、金融、能源、重工业等基本产业实行国营，其余产业仍实行民营，同时仍保留资本主义市场经济下的利润制度，但要运用行政和法律手段来规范与保障私人资本追逐利润的行为，防止其垄断市场交易。

1933 年 10 月，马寅初在国内统制经济舆论"甚嚣尘上"的情况下发表了《统制经济问题》①一文，开始明确使用"统制经济"的概念来表达他对于中国经济发展的制度范式的基本设计。他写道："统制经济，亦称计划经济（planned economy）源于苏联之五年计划，成绩卓著。资本主义国家，有经济而无统制，在自由竞争制度之下……非生产不足以应需求，即陷于过剩……最近四年来世界经济恐慌之所以尚未恢复常态，其原因亦在此……一闻苏俄计划经济之成绩，安得不风从，视为宝典……日人译称统制经济，我国亦沿用之……然则我国应否采用统制政策……吾不但赞成而已，吾且认为非此不可。"他进而强调："今后吾国经济之出路不外两途：一则追踪欧美各国现已没落之资本主义，自由竞争，自由生产，举凡一切经济行为，悉听人民之自动；一则即今日之所谓统制制度。由吾个人观察，前制已不适用，且亦不能用。何以故？"因为"既知纯粹资本主义之流弊，而犹欲效之，使西洋失败之历史，在中国重演一次，殊不值得"；同时由于中国无发展大规模重工业之良好环境，工业幼稚无法和西方国家竞争，西方国家又运用保护关税、货币贬值、商品倾销等政策向外转嫁经济危机，致使"中国欲以自由竞争政策发展其实业，势已不能"，故"中国经济之出路，只有统制经济一途"。不过，"统制意义之范围有广狭，广者如苏俄，狭者如英美，中国固不必梦想俄制，始得称为统制，而时人之反对统制者，皆恐从此吾国陷于俄国化，万劫不复，实属误会。要知俄制过于极端，英美制未尝不可效法也。"由此可知，马寅初主张在中国实行的统制经济绝不

① 《马寅初全集》第 6 卷，第 459—463 页。

是以财产公有制为基础，以政府干预完全替代市场调节的社会主义苏联的计划经济制度，而是当时英美等西方国家为摆脱经济危机而实行的以财产私有制为基础、以政府干预部分替代市场调节为特征的国家资本主义制度。那么，他当时为什么认为社会主义苏联的计划经济制度"过于极端"，所以中国对这种制度"不必梦想"亦即不能全盘照搬呢？

对于这个问题，他在1935年1月出版的《中国经济改造》一书中作了详细的解答。[①] 他认为，由于当时苏联奉行财产公有的共产主义，结果消灭了私人因竞争而起的创造力以及基本生产要素土地、资本的报酬地租和利息，人民因替国家工作而"绝少自由"，外贸也因其主权独立而能国营；而中国则奉行三民主义，仍维持财产私有制度和私人创造力，以扶助民族资本主义的发展，同时未消灭地租及利息，人民也"向甚自由"，不愿被束缚，外贸亦因其主权不独立而不能国营，所以不能把苏联的计划经济制度完全照搬到中国。他进而下结论说："故统制经济，非必与苏俄制度相仿，与共产主义亦不相涉。共产主义国家，虽必施行统制经济，但欲施行统制经济者，非必为共产主义国家，非共产主义国家亦可行之。故认我国采行统制经济政策，陷于共产主义化者，实属误会。"

此外，他在《中国经济改造》一书中还对中国在当时特殊的社会环境之下施行统制经济的具体方案进行了认真设计。[②] 他认为，当时中国虽然不能像西方国家那样为摆脱经济危机而"雷厉风行"地施行"统制经济"，但可以选择部分地区和产业逐步推行一种"温和的统制"经济。因为中国当时已经具备了推行这种统制经济模式的数项有利条件：（1）中国工业规模小，企业家之"资力远不及美国之所谓钢铁大王、煤油大王，尚属易于制裁"；（2）中国各产业协会仍由其"自行组织，自行管理，政府并无取而代之和干涉其营业之意"，只不过对其营业进行监督而已，"此即不在统制经济之下，亦为当然之事"，故不会如同将私人产业收归国有的苏联计划经济和与民争利的意大利国营企业那样在推行之初遭到人民的强烈反对；（3）中国当时固然缺乏推行统制经济的强有力政府、人才众多等先决条件，但国民政府已能有效统治苏、浙、皖、赣、湘、陕、甘、豫等省份，也有财力聘请少量外国技师，故可在这些省份进行小规模、局部的统制经济试

---

① 《马寅初全集》第8卷，第180—187页。

② 同上书，第179、187—192页。

验，等取得成绩后再向全国推广。他还指出，统制经济与复兴农村和发展工业"皆有连带关系"，因为"工、农两业相依为命，缺一不可"：只强调"农村复兴，纵能使农业生产迅速恢复与发展，苟无发达之工业以赋之，则农产虽多，其边际效用甚低，价格必低"；"发展工业，同时亦必赖农村之复兴，中国农民占人口总数 80% 以上，工业品之销路，大半限于农民，使农民穷困，无力购买，则工业之基础不固"。他据此断言，中国当时"惟有在统制政策之下，而复兴农村与发展工业可合一进行，以达经济繁荣之目的"。然后，他着重论述了统制当时中国工业发展的基本政策。他以中国人才不足、无法驱逐外国侨民为依据，认为中国不能仿行苏联式的偏重于大规模重工业统制的政策，而只能实行一种偏重于小规模轻工业统制的政策："一面宜注意小工业之发展，利用我国固有之优点，以与外货竞争。重工业如钢铁、造船等业，皆可由政府办理，钢铁为各种工业之基础，务使有成绩，间接亦可以扶助小工业之发展，皆须在政府统制之下，方得实现，棉纱、水泥、面粉、缫丝等轻工业，在政府统制之下，可委之私人经营。"①为了确保这种工业统制政策不因西方国家向中国倾销商品而失效，他力主"利用同业公会，推销国货"，并"对几种主要外货进口提高关税，对国内中外厂商，一律提高统税"。同时，为了复兴农村经济，他还建议国民政府首先对丝、米、棉等大宗农产品进行统制。

在《中国经济改造》一书设计的中国统制经济方案的基础上，马寅初在 1935 年至 1937 年间又为应对全面抗日战争和促进中国经济发展起见，接连发表了《防止走私最好的办法》、《非常时期的经济问题》、《非常时期的管理经济》、《中国经济改造问题》、《各国经济统制之理论与实际》、《意大利之经济统制》、《国防经济》等一系列文章，②不厌其烦地对如何在中国施行统制经济的问题进行了补充论证。他在这些文章中主要表明了三个观点：一是由于中国和西方各国的国情不同，所以不能简单地把西方各国为应对第一次世界大战和 1929 年至 1933 年经济危机而采用的国家资本主义的统制方法照搬到中国来。二是由于全面的抗日战争不可避免，所以国民政府在备战阶段应当优先对交通、货币银行业和工商团体进行统制，而

① 换一种角度看，这也是马寅初为当时中国经济发展所设计的一种工业化策略。下文还要论及。

② 均见《马寅初全集》第 9 卷，引文页码从略。

在战争阶段则要对人民消费和物价厉行统制，具体说就是要通过宣传节约意义、课税和定量分配等方法来控制人民消费和物价，以把全国物力和财力集中到军事需要上。三是强调法治是实行统制经济制度的根本前提。他认为，近代西方各国经济发展的根本原因之一是"司法的严明"，所以要依靠统制经济制度来促进中国经济发展的"先决问题"，也"在乎执行法律，在乎使法律有效"。"所谓法律，包括一切合法的口头或书面的契约和习惯。若法律不能执行，等于'死文字'。我们以后要废除'死文字'，倡行'活法律'。"这样的观点是具有先见之明的，值得当今中国的政府经济职能部门与企业管理人员学习和借鉴。

抗日战争胜利之后，我国朝野人士在反思中华民族遭受日本侵略长达15年、人民生命财产损失惨重的经济根源时，都认为这是我国国民经济仍停留在农业国状态，工业化水平十分落后所致，于是很快就形成了一种要求确定一种合适的经济制度以全速推进中国工业化建设的强大舆论。身为中国经济学界领袖的马寅初也是这种舆论的积极倡导者，他先后发表了《中国战后经济建设问题》、《中国今后应采的经济政策》、《欲挽救经济危机，非打倒官僚资本不可》、《中国目前之经济危机》、《中国经济之出路》、《中国经济之路》等文章，[①] 竭力主张运用他在抗战之前设计的统制经济的制度范式来推进中国的工业化建设。不过，可能是由于挑起第二次世界大战的法西斯德国、日本和意大利也采取了典型的统制经济制度的缘故，而且，在马寅初及中国多数经济学家建议之下，试图以统制经济或国家资本主义的制度范式来促进中国工业化建设的国民政府又因孔祥熙、宋子文等豪门显贵的权力寻租行为而培植出了带有贪腐浪费、效率低下、分配不公等弊病的官僚资本主义的制度怪胎，所以马寅初这时已不愿意用"统制经济"的提法来指代他早就为中国工业化建设设计好的制度范式，而在一再区分英美式"自由民营"制度、苏联式"统制国营"制度和法西斯德国式"统制民营"制度优缺点的基础上创造出所谓"第四条路"或曰"混合经济"[②] 的新提法。为了增强这种新提法的说服力，他还专门引用同时代著名经济学家何廉于1944年主持制订，并得到蒋介石和国防最高委员会批准的

---

① 均收于《马寅初全集》第9卷中，引文页码从略。

② 其本质仍然是他原来所说的"统制经济"。

《我国第一期经济建设原则》的条文①对其内涵进行了权威的解释。他强调《我国第一期经济建设原则》的条文与他所说的"第四路"的内涵"颇相接近",并认为由此可以看出一点:"我们不完全采用英美资本主义自由竞争的制度,亦不完全采用苏联社会主义一切国营的制度,乃提出一种混合经济的制度,国营企业与民营企业同时并进。(因为)完全用英美式的建设,是不合时代的需要;完全用苏俄式的建设,是非中国所能办到的;故不得已采用混合制,但不是漫无计划的。"他还认为,法西斯德国式旨在支撑侵略战争的"统制民营"制度虽然不能为中国所采用,但是其借此进行工业化建设的具体方法则可供中国借鉴,因为它们能够带来繁荣经济的乘数效应。

应当说,马寅初对于所谓"第四条路"或"混合经济"内涵的解释,和主持制订《我国第一期经济建设原则》的同时代经济学家何廉的经济体制思想是非常相近的,与国民政府时期主管中国工业化建设的学者型高官翁文灏的有关理论②也几乎雷同。何廉认为,中国在抗战胜利以后应当在"一个混合经济(体制)中有计划地"开展工业化建设。他坦承说:"在这个体制中,我尽力设法将政府的控制减少到最小限度。在心底里,我是反对流行的完全由政府控制的主张的。"但"我们不能完全依赖私营企业,这也是对的……有些工业,广义说来,得由政府经办,所谓社会经常资金,应由政府提供。"③ 由于马寅初、何廉和翁文灏都具有留学欧美并崇尚西方自由民主制度的教育背景和政治理念,所以他们都能在中国经济发展的制度范式上在提倡政府干预或统制经济生活的同时坚守自由放任的市场经济准则。同时,由于他们都具有显赫的学术声望和地位,并且都曾在国民政府相关职能部门中担任过重要职务,所以他们所倡导的统制经济或混合经济的制度范式也就成了影响国民政府统治时期中国工业化建设方略的重要理论依据。

---

① 《何廉回忆录》,中国文史出版社 1988 年版,第 244—247 页;又见《经济周报》第 1 卷第 3 期。

② 参阅蔡志新《民国时期浙江经济思想史》,中国社会科学出版社 2009 年版,第 377—388 页。

③ 《何廉回忆录》,第 245 页。

（二）中国经济发展的路径选择：工业化理论

马寅初不仅是民国时期中国首要的自由资本主义——统制经济的鼓吹者，而且是著名的工业化论者。换言之，他在反复提倡以自由资本主义尤其是统制经济的制度范式来推动中国经济快速发展的同时，也多次要求中国政府和民众选择西方国家开创的工业化的历史路径既快又好地推动中国经济向前发展。这不但在他的发展经济学名著《中国经济改造》一书中有着鲜明的体现，而且大量散布于他在不同年代发表的一系列文章之中，诸如《以抵制英日货代保护关税》、《不平等条约于我国经济上之影响》、《如何提倡中国工商业》、《中国农工商矿之状况》、《吾国之入超如何补救》、《中国经济上之根本问题》、《中国要早日实行工业化》、《中国经济改造之中心问题》、《中国何以如此贫弱》、《中国之工业化》、《大工业之外同时维持小工业》、《中国工业化与民主是不可分割的》、《工业革命与土地政策》、《农业工业与国防工业之连锁》，等等。[①] 综观这些文章，可以发现，马寅初除了从政治角度强烈要求废除外国对华不平等条约，打败日本侵略者，停止一切内战和国内纷争，以便为中国的工业化创造一个独立、统一、自由、民主、和平、安定的近代民族国家的良好环境之外，主要从经济角度阐发了下列工业化理论和观点：

1. 工业化的定义

马寅初深知，工业、农业、交通等产业部门以及工业的分支部门之间均存在着相互依存、相互影响、互为因果的有机联系。所以，他正确地写道："所谓工业化，意即将所有生产事业均用动力或机器促进生产之发展也。盖单纯利用人力，生产力决难望其有甚大之发展。现代生产皆以大规模为原则，规模愈大，成本愈轻，故结果愈经济……资本主义的经济制度，以利润（profit）为中心……工业化趋势，即能减少企业家之生产成本，扩大利润，或减低物价。故资本主义与工业化，实有不可解之姻缘也，亦即各资本主义国家经济发展之必有阶段。"他还说："所谓工业化，原不仅指工矿、交通、运输各方面而言，农业方面的工业化也是一样的重要。"而农

---

① 前四篇文章见《马寅初全集》第 2 卷，第五、六篇文章见《马寅初全集》第 3 卷，第七至第十篇文章见《马寅初全集》第 9 卷，第十一篇文章见《马寅初全集》第 11 卷，最后三篇文章见《马寅初全集》第 12 卷。下面所用引文，一般不再注明出处。

业方面的工业化的应有之义，就是要实现农业的机械化，"提高农场上的技术水准以抵消（因工业发展使）农业人口减少（所导致的农业减产）之影响"，"故农业机械化亦当认为工业化当然之结果"。道理很简单："我国既须走向工业化，必须稳定重工业的基础，则重工业中的机械工业不能不谋发展。我国是工业落后的国家，机械工业自难在海外觅市场……虽国内的工矿、交通、运输各方面可以容纳一部分机械工业的出品，但销数有限，不足以促机械工业尽量发展。其唯一最大的出路则在农业方面。"因此，"机械工业与农业是相辅相成的。机械工业若不能在农业方面谋出路，其发展的前途也是有限的。反之，农业不能机械化，农民的生活水准也是不能提高的，而民国工业化的问题，依然不能解决。"显然，马寅初对于工业化定义的理解是全面而深刻的。他真正触及了"工业化"的科学含义，即工业化不只是指工业部门自身采用机器化大生产和新式管理方法的狭义生产力革命，而是指工业、农业、交通等一切产业部门均采用机器化大生产和新式管理方法的广义生产力革命，而这种生产力革命的发生归根到底又是和资本主义制度密切联系在一起的。

2. 中国新式工业的由来和幼稚状况

中国传统的工业形态之一是小规模的家庭手工业。马寅初认为这种工业形态具有"所费较重"、"无一定标准"的致命弱点，无法形成经济上的规模效益，所以在鸦片战争以后难以抵挡西方国家具有"成本低廉"和"标准化"优势的机器化大工业的冲击，于是逐渐趋于解体，而无法自然演进为采用机器生产的新式工业。因此，他明确指出，中国新式工业是在"外国工商业侵入中国后"，"沉滞不进之经济社会，陡受刺激而起变化，使各方均有感觉提倡国货之必要"，乃致力于"努力宣传与推进"的情况下兴起的。易言之，他清醒地认识到近代中国的新式工业是从西方国家移植过来的，而不是从中国传统社会内部自发生成的。他举例分析说，"盖必先有外国输入之轮船，然后能有自造之轮船；有外国输入之电器用具，然后能有中国自制之电灯泡、电报机……诸如此类，不胜枚举。倘无外国之货物与技术之输入，中国经济社会恐犹是二千年来之社会，而不能有丝毫之改变。今日之得有新式工业，岂非受外国工业品之刺激而始然乎？"他进而强调，中国新式工业兴起之后，"倘能迅速推进，孜孜不息，未始不能赶及欧美"。但他根据有关调查统计得出的结论却是可悲的：直到 20 世纪 30 年代，中国新式工业的水平仍极为幼稚，不仅离欧美成熟的"工业化之程度

尚远"，与后起的工业化国家日本相比"亦深愧弗如也"。其具体表现就是
中国工厂的资本普遍薄弱，设备普遍简陋，用工人数普遍偏少，即使在全
国的工业中心上海，情况也不容乐观，"以资本论，以房地产论，以人工
论，上海所称工厂，规模皆如此之小，如何算得上工业化？"他为此大发感
慨地说，"工业化者必有大规模之生产，使全国工人大多数均能以工为终身
职业，方称合格。上海雇用工人十人以上之工厂，亦不过2750家，合计不
过27000余人，如何能吸收农村之多数农民乎？凡此皆为中国工业化之程
度低下之事实也。"与此同时，他还指出了当时中国新式工业落后的另一种
表现："今日之中国为工业资本大乎，抑商业资本势力大乎？由大体观察，
工业尚不敌商业，资本家商业上巨大之盈余，往往为工业之折损亏去。著
名之买办阶级固为商人，外人在华设立之大洋行，亦多系中外贸易之媒介
机关也。华商之企业如先施、永安等百货公司，其自身之制造事业，几无
足道。故中国尚在商业资本时期，国货工业太微弱。"

3. 中国工业化的策略

基于自己对工业化定义的科学理解以及对中国新式工业由来和幼稚状
况的实证分析，并结合近代中国的基本国情和曲折多变的时局背景，马寅
初为中国的经济发展设计了一套比较系统的工业化策略。这套工业化策略
主要涉及工业化的市场结构、资金来源、产业结构、产业布局等四个层次
的问题。其中既有始终如一的基本原则和坚持，又有因时因地制宜的细微
变化和调整。

其一，在中国工业化的市场结构上，马寅初一再主张利用限制进口、
奖励出口的关税壁垒和使用国货、拒用外货的选择性消费方式来扭转近代
中国外贸的长期入超态势，以确保中国幼稚产业特别是民族工业的国内市
场份额，同时提高中国出口商品在国际市场上的竞争能力。当然，在要求
中国政府和民众具体实施这种工业化方针时，他的主张又会因为中外政治、
经贸关系的起伏变化而呈现出阶段性的变与不变的特点：一方面，他在20
世纪20年代要求利用关税壁垒来扶植中国幼稚产业的发展时，首先强调要
实现中国的关税自主，然后才提到要利用关税壁垒保障中国幼稚产业的国
内外市场份额，而在20世纪30年代中国基本实现关税自主之后则着重宣传
后者的积极作用，此外他在一再要求开征高额进口税以限制外国消费性商
品进口的同时，对于中国民族工业发展所急需的外国机器设备等生产性商
品则始终要求给予低税进口的优待；另一方面，他在20世纪二三十年代中

国民族民主革命日益高涨的历史阶段，主要号召中国人民拒用英国货和日本货，因为英国和日本是 20 世纪 20 年代帝国主义阵营压制中国民族民主革命的急先锋，而日本帝国主义在 20 世纪 30 年代更是悍然发动了侵略中国的非正义战争，而到了 20 世纪 40 年代后期，他则着力号召中国人民拒用美国货，因为当时美国政府不仅帮助以蒋介石为核心的国民党右翼集团发动不得民心的反共内战，而且在"中美友好，自由贸易"的幌子下向中国市场大量倾销其过剩商品，结果使得中国民族企业纷纷破产。

其二，在中国工业化的资金来源上，马寅初曾在《中国经济改造》一书中估计 20 世纪 30 年代中国开展以轻工业为中心的工业化建设约需 162 亿元巨款，然此"非专靠华资所能为力，势必要利用外资以发展交通，开发富源，方可收事半功倍之效"。他同时指出，中国今后要利用外资发展工业，就必须改变过去欲利用外资反"被外资利用"的流弊。为此，他强调要按照平等互惠的原则利用外资，并改变过去外商直接"以钱"来华投资办厂的形式，而代之"以中国所不能自制之货物如钢铁等类"的实物资本，"俾中国之建设事业，早日完成"。这种善用外资的方式可以免除中国过去直接利用外资时须受外国银行团束缚，须提供担保品、高额佣金和折扣，而且资金易被移用的弊病。简言之，这种必用外资、善用外资的工业化方针不仅反映了马寅初要着力消除中国工业化资金瓶颈的迫切心情，而且他在不同的时期和场合都曾予以反复论及和强调。如早在 1918 年任教于北京大学时，他就公开指出："今日中国之患，不在乎人满，而在乎无资……故今日吾国所亟宜讲求者，乃利用外资问题……夫外资非不可用也，用得其道，国家兴焉，人民之幸福增焉。不观乎美利坚乎？交通之便，农工商业之盛，何莫非外资与人力所助成乎？美能利用外资致富，而吾岂独不能哉？"[1] 1921 年，他又跑到上海发表演讲说，"中国有地产……只缺少资本。假使有了资本，拿它来振兴实业……中国定有富强的希望……取得资本，可有两种办法：（一）取于国外的；（二）取于国内的。取于国外的，便是借外债，诸君要知道借外债不是一定坏的。"[2] 而在 1935 年出版《中国经济改造》一书之后数月，他就在题为《中国要早日实行工业化》的演讲中重申前言说，"中国举办工业，要利用外资，不为外资利用"，因为"我国以

---

[1] 《中国之希望在于劳动者》，《马寅初全集》第 1 卷，第 241 页。

[2] 《中国的经济问题》，《马寅初全集》第 1 卷，第 506 页。

前借用外款，都是为外资利用而非利用外资"。1944 年底，在中国抗日战争快要胜利之时，他强调："欲谋中国之独立与生存，必先使之工业化。欲使之工业化，必先利用外资与技术"。抗战胜利之后，他又指出，中国"对于外资利用，则依照平等互惠、国际经济合作之精神，在不妨碍主权及计划实施之前提下，以各种方式加以吸收"。

其三，在中国工业化的产业结构上，马寅初多次撰文论述了一条具有系统论特色的工业化策略——"工农并重"、振兴农业。其基本逻辑之一是始终立足于农业、工业的有机联系和中国是一个农业国的经济国情，强调振兴农业是中国实现工业化的先决条件。如果联系 20 世纪 20 年代至 40 年代中国学术界持续多年的重农学派和重工学派的论战①来分析这条工业化策略，则可以发现它实际上是马寅初试图调和两派各执一端的经济发展主张的结果。

早在 1926 年，马寅初就撰文指出："吾国在实业上为后进之国……国内工业，当以抵制外货与供给国内之需要为前提。夫工业出品，既须销售于国内，则当先求人民之购买力，否则货不畅销，焉能望实业之发展耶？……全国人民，十之七八，以农为业，自必使农民于其生活之外，尚有余力可以旁及，换言之，必先增加农民之购买力，而后实业乃得充分发达……"因此，他主张通过振兴中国农业来为中国工业的发展开辟市场销路。如何振兴中国农业呢？他以"手段过激，势必引起极大之反动，殊非中国之福"为理由，反对共产党的没收地主土地"平分"给农民的土地革命主张，而极力要求通过"应用科学方法"消除水旱虫害和兴办农业合作社来"提高农民之生产力"。当然，这时他也主张依靠适度的土地改革来促使中国农业振兴，但又保守地断言中国的土地改革"只有禁止兼并，限制占有额之一法"。一言以蔽之，马寅初这时虽未明确提出"工农并重"、振兴农业的工业化策略，却变相地提出了它的具体实现机制，即要求依靠农业技术和农业组织的改良以及适度的土地改革来振兴中国农业，进而促成中国工业的发达和工业化目标的实现。当然，在振兴中国农业的基本方法

---

① 又叫以农立国派和以工立国派的论战或关于中国经济发展道路的争论。其论战详情可参阅李向民《大梦初觉——中国的经济发展学说》，江苏人民出版社 1994 年版，第 160—164、237—240 页；孙智君《民国产业经济思想研究》，武汉大学出版社 2007 年版，第 126—129 页。还可参阅张宪文《中华民国史》第 2 卷，南京大学出版社 2005 年版，第 456—457 页。

上，他这时看重的是农业技术和农业组织的改良，而不是 20 年后他所看重的土地改革。①

　　到了 1935 年，马寅初依然反对共产党的土地革命主张，但也明确提出了"工农并重"、振兴农业的工业化策略。他在《中国经济改造》一书中"反复申论"这样的观点："欲解决农民生活问题，只有一面复兴农村，提倡工业，使一部分农民得在工业上谋生活。一面开垦荒地，增加每户农家享有之亩数，以维持其生活，且重农亦必须重工，否则农产品在工业上之需要，不能增加。而重工亦必须重农，否则工业品在农村中之销路，不能推广。故农与工两者相依为命，不可偏重。"此后数年，他又针对 1935 年前后重农学派和重工学派的论战一再论述道："现在一般学者研究中国经济的复兴，有两派主张。一派是重工，说中国穷困到此地步，是受产业革命的影响，应发展工业，以免受经济的侵略。一派是重农，说中国（人）85% 是农民，如果重工，生产的工业品，没有人购买，工业是靠不住的。这两派都有理由。其实讲起来，工农有时可以并重。比如工业方面制造糖、油、布……多数还是要销往农村，原料品也是农作物。这是工靠农。同时农民的甘蔗可以制糖，棉花织布……如果没有工厂，这些大量的生产品原料，势必没有销路。这是农靠工。由此看来，工与农如'四海之内皆兄弟'，自当同时进行，不可偏废。""现在学者对中国重农重工各有其说。主张重农的，以为中国人民 80% 是农民，应设法改良农业，方求以农立国。主张重工的，以为顺应世界潮流，以求自力更生，与各国并存于世界，应侧重工业。但我的主张，应工农并重。其理由就是农靠工，工靠农，互相依靠，也就是合作……农工相互关系很明显，偏重农或重工之说，实不能成立。有调剂之条件，农工并重，较为妥适。"不过，他的观点似乎也偶有反复。如他在 1935 年冬说，"中国科学落后，内部生产方法不良，外部列强压迫。重农不能富国，世界上断没有重农富国的国家。"然后，他运用经济学上的规模报酬理论分析说，传统的农业经营由于规模偏小，存在着"劳力、资本愈费得多，报酬的获得愈减"的"报酬递减"现象，"所以重农是不能富国的"；而近代工业却因经营规模大而存在着"出产愈多，消费愈多，所得报酬则愈多"的"报酬递增"现象，"所以中国要富强，也必须

────────────

①　20 年后，他不仅要求通过土地改革来振兴中国农业，而且把土地改革说成是实现中国工业化的先决条件。

重工"。由此看来，他实际上只是从工业化或工业富国的角度来强调中国"重工"的必要性，其中隐含了对当时重农学派片面要求中国"以农立国"的批评，也不像当时的重工学派那样片面强调抛开农业来发展中国的工业，因此并没有背离他再三阐发的"工农并重"、振兴农业的工业化策略。

抗日战争时期，马寅初继续信守"工农并重"、振兴农业的工业化策略。如他曾为展望抗战胜利之后中国工业化的前景而告诫中国的实业家说，"农业不振兴，实业亦决无发展之可能。如等于人口80%的农民无购买的能力，试问实业界所制造出来的商品，谁来光顾购买？"为此，他特地引用当时美国副总统华莱士对于中国工业化的建议作为论据，即所谓："中国应工业化，但任何工业化，必须以农业建设及土地改革为其基础。盖中国主要为一农人之国家，余于访华期间观察所及，彼等乃善良之农民，但彼等需要一更生之机，此即新政是。"然后，他又援引日本因工农业发展失衡致使农民无力购买过剩的工业品，从而不得不靠发动侵略战争来抢占别国市场的恶劣先例提醒中国的实业家说，必须吸取日本的经验教训，切实"努力于农业改革"以"增进农民的福利"，因为只有这样，中国的"实业方可向康庄大道迈进"。但这时他并未明确论述"农业改革"的内容是指农业技术和农业组织的改良，还是指更为重要的土地改革。

1946年，在抗战胜利以后"工业化的推进"已成为举国一致的强大舆论的影响下，马寅初终于提出了"土地改革是（中国）工业革命的先决条件"的正确观点。[①] 为了增强说服力，他再次引用美国副总统华莱士对于中国工业化的建议支持这一观点说，"华莱士所谓'新政'即指土地改革而言。足见盟邦的各学者对于中国工业化的推进，与吾人有同样的见解。"在此基础上，他进而提出了旨在实现包括中国农业机械化在内的全面工业化目标的土地改革方案——"减少小农场，建立大农场"。其理由是中国传统的小农经营不利于农业机械化的实现。"但大农场怎样建立呢？"他的回答是："由政府设立土地银行，发行土地债券，备价征收每个农场所需要的土

---

① 这一观点纠正了他在20年前提出的中国农业改革（或振兴）方法的理论错误，就是将他早就提出的中国农业改革的基本方法从治标性的农业技术和农业组织改良调整成了治本性的土地改革。因为无论是世界各国工业化初期的历史经验还是近代中国农业改革的客观要求都表明，土地改革才是工业化初期解放和发展农业生产力的根本途径与前提，而农业技术和农业组织的改良仅仅是工业化初期解放和发展农业生产力的必要途径与补充。

地面积或在乡镇普设地方公营农场或发展农民合作耕作，农民可以分若干年向政府偿还地价。"至于大地主的土地，"既被征收去作大农场，其所得的土地债券"就可因调换成国营企业股票而"改投于工商业"，从而使其"不致阻碍征收土地以建立大农场的倡举"，农业的机械化亦可加速实现。如此行事，真是一举两得，中国工业化的"建国前途，庶乎有望"达到。应当说，上述土地改革方案比他在 1926 年提出的"禁止兼并，限制占有额"的保守方案大大前进了一步，但其本质仍是一种类似于孙中山先生平均地权纲领的温和主义的土地改革方案，即两者的要旨都是希望运用政府核定地价、赎买土地的和平方式，①来解决近代中国久拖不决的土地分配问题。如果说与共产党强力没收地主土地分给农民的土地革命路线相比，马寅初在 1946 年提出的温和主义的土地改革方案因条件不成熟而无法实施，即使实施也无法解决近代中国久拖不决的土地分配问题的话，那么在今天中国土地公有、农民依法享有土地经营权的良好条件下，这种土地改革方案对于加速实现中国农业的机械化、现代化和整个国民经济的工业化、现代化依然具有重要的理论借鉴意义和实际应用价值。

值得肯定的是，马寅初在 20 世纪上半叶不仅始终信守"工农并重"、振兴农业的工业化策略，而且由此提出了另一条要求优先兴办轻工业和交通、能源、水利等基础产业的工业化策略。其基本逻辑是根据当时中国的资本、劳动、技术、矿产等经济资源或生产要素的实际情况和工业化建设的迫切需要，要求妥善处理中国工业内部轻重工业发展、民生与国防工业发展以及各种基础产业和中高端产业发展的比例关系，以便在突出重点、协同推进的产业关联机制下逐步实现中国的工业化。

1935 年 1 月，马寅初在《中国经济改造》一书中在谈论中国的工业统制政策时实际上已大致提出了优先发展轻工业和交通、能源等基础产业的工业化策略。②同年 8 月，他又发表《中国要早日实行工业化》一文，明确从中国工业化的角度提出了这一策略。他强调："现在我讲的工业化，是要先提倡轻工业，因为各种重工业需要资本很大，并须有很精良的专门技术，如是样样都要举办，以中国的力量，实一时不易办到。所以我主张，除了国防需要的重工业必须举办外，要从轻工业先行办起。"然后，他又在综合

---

① 两者的区别只在于是用举债，还是征税的手段赎买土地。
② 《马寅初全集》第 8 卷，第 62、191 页。

考察工农业的有机联系、我国经济资源状况和传统优势产业的基础上确立了优先发展中国轻工业的四项原则：第一，所办的轻工业必须与农村有密切关系；第二，对于我国固有的优势轻工业如江西瓷器业，要优先提倡，力谋发达；第三，要先行举办那些花费资本较少、雇佣人工较多的轻工业；第四，轻工业的出品要普遍适用，且为农民购买力所能担负，以便推广。同时，他还主张优先发展煤矿、交通、电力和水利等基础产业，其理由是这几种产业都和工农业发展及国家利权关系甚大。

　　1944 年和 1946 年，马寅初又在《中国工业化与民主是不可分割的》、《农业工业与国防工业之关联》这两篇文章中，以美国著名水利专家萨佛奇提出的中国借外债修建长江三峡水电工程的计划为例，反复论述了优先发展水电工程这一基础产业以及轻工业对于振兴农业、重工业和国防工业的重大意义。他写道，如果中国政府能"立即实施"该计划，则多达 3.6 亿亩的田地就可得到灌溉。"再以若干万千瓦的电力制造肥料，以半数作（所借外债）还本付息之用，以半数留在国内自用，则土地生产力之增加，就是农民的收入增加，其购买能力当然亦随之而提高。有的要建筑新屋，购买砖瓦钉钩。有的要多制新衣服，购买棉花、布匹。所以砖瓦厂、布厂、纱厂、铁厂以及运输机关等等都要扩大生产，多雇工人。这些增加的人工，叫做主要就业。这些工人大都是从农村中来的，他们得到了工作，收入增加，对于衣食住行的享受，又比从前增加……如此一来，消费水准便提高了不少。至于一般公司，工厂的股东及办事人员因生产事业有利，多赚了钱，也扩大他们的消费……于是汽车制造厂、收音机制造厂以及建筑公司等等都生意兴隆，扩大营业，多买材料，多雇工人，结果加大了消费市场。这种增加的工人，叫做附从就业。推而广之，糖厂必多制糖……所有轻工业便蓬蓬勃勃接二连三地发达起来。于是各厂比多向农人多买甘蔗、棉花……而农人又获利了，农民的生活水准又提高了。如是因果循环，彼此相互刺激……增加了社会上各阶层的收入，达到了皆大欢喜的境地。不特此也，轻工业既然崛起，就需要各种各样的机器以及工具，则制造机器、钢铁等重工业方有出路。轻重工业能立足，则国防工业有基础。平时制造天然丝织品厂，在战时可以改制降落伞……平时之硫酸铔厂，在战时可以改制炸药……美国之所以能于极短的时期内，完成如此强大的毁灭能力，其故在此。所以计划民生工业时，应注意国防工业所需要的条件，（否则）一到战时如何能参加国防生产。"显然，马寅初在这里不仅运用凯恩斯主义经济学的赤字财政理论①为我们生动地描绘了一幅中国民众充分就业，总供给和总需求保持平衡，各产业均在赤字财政投资所导致的乘数效应的刺激下蓬勃发展的理想经济图景，而且从中国工业化的角度深刻揭示了国民经济各产业之间的内在关联机制，以及水电工程等基础产业和民生轻工业因这一关联机制而带动其他产业和国防重工业发展的强大作用。

　　此后，马寅初在 1947 年发表的一篇文章中对他提出的两条工业化策略做了字面上的归纳和总结。他把"工农并重"、振兴农业的工业化策略归纳为"农工配合"的四字方针，而把优先发展轻工业和交通、能源等基础产业的工业化策略总结为"集中力量"的四字箴言，并从总体上对两者做了言简意赅的理论分析。他说："余以为中国不欲独立则已，如欲独立，至少限度必须办到吃自己的米，穿自己的布。此不但应在农业方面着想，工业方面的重要性亦是一样。"中国"不但农工应配合发展，尤须于短期内集中力量于重要之事业，不重要者暂时可以缓办，故方法与目的，应严加选择……中国于人才、资本两感缺乏，不能事事顾到，只能集中力量于几种重大之事业，否则资本、人才若过于分散，一事不成，两不相济，非计之得也。"然后，他以孙中山先生在近代中国第一部系统的工业化方案《实业计划中》提出的"择其需要之最切者"，"择其阻力之最小者"，"择其地位之最适宜者"，"择其事业之有近利，可以招致外资者"而办之的四大建设原则为论据，着重分析了我国应当优先发展铁路建设的理由："铁路为最有利之事业，亦为人民所最需要，路线可以就地点之最适宜者而决定之。此前筑路完全由外人操纵，决定路线，毫无计划。现在国人已自能造路，路线当然亦可由我自定。此事有利于民而不与民争利，必为人人所欢迎，故其阻力必小。"由于我国是一个广土众民但耕地资源特别稀缺的国家，而我国当今的铁路建设与 1947 年相比虽已取得了巨大的进步，但还不足以支撑现代经济社会的可持续发展和满足人民日益增长的出行需求，所以重温马寅初在 60 多年前提出的中国应当优先发展铁路建设的主张仍然十分必要。

　　其四，在中国工业化的产业布局上，马寅初主要针对近代中国工业及其他新兴产业均集中于上海等沿海城市的产业布局缺陷，以及因应全面抗日战争的紧急需要，而提出了一种强调将沿海工业迁入内地发展，大规模

---

　　① 手段之一即为政府通过举债兴办水电工程等基础产业来刺激消费，扩大就业。

城市工业与小规模农村工业要均衡发展的科学策略。

他在1936年撰文指出："无论为解决（经济）恐慌或对付战争，中国之经济力量均不可再集中于上海；不但不可再集中于上海，更应减少上海集中之程度。因过度集中上海，不但内地经济复兴艰困，战时之被□□①（毁灭）危险更大……将来局势姑不必论。单就目前论，全国精华集中上海，上海唯一屏障之吴淞炮台既毁于一·二八之役，上海区域又不能驻兵，不但不能驻兵，武装军队亦不能经过。以如是精华之区域，不能得国军之保护，前途危险不堪言状……吾意将来上海仅可成为商业区，因商业易于迁徙，紧急困难时易于避免，可以减少损失，工业则固着于地面，一时殊难移动。故为避免危险计，应使上海工业迅速迁入内地。"同时，他还提出了要求立即在广大内地或农村发展小规模轻工业的产业布局计划。其理由则是："吾提倡内地小工业，并非即为排斥大工业之提倡。盖必需之大工业如钢厂、铁厂、三酸厂基本工业，自亦不可不急起直追，尽先筹设，但因资本缺乏，总不能事事采用大量生产之规模。如是要采用大规模的生产，纵使有外资可以利用，五六亿元固不足以济事，即使多至五六十亿元亦不足用。故就轻工业言，大量生产与小规模的生产两相比较，权衡利害，与其在上海或其他大都市经营大量（之）生产，不如在内地经营小规模的生产为有利。"他进而强调："如能照余上述计划逐一实行，中国实业能分散于内地，不但不再偏重上海，且可打倒上海，使其失去今日之重要性。如是敌人炮火虽强，终不能将我全国轰毁。彼如用飞机飞往乡村轰炸，命中不易，其弹药之损失或尚不及所轰毁物之价值。多山地带，如四川等省，飞机且将完全失去效用，彼又奈我何？"

1938年，在上海等沿海工商业都市已经沦陷于日本侵略者铁蹄之下，而"战后中国生产工业化"亦被国民政府定为"国策"的情况下，他又撰文指出："欲推进工业化，当然以大规模的工厂、工业为骨干，则原有小工业应如何经过有组织的改变，使与大工业配合，继续生存，实是一个重要的问题。若不此之图，而于新的工业尚未造成而旧的工业弃若敝屣，国计民生受害不浅。"为此，他重申两年前提出的在广大内地或农村发展小规模轻工业的产业布局计划说，"对于目前需要之重工业如钢铁厂、造船厂等

---

① 原文如此。

等，轻工业如纺织厂、面粉厂等等，固须竭力提倡，但为农村副业之轻小工业，亦可设法利用之……今后我国轻小工业，大可散之内地"。然后，他具体列举了实行这种产业布局计划的 17 条理由及好处：（1）利用水力发电；（2）利用内地乡村女工；（3）工人易于招募；（4）工资低廉；（5）资本额减少，筹集较易；（6）环境比城市工业区卫生；（7）钱庄普遍，融通资金较便；（8）内地地价甚廉，设小规模工厂甚易；（9）法币流通因此顺畅，可免通货膨胀之弊；（10）大工业关系全国经济者甚大，一旦失败，会引起经济恐慌，而小工业则不会；（11）可使劳工地位提高；（12）在小工业中仍有保留手工业之必要；（13）沿海都市资金可以流入内地；（14）人才可以疏散；（15）小工业不必事事使用机器；（16）可建立和谐的劳资合作关系；（17）适合中国人根深蒂固的家族乡土观念。

显然，上述产业布局计划或策略不仅与马寅初提出的"工农并重"，优先发展轻工业和基础产业的工业化策略以及统制经济的制度范式有着内在的逻辑联系，而且为抗日战争时期我国沿海工业内迁运动和大后方工业建设以及 20 世纪 80 年代中国乡镇企业异军突起的历史实践和成就所证明，对于今后我国产业布局和产业结构的合理化调整也具有永恒的历史借鉴意义。

4. 中国工业化的美好前景

马寅初在提出和论述各种工业化策略的同时，也对中国工业化的美好前景充满了信心。他认为中国工业化一旦实现，必将为中国自身以及与中国友好交往的西方发达国家带来巨大的经济利益。

一方面，他强调中国实现工业化之后必将成倍提高中国人力物力资源的投入与产出效益，也就是"必充分将人的智慧转至机器，使机器代替人工作"，"彼以天然动力来替代人力"，进而使中国各产业部门的"生产量大大增加，即每一单位人力之生产效率亦大大地提高"，使"产品的成本大大地减低"。他还举例论证说，根据美国水利专家萨佛奇设计的长江三峡水电工程计划，中国如向美国借得 14 亿美元的贷款来在湖北宜昌一带建立一个装机容量为 1350 万匹马力、年发电量高达 1056 万千瓦时的大型水电工程，既可免除万年一遇的长江洪水，又可灌溉 6000 万英亩农田，还可使万吨巨轮从上海直达重庆，其运量因之大增，而运费却大减。同时，这一大型水电工程还可建立一个以宜昌为中心，覆盖华东、西南、西北、华北等地区的庞大电气网来推动中国工业化的实现。如果用该水电工程年发电量中的 500 万千瓦时的电力生产肥料，作为偿还美国贷款之用，只需 15 年就可还清，而用其余的 556 万千瓦时的电力发展各种工业，足可使中国人力物力之效率"大大地增加"。

另一方面，他又指出，中国实现工业化之后，对于和中国友好交往的西方发达国家如美国而言，"中国巨大消费潜在力将转化为实际的市场，尤其是工业商品和服务的市场"。这样，美国等西方发达国家大量的剩余资本和商品都会在中国找到消纳的广阔场所，从而解决它们因国内生产力过剩而发生经济危机的困扰，解除其国内工人担心失业的苦恼，并可以促进全球经济在平等合作、持久和平的国际贸易和政治环境中均衡地发展。

第五章　经元善的经济思想

经元善（1840—1903），字莲珊，浙江上虞县（今绍兴市上虞区）人，清末著名企业家、慈善家。年轻时即在上海继承父业经营钱庄。光绪四年（1878）在上海首创协赈公所，组织江浙沪绅商义赈，坚持十余年，募集善款数百万，屡次受到清政府表彰。光绪六年（1880）被李鸿章招为上海机器织布局驻局专办、商董，并计划和人合资创办纺织厂，因故搁浅，两年后出任上海电报局总办，后来又协助盛宣怀、张之洞筹办徐州利国煤铁矿局和湖北织布局。光绪二十六年（1900），因和蔡元培等人联名通电请求西太后撤销废光绪帝、立溥隽为储之命而遭通缉，被迫逃亡澳门，但又被澳（葡）当局监禁。不久出狱，编著《居易初集》，另有《趋庭记述》等作品传世。1988 年，其遗著被人汇编为《经元善集》出版，这是目前为止研究其生平及经济思想的权威资料。

经元善的经济思想主要包括赈济思想、振兴商务论、经营管理论等三个部分。

一　赈济思想

经元善的赈济思想主要体现在 19 世纪 70 年代至 90 年代他撰写的几篇专题文章之中。其内容可归结为以下几点：

一是主张用节省开支的办法赈灾。经元善以"善恶报应，一定之理"的宿命论哲学为理论支点，号召未遭灾之人用节省开支的办法积极赈灾，因为"救人之荒必可免己之荒"。但有人质疑说，个人节省开支赈灾是"杯水车薪"，无济于事。经元善为此指出："中国舆图二十余行省，今即以十八省计算，全荒者四省，各处偏灾祈作两省，尚有未荒者十二省，每省扯六十州县，每县扯人十万，每人每日省钱一文，每日可得钱七万二千千文，通年可省钱二千五百九十二万千文。国家之发帑不计也，殷富之输将不计也，邻国之移粟不计也。果能涓滴归公，又何不可救？"他还针对有人发出的"吃惯用惯，骤然何能减省"的疑虑强调说，无论什么人，只要肯"降而下之"，即适当降低消费水准，就能省下钱来赈灾，因为他们未受灾，再怎么减省，也"断断乎减不到"灾民之景况。此外，经元善认为各地应当省下"迎神赛会、演戏、烧香、寄库"等活动的靡费，"移作赈济"之用。他也承认"要劝天下人个个减省出钱（赈灾）"是一大难题，但他又认为可用一个办法破除这一难题，即"人人存一个不救荒不能保不荒，不能弭祸患，舍此别无门路之心，你劝我，我劝你，结成一团善气"，这样，"必能感召祥和，五风十雨"，使"已荒者可救其不荒，未荒者可保其不荒，作一世太平百姓，安安逸逸"。① 他其实是在呼吁人人都要心存善念，都有责任通过营造"我为人人，人人为我"的社会氛围来完成捐资赈灾的善举。这一见解虽然杂织着宿命论的色彩，却也闪耀着辩证法的睿智光芒，不仅有助于慈善事业的发展，而且有利于整个社会的和谐安宁。

二是主张赈灾和治水兼顾。一般而言，发生洪灾时，人们首先关注的是灾民的救济，而后才考虑到水患的治理，即便有人首先考虑到水患的治理，但仓促之间也只能消极防堵，而不能积极疏导。清末直隶省的地方官在洪水来袭时就是这样做的。经元善对这种消极的治水之法持强烈的批评态度。光绪六年（1880）夏，他在亲赴发生洪灾的直隶省赈灾的过程中发现，"直隶之水，源派繁多，宣泄不畅"，但当地官员"不事疏导，专事（筑堤）阻遏"，结果"堤身既高，河身与之俱高"，而"田地因之益低"，"迨至河既高于田数倍"时，洪水乃冲破堤防，一泻千里，给老百姓造成无穷祸害。所以，当地"舆情，咸以为小民之困于水者十之三，困于堤者十之七"，他也因此尖锐批评当地官员的"专务堤工"，看似"卫民"实则"殃民"，"名为利而实为害"。② 他还指出："若不将水势导之通畅，蓄积之水未涸，新发之水又来，是负薪而救火，赈无了期。"③ 也就是说，如果不积极地疏导洪水，而只是消极地防堵，就会使得救灾工作事倍功半。进而言之，洪水泛滥时，要想使救灾工作迅赴事功，单纯地放款赈济是不行的，

---

① （清）经元善：《急劝四省赈捐启》，虞和平编：《经元善集》，华中师范大学出版社1988年版，第4—5页。

② 《畿辅水利专事堤工似利实害说》，《经元善集》，第23—25页。

③ 《述北直水利书》，《经元善集》，第27页。

还应当积极兴修水利，以求标本兼治。经元善对这个道理也作了透彻的分析："观目前直灾之景象，不办河工，放赈是无底之壑，久而久之，难以图存。譬如一失业之人，无衣无食，赠之财而得暂时饱暖，果惠矣。财尽则仍冻馁，诚不若代觅生理，使得自食其力之可以长久也。……畿辅为天下重地，水利系救灾急务……"① 简言之，这是经元善在准确分析直隶水灾成因的基础上宣扬的又一个具有辩证意蕴的慈善观点：赈灾和治水必须兼顾。正是根据这一观点，经元善还提出了受到晚清早期维新派思想家郑观应"言皆切实，虑极周详"② 之赞誉的一条治水方略——"居今日而筹水患，惟有广开新河，宣泄积涝，排决归路"。③ 显然，当时，只有实行他的这一治水方略，才能真正做到兴利除害，赈灾救民。因此之故，著名的《申报》也特地刊发评论，称赞经元善"述水利之亟宜兴修者，条分缕析，朗若列眉"，其"改办赈为治河"之策，确能"成一劳永逸之谋"，为灾民"种无量之福"。④

三是积极倡言义赈，主张用义赈弥补官赈的缺陷。官赈是中国传统的赈济方式，在赈灾事业中长期扮演主导角色，居功厥伟，但也具有经营粗放，易生浪费、舞弊情事，常因政府财政困顿而难以为继的缺陷。晚清时期，由于政府财政持续困难，官赈的缺陷表现得尤为严重。于是，以民捐民办为原则，以集约、廉能、灵活为优势的义赈便大行其道，结果既有效弥补了官赈的缺陷，又引发了一股倡言义赈、弘扬义赈的思潮。而以创办协赈公所、组织义赈闻名的经元善，则是这股思潮的积极鼓吹者。光绪十八年（1892），他专门发表文章比较官赈和义赈的优劣，并鉴于官赈吸取义赈长处反使义赈衰微的事实，鼓吹要用"官义合一"的方式，以义赈来弥补官赈的缺陷。他指出："北省饥民，惯吃赈久矣。凡遇官赈，不服细查。有司虑激生变，只可普赈。以中国四百兆计之，每县三十余万，倘阖邑全灾，发款至二万金，已不为菲。而按口分摊，人得银五六分，其何能济。义赈则不然，饥民知为同胞拯救，感而且愧，不能不服查剔。查户严，则去其不应赈者，而应赈者自得实惠矣……然而戊寅晋豫巨灾，苏扬沪设立

① 《述北直水利书》，《经元善集》，第 27 页。
② 夏东元编：《郑观应集》上册，上海人民出版社 1982 年版，第 146 页。
③ 《畿辅水利专事堤工似利实害说》，《经元善集》，第 25 页。
④ 《阅经君莲珊述北直水利书后》，《申报》1880 年 6 月 14 日第 4 版。

协赈公所，筹募义捐甚旺，今则日渐寥落。核其原因，一则近来遇灾省份，官中亦……仿效义赈办法，印册劝募，又立可请奖，招徕较易，富室巨款，悉归官捐。一则从前各省协赈，凡有巨款，发交义赈公所，今则大吏以应被灾省份告籴之请，一迳直解矣。夫为善不同，同归于济，何必自我出之。所患者，官赈不能如义赈之细查户口耳……所愿各省官绅善长，不惟其名惟其实，欲酬心愿，悉入义赈，功德倍蓰。但义赈查户，人手亦少……愚见或即择诚笃好善，能耐劳苦之贤员，前往被灾之省，就款多寡，任办一县或两县。此省人员到彼省，即可名曰义赈。委员选带朴诚司事，均照义赈章程，严查户口，躬亲散放，不假胥吏之手。如是……则通力合作……官义合而为一，可谓意美法良矣。"① 经元善在这里只是委婉地批评了官赈的缺陷，而未否认官赈的长处，并认为应使其和义赈合一，以切实提升赈灾的成效，但他立论的侧重点显然是在强调义赈的优越性和合理性，强调要用义赈来弥补官赈的缺陷。其实质就是在大力鼓吹和提倡义赈，试图使之变得更加灵活可行。这种赈济主张潜在地反映了他想主宰社会事务的近代资产阶级意识。此点也明显地体现在他提出的义赈系"民捐民办，原不必受制于官吏，而听其指挥"② 的赈济主张上。

二　振兴商务论

振兴商务论是王韬、马建忠等晚清早期维新派思想家所宣扬的一种重商主义的经济发展理论。其内涵主要是突出强调商业在国民经济各部门中的主导地位，并以此为根据，要求清政府实行保护商务政策来促进中国工商业尤其是对外贸易的发展，以扭转外贸逆差，推动中国国民经济的整体进步和繁荣。但这种经济发展理论不是晚清早期维新派思想家的专利，和他们生活在同一时代的很多中国企业家也持有类似的主张和见解。经元善就是其中之一。他不仅和王韬、马建忠等晚清维新派思想家一样分析了中国商务衰败的宏观原因，而且和他们一样要求清政府实行保护商务政策来推动中国国民经济的发展和繁荣。经元善认为中国商务衰败的宏观原因有两个：一是"中国商务自秦兼并以来"就得不到政府的重视，"于是官不为

---

① 《筹赈通论》，《经元善集》，第118—120页。
② 《送两弟远行临别赠言》，《经元善集》，第12页。

之经理习而久焉，官商两途判若天渊，以致情意隔阂而不相通"；二是"泰西各国官商一气，不惮越国鄙远，国家又复悉力保护，是以所向有功，无往不利"，致使"中国海禁大开"之后，外贸"漏卮之巨每岁何止亿万，即洋布一项，已有三千余万之多"。所以，他对清政府大声疾呼："（中国）倘再安常蹈故，必致日渐困穷，亟宜仿效西法，收回利权。"① 这是要求清政府仿效西方国家，实行保护商务政策来扭转外贸逆差，促进中国国民经济的发展和繁荣。必须肯定的是，经元善所说的"仿效西法"，并不是要清政府全盘照抄西方国家保护商务的具体做法，而是强调应结合中国的国情和实际来仿行西法。他指出："中国商务呆仿西法，欲望开辟利源，收回利权，民富则君不至独贫，戛戛乎难之"；中国欲振兴商务，"又须参酌中西，因地制宜，若一概则效西法……必难同轨合辙"。他还举例分析说："中国仿设银行，只有化钱庄、票号为合众公司，方能历久不敝。譬诸俄美两国政治，各行其是，不能从同，亦由因地制宜使然。"②

在呼吁清政府实行保护商务政策的基础上，经元善还提出了落实这一政策以推动中国国民经济发展的两项重要举措：

一是减免民族企业的税收。税收是政府财政收入的主要来源，也是政府调控经济运行的重要手段，对于民族企业的成长和发展具有举足轻重的影响。经元善深谙此道，故而他在协助盛宣怀、张之洞等洋务派官僚筹办有关民族企业时，一再主张用减免税收的办法来扶持这些企业的发展。他在协助盛宣怀筹办徐州利国煤铁矿局时指出，"天下钱漕之额莫重于江苏"，"天下关卡之税莫苛于淮徐"。在流经该地的运河两岸，税卡林立，"沿途闸官吏更有需索，每船货物综计关税厘金、胥役饭食、闸员私费等项，较本价且逾数倍。（是）以运河之商贩裹足，致土货不能出，外货不能入，而民生日困也。若洋货洋票，则又不敢过问，岂非真不平之事乎"。而且，利国煤铁矿"本为海军衙门奏开铁路之需，照例应当免税，即所余之煤铁运往四方销售，亦藉夺洋铁洋煤之利"。因此，他建议盛宣怀奏请清政府，对利国矿所产"煤铁暂免关卡税厘十年"，"十年之后，如果办有成效"，则对其"只完税厘一道"，每吨征银三钱，"任其运至各埠，概不重征税厘及落

---

① 《上楚都张制府创办织布局条陈》，《经元善集》，第100—101页。
② 《中国创兴纺织原始记》，《经元善集》，第290、288页。

地等捐，似与外洋保护商务之道庶乎近之"。① 在经元善看来，减免税收，不仅是切实贯彻保护商务政策，有效扶持中国民族企业发展的得力举措，而且是维护正常的市场流通秩序，抵制西方国家对中国倾销商品的正当手段。后来，经元善在协助张之洞创办湖北织布局时又表达了同样的意见。他说："中国仿效西法，兴办各公司，轮船、电报等局皆求利（于）无捐税之条，独于织布一项须纳税抽捐，似乎向隅……查布局初创，最宜减轻成本，方可敌洋产而广销路……俟二三年后，成效已著……（应）以常年结账余利，二十取一作为厘税并征，由局一总办解，无论运销各行省，概不再抽捐税。商贩贪此简便，庶几不胫而走，是亦收回利权之一助。至恐洋商赖为口实，此系我国家保护商务自主之权，不必虑其阻梗者也。"②

二是倚重商办或商股来组建民族企业。晚清民族企业在产权形式上以官办、商办、官督商办为主。官办主要是清政府在洋务派官僚推动下投资创办的军工企业的产权形式，商办主要是由一部分官僚、地主、商人、买办和手工作坊主私人投资创办的民用企业的产权形式，官督商办则是清政府利用私人资本创办新式企业的一种产权形式。商人出身的经元善在协助李鸿章、张之洞、盛宣怀等洋务派官僚创办某些新式企业的过程中，对于商办的产权形式情有独钟，而对于官办、官督商办的产权形式则抱怀疑甚至是强烈批判的态度。

早在光绪十六年（1890）协助张之洞创办湖北织布局时，他就认为商办或商股是组建民族企业、振兴中国商务的优质产权形式。他指出："查泰西各国，兴办各项公司，无不招集股本，群策群力，积微成巨，故能长袖善舞，所向有功"；在洋务派兴办的官督商办企业中，"轮船（招商局）、开平（矿务局），得以通商情而持久者，亦赖有商股也"。他还认识到由于当时舆论保守，不宜在创办企业之初就"先藉招股"，故而"不得不借支官款开办"，但他又强调说，"然竟永为官局，必致日久弊生"，所以在企业创办"一二年后大著明效"之时，还是应当"招商入股"，而对企业借支的官款则应分期付息还本。显然，此时的经元善就对商办或商股青眼有加，而对官办或官督则抱怀疑又不得不利用的态度。正因为抱有这种态度，所以他又指出，企业"缴还官款后，仍存官督商办名目"，"如是则商气盛官样

---

① 《上盛杏苏观察利国矿条陈》，《经元善集》，第98—99页。

② 《上楚都张制府创办织布局条陈》，《经元善集》，第105页。

少，官商相维而商为尤重，自可持久不敝”，而且企业“此后遇有他务，奏请借拨，亦足昭信大部，挹注无穷，则商务自渐推广矣”。[①] 也就是说，尽管企业在产权上打着官督商办的旗号，实际上须以商办或商股为主，官督或官股只是起辅助的作用，如此方能振兴中国的商务。正因为经元善在企业产权形式上青睐商办或商股，所以他对于官督商办企业的用人也特别强调，“首以求通商情为贵，举凡官场繁文缛节宜实力删除净尽”，因此官府“只须委洞达事理、明白商情、才能驭众者一员”为官督商办企业的总办，“再由总办自择悃愊无华，通计然术者”充当企业帮办，总办和帮办再“慎选延聘”企业各职能部门的负责人，“尤宜于各项本业中求之，务使各当其才”。[②]

由于经元善早就对官办的企业产权形式抱怀疑的态度，而洋务派兴办的那些官督商办企业虽然一度发展较快，不久却因在产权上未能像他所期望的那样“商气盛官样少”而日益衰败，所以他后来就放弃了利用官督商办旗号来组建民族企业、振兴中国商务的想法，转而猛烈批判起官督商办的弊端来。官督商办的最大弊端就是“官样多商气少”，官僚主义盛行，清政府和洋务派官僚只是利用它盘剥商民的权益，而不是利用它保商、护商。这也就是晚清早期维新派思想家郑观应所批判的“名为保商实剥商，官督商办势如虎”，结果造成了“华商因此不及人，为从驱爵成怨府”的图景。[③] 有了这样的图景，中国的商务自然也就无从振兴了。

经元善对官督商办弊端的批判与郑观应很相似。他在晚年回忆从前协助李鸿章、张之洞兴办官督商办企业的经历时，对这两位洋务派重臣不顾商民利益的官僚主义作风表示了强烈的不满。他指出，李鸿章作为北洋通商大臣，若真能“明乎保商宗旨，视民事即国事，视国事如家事，分别是非诚伪……事事登报悬为成例，则癸未甲申年间（1883—1884），各项公司招（商）股，何致鱼目混珠。是闭塞中国商务孔窍，实种毒于此，真可为太息者耳。”他还批评“大名鼎鼎之”张之洞，“欲振兴商务，犹在官阶班次中求才”，“且官气之浓甚于沪，最是商情所大忌”。他据此感慨道：“今

① 《上楚都张制府创办织布局条陈》，《经元善集》，第106页。

② 同上书，第101页。

③ （清）郑观应：《罗浮待鹤山人诗草·商务叹》，夏东元编：《郑观应集》下册，上海人民出版社1988年版，第1370页。

日支那朝野，竟言兴利，人人所仰望者，咸推李、张，顾其所讲求者仅如此，欲望富而后教，足食足兵不亦难哉"；"苟执政大臣，皆公忠体国，以天下为念，不以一己为念，去伪存诚，知人善任，则转弱为强犹如反手，岂仅商务云乎哉"！基于上述回忆和感慨，他又进一步指出："吾华商务之不振，其浅近之病根有三。凡各公司章程，入股之较巨者，许荐司事，隐若监军，此先不能自信，预伏卸责地步……其病一。又坏于官督商办，官真能保商诚善，无如今之官督，实侵占商业而为官办……其病二。又创兴大公司，皆以乞灵宦成大富贵之人……不知（其能）做官发财，非其能洞明商务也，季氏能富于周公，不过罔利聚敛，积累功深耳，今再出其故智，俾得有资而放利……其病三。两言以决之，有治人而无治法，民无信不立也。"①

此外，当他回想起和另一洋务派重臣盛宣怀合作办厂的往事时，则批评盛"用人行政不推归商董公议，而欲权自独操"，且"任官督，尚忽于统筹全局之扩张，任商办，犹未能一志专精乎事功"。②他还批评"曾受（商）人重托"的盛宣怀，在"沪上始创纺织之挫厥"时，只和出资商人将"前账清结"，而"不力为扶持，保全（商人之）老股"。他因此大发议论说："市道无信不立，商务机缄遂窒。民贫则君岂能独富。总之欲开利源扼要首在立民信义，非沾沾焉专图一家一人之私利……即如（轮船）招商（局）与怡和太古（洋行），订立三家合同，但能压抑华商，不能遏止外人，西人决无此措施，自锄同类，背道而驰，病在深中'为我'二字之毒。若朝廷设立商部，仍循此轨辙为宗旨，再过花甲一周，依然是贫弱中国。"③

总而言之，通过回想往事，经元善对官督商办企业"名为保商实害商"的官僚主义弊端作了淋漓尽致的批判，并正确地指出这种弊端是清政府和洋务派官僚失信于民，进而阻碍中国商务振兴和国家富强的渊薮所在。在当时清政府仍竭力维持君主专制和官僚特权的历史环境之下，进行这样的批判和议论显然需要莫大的勇气和难得的识见！因为这样的批判和议论不仅尖锐地揭露了君主官僚政体与民争利的剥削本质，而且鲜明地反映了清末新兴的资产阶级竭力维护其经济权益和通过发展私人资本主义经济来挽

① 《中国创兴纺织原始记》，《经元善集》，第287—290页。
② 转引自夏东元《郑观应传》，华东师范大学出版社1981年版，第174、175页。
③ 《中国创兴纺织原始记》，《经元善集》，第290—291页。

救国家、民族命运的强烈意愿。

三　经营管理论

　　作为晚清著名的企业家之一，经元善对企业的经营管理也有着比较丰富的见解。这些见解分别涉及企业的基本建设、原材料供应、产品销售、劳动人事、资金融通、信息服务等一系列重要问题。其具体内涵虽然各不相同，但都以节省企业运营成本、提高企业经济效益为根本的着眼点和归宿。

　　在企业的基本建设问题上，经元善针对厂址的选择、厂房的兴建、机器设备的购置这三项具体事宜提出了个人的独到见解。他曾因地制宜地针对徐州利国煤铁矿局所属冶铁厂的厂址选择事宜发表如下看法："查外洋安设熔铁炉，每择产煤富旺之区，以便运铁就煤"，但由于利国铁矿位于青山泉煤矿和枣庄煤矿之间的"适中之地"，"而熔炉日夜无休，需水甚多，青山泉、枣庄均在陆地"，所以"不若变通办法，改为运煤就铁"，在"濒临微山湖"的利国铁矿就地兴办冶铁厂。至于冶铁厂的厂房位置，则应放在"伸入湖中三面临水"的西马山山麓，因为在那里"建厂设炉吸水永远不竭，且空气凉爽便于工作，地址又高，可永免湖水淹溉之苦"。而且，这样选址办厂，还可收到节省煤炭运费、矿区铁路建设费、机器和铁制品搬运费的好处。同时，他还就该厂冶铁机器的添置问题提出了切实可行的建议。当时，中国无力自造冶铁机器，只能从外洋进口，但"外洋机器体大质重，如运入内河，断非寻常船只所能驳载"，所以经元善建议"仿宁波乌山船式"，"在湖南工料油麻便宜之处，订造驳船十艘，可载（重）十吨至三十吨不等"，经运河转运从外洋所购冶铁机器，"再造浅水小轮船两艘，逆流拖带（驳船），庶不致旷日迟延"。如此行事，还有一个好处，就是待"机器运毕"，还可用这些船只"常年自运煤铁，往来上下游行销"。①

　　此外，经元善还曾从堪舆风水和节减造价的角度对湖北织布局的厂址选择和厂房兴建事宜发表了一番高论，其中虽含有愚昧迷信的色彩和为其上海朋僚谋利益的算计，但也不乏科学的真知灼见。他说："（湖北织）布

————————

① 《上盛杏荪观察利国矿条陈》，《经元善集》，第94、96—97 页。

局基地……两边稍窄，中间宽广，直抵江滨。堪舆家言，眠倒里体竖起看，其形如席如帽峰，甚吉。见城河岸旁所筑墙脚，石驳仅高于地盈尺，沿江墙脚高三四尺，谅必里高外低……管见地址愈高愈好，急填土与墙脚石驳齐平……至建造机厂栈房，下层须再离地六尺，即可免淹浸之患。且花布两项最宜高燥，必使之内外透风，庶不虞潮湿霉变……况机厂栈房均须盖造楼房，势极高耸，似不宜与雉堞太近。至布局大门，宜朝城垣南向开设，河边砌筑照墙，觉得气象光昌……围墙宜改用铁杆栅栏，设遇水涨庶免澎涨湃射之患。如是则面郭背江，坐孔朝满，于形势正合水绕元武，尤为聚气成局。”又说：“以（初次来华）人地两疏之洋人督未谙工程之（本地）匠役……必至照原估（造价）浮出倍蓰……查上海建设各局厂多系包造，匠头中颇有殷实之人，按照图样决不偷改，且曾经阅历，一切间架结构，无难举一反三。又有一种打样西人，专门绘图估价，经手工程，兼明格致重学，何等马力机器应需何等坚固房屋，日后运动震撼，决无挫折塌陷之患……本局织布厂屋，宜招上海匠头包造，并用打样西人作中，再由所雇监工洋匠与打样西人详细交接，彼此能详细交接，必能得心应手，悉臻妥善……如是则提纲挈领，不劳而理矣。谚云图大事者不惜小费，按之似费实省也……再布局设在省垣城外，滨临江边，左近无大行栈，所有花布两栈房宜格外宽建，约计出布六十万匹，捆作四万包，布栈须可储布三万包，花栈可储子花十五万担方足敷用，尤须离炉厂稍远，以免不测。”①

对于企业的原材料供应，经元善着重谈论了依靠筹划运输和合理采购来降低企业生产成本、确保原材料供应的科学方略。他在协助盛宣怀筹办徐州利国煤铁矿局时，提出要通过“疏水道”、“建铁路”、“浚运河”的办法来改良该矿煤铁运输的通道，以节省运输成本，提高企业效益，同时造福地方经济和人民。“疏水道”，就是要为利国矿局专门开挖一条小型运河运销煤铁。这是因为“创办煤铁诸矿，以筹运道为先务，而陆运尤不如水运之廉，若运道艰滞，则虽有精铁佳煤，亦无从措手”，而且“此河一开，非独为煤铁两矿疏通咽喉，且关徐郡农田商务，国计民生命脉也”。“建铁路”，就是要在利国煤铁矿区间专门建造一条长 35 里的铁路来回运输煤铁。这是因为有“外洋办理矿务，无论运铁就煤（还是）运煤就铁，皆建造铁

① 《上楚都张制府创办织布局条陈》，《经元善集》，第 107、102—103 页。

路以利转运"之先例可资借鉴，而且用铁路转运煤铁既可比用牛车"节省运价于无形者甚巨"，又可使"官商行旅无不目睹其利便，大开内地风气之先"。"浚运河"，就是利国矿局要"费万金"购买三艘"外洋挖泥机船"疏浚淤积的大运河航道。这是因为该局所产煤铁必须借助大运河才可外运，同时疏浚大运河对于地方的"漕务、农务、矿务、商务均有裨益"。① 而且，为了确保利国矿局冶铁生产所需煤炭的供应，经元善还提出了订立合同"买客煤"的可靠方策。他指出，由于利国矿局冶铁生产所需煤炭须由邻近的枣庄官煤局供应，"倘该局居奇抬价，或故意留难"，则利国矿局"熔铁即虞其亏本"，所以必须与枣庄官煤局"预立合同，订明所出之炭先尽本局之用，有余方可售出"，"并言明价值（即价格）不得涨落"，"倘枣庄煤质变劣，或煤峒已空，及本局自行开出佳煤，均准随时注销合同"。② 经元善在这里其实是提出了企业采购原材料必须遵循的质优价廉原则。后来，他还把这条原则运用到了纺织厂的棉花采购上，认为纺织厂虽然"用花不拘何产，总以织出精美，比较价值，核算便宜为准"。在谈论纺织厂采购棉花的具体策略时，他则强调纺织厂应当根据"物价买者多而卖者少则贵，买者少而卖者多则贱"的市场供求规律相机采购，而不应先行"出示定价"，以降低生产成本。具体说，就是要"留心访察各处年成丰谦，如上年底价高昂，本年出产较旺，则宜少买，只须存一月之用，以待市价之疲，陆续采办"；"倘上年底价低平，本年出产不丰，宜乎尽力广收，多备数月半载存货"。③

对于企业的产品销售，经元善提出了三项暗合现代市场营销原理的科学策略和见解。一是正确进行同业市场分析，找准本企业产品的市场区位。清朝末年，价廉物美的洋布几乎垄断了中国的布匹市场。在这种情况下，实力薄弱的中国纺织厂要想为国产棉布打开销路，显然不能全线出击、四面开花地和洋布厂商展开价格竞争，而是应当在正确分析国内布匹市场竞争态势的前提下，针对洋布销售的薄弱环节来确定国产棉布的市场销售区位。经元善在协助张之洞筹办湖北织布局时，就是照此为其产品寻求市场销路的。他分析说，该局年"出布六十万匹"，"尚不敌外洋来布二十之

① 《上盛杏荪观察利国矿条陈》，《经元善集》，第95—96、97—98页。
② 同上书，第99—100页。
③ 《上楚都张制府创办织布局条陈》，《经元善集》，第103—104页。

一"。而"洋布销路，以川汉天津为大宗，烟台牛庄次之"，所以"鄂省织布，宜合于川陕等处设销场，比外洋来者省去由沪至汉水脚，最为合算，断无下运至沪，转销天津、牛庄之理"。二是效仿外商品牌专销的先进模式大做"独行生意"。企业在某地设立专卖店或寻求代理商直销其产品的"品牌专销"行为是当代中国市场上常见的营销模式。但这种营销模式早在清末就已由外商引入中国市场，并为经元善在筹划湖北织布局的产品营销模式时所效仿。经元善指出："查有英商泰和洋行，（将）外洋所出之顶高洋标布，牌号曰泰和双义……专销上海大丰洋布庄一家……洋商获利不赀，大丰亦发财至数十万。盖专销一家，运售之地认定牌子，设遇他种洋布价跌，别家无此牌子不为牵动，且可关住不售待价而沽，所谓独行生意也。本局出布后宜仿此意，择汉市销路极大之庄号，专销一家或分销两家，出布派定数目，一年讲一行情……权自我操，获利自有把握。"①三是企业经营者要能洞悉商务，对企业产品进行合理定价。企业销售产品能否盈利或盈利多少，关键在于定价多少，而产品定价是否恰当，又和企业经营者的商业素质息息相关。对于这一点，经元善也有着透彻的说明。他曾以纺织厂的布匹定价为例分析说，"进花出布一事，看似平淡，实关紧要，倘……布价每匹卖贱一钱，即少入银六万余两，所系如此之巨，全在各执事集思广益，尤贵总帮办明于货殖，而运用一心。商务譬诸军务，有知兵之将，然后有必胜之军也。"②

　　此外，对于企业经营管理中的劳动人事、资金融通、信息服务等重要问题，经元善也提出了一些精辟的主张和见解。对于企业的劳动人事，经元善提出了"练佣工"、"一事权"、"厚禄糈"等三项主张。"练佣工"，就是"就地取材"地招聘企业"所需各项人工"，然后对他们进行必要的技术培训，这样既可"俾资小民生计"，又可满足企业生产之需，"庶不致耽延旷工"，同时应"于工人中择其机警明敏笃实者，随时加以奖励，俾得造诣功深，渐可裁减洋匠，节省薪水"；"一事权"，就是按照企业运行的内在要求，选聘商场中人担任企业各级管理者，而不能从官场中选人，这样既能切实统一企业内部事权，又能实行层级管理，分工合作，从而有效避免官场上的"繁文缛节"和"一人兼并数事，数人合办一事，皆无当"的弊端；

---

① 《上楚都张制府创办织布局条陈》，《经元善集》，第 104 页。

② 同上。

"厚禄糈",就是要对"通市情,识见开拓"的企业管理者实行高薪待遇,而不能按照官场上通常所讲的"裁减"、"节省"要求对待他们,这是因为"天下未有枵腹从公之人","况开源与节流情形不同,今创非常之大业,欲责任事之人专精一致,必使之无内顾忧,否则必另营他务,分心外驰",而且那些企业管理者凭"其心思智慧自能致富,断非微薄薪资所能招致"。①对于企业的资金融通,经元善主张企业自"开钱庄","自印精钱帖以代钞票之用"。他认为这样既可解决企业在资金上的"意外之虞",又可为企业"省运钱之费",还可为国家"收回(汇兑)利权"。由于钱庄是落后的金融机构,所以经元善的这一主张虽然有利于企业自身的资金运营,却不利于中国近代币制的统一和金融制度的进步。对于企业的信息服务,经元善的主张是将"通电报"作为中国企业掌控市场信息的必要手段。因为他注意到"凡外洋矿务商务,首重信息灵通,转运便捷,故能操纵自如,独擅其利",而中国的某些企业则依靠"函牍请示,动辄经旬累月",对于产品运销情形,"亦觉音问维艰,事机迟钝"。如果这些中国企业也能通上电报,则"数千里外信息可朝发夕至矣",从而能够大大提高其经营效益。②

---

① 《上楚都张制府创办织布局条陈》,《经元善集》,第105、100—101页。
② 《上盛杏荪观察利国矿条陈》,《经元善集》,第99、98页。

第六章 周星棠的经济思想

周星棠（1877—1942），字以灿，浙江绍兴人。早年因家贫弃学经商。成年后在湖北武汉创办晋安钱庄、阜通钱庄、公兴存转运公司和盈丰玉米厂，并兼任日本住友银行买办，广泛投资纺织、采矿、颜料、银行等行业，先后任石家庄大兴纱厂、汉口第一纺织公司、重庆庆华颜料厂董事长和汉口商业银行总经理以及豫丰纱厂、中兴煤矿公司董事。1923 当选为汉口总商会会长，后又连任一届。周星棠在经营实业之余，还热心公益，参与政治和爱国运动。民国早期，他曾主持恢复汉口赛马公会和华商总会，并向故乡绍兴捐资办学和赈灾，还担任两湖巡阅使和湖北督军顾问。1927 年 1 月，汉口军民开展收回英租界的爱国斗争，驻汉英国银行和洋行以集体停业相要挟，致使华商蒙受严重损失。他代表汉口总商会向英国汉口商会提出抗议和赔偿要求，并呈请外交部和英国政府交涉。国民政府时期，历任汉口市政府参议、财政部顾问、外交部汉口第二、三特区（原俄、英租界）董事、特三区（原日、美租界）管理局代局长、中央及湖北省、汉口市水灾赈济委员会常务委员、中央银行理事、中国农民银行理事和中国第一信托公司董事。抗日战争爆发之后，又担任第一、二届国民参政会参政员，积极研议战时国务。1942 年在重庆病逝，享年 65 岁。

周星棠是民国时期中南地区金融、工商界的头面人物，因而受到国民政府时期财经长官宋子文、孔祥熙的重视。1928 年 6 月和 1930 年 11 月，宋子文、孔祥熙分别主持召开全国经济会议和全国工商会议时，均邀请周星棠与会。在这两次会议上，周星棠先后提交了十多篇议案。这些议案集中体现了他的经济思想，大体上可归纳为金融论、工商业论、外贸论等三部分内容。

一　金融论

金融是近代经济和社会的神经中枢,其制度与功能健全与否,和工商业发展、人民生计、政府财政均息息相关。但是直到 1927 年国民政府迁都南京之后,中国的金融仍然十分紊乱,其应有的制度与功能不仅远未健全,还给工商业发展和人民生计造成了无穷的阻碍与困扰。在这样的历史背景之下,周星棠在 1928 年全国经济会议和 1930 年全国工商会议上先后提交了《汉口中央钞票及国库券应请政府设法兑现以维国信案》,《汉口中交两银行钞票应请政府明令该两行立即开兑案》,《拟请发行钞票权属诸政府并保障基金与行使信用案》,《拟请政府设立企业银行以资提倡实业案》,《举办国营保险提倡义务储蓄实行集中金融以资调剂失业而谋经济发展案》。[①]在这些议案中,他主要建议国民政府从维持纸币信用和建立国营专业银行两个方面入手整理金融,以促进工商业发展,缓解人民生计和政府财政的困窘。而他之所以提出这样的建议,则是因为他对于金融的重要地位和作用有着清晰的认识。他指出:"我国现时救济失业贫民与抵制外货之方法,自以提倡实业为当务之急。惟实业发达与否,一视地方金融为转移。金融(能)活动,则工(实)业自不难振兴;金融停滞,则工(实)业自日形退化。""值此生机迫切、存亡危急之秋","整理金融、调剂失业尤为不可须臾或缓之图,盖以金融紊乱,凡百事业无从着手。"[②]正是基于这种认识,所以他在上述议案中才分别向国民政府提出了关于维持纸币信用和建立国营专业银行的一系列具体主张。

在维持纸币信用方面,周星棠主要从协调纸币发行和财政关系的角度向国民政府提出了以下两项主张:

一是要求国民政府设法兑现中央、中国、交通等银行发行的旧有纸币,以维持政府信用和保护商民利益。北伐战争期间,国民政府由广州迁到武汉之后,为支持前方军事和缓解财政困难,曾通过中央银行在湖北省内发行过一批纸币和国库券,但在北伐成功之后又因财政困难下令停止兑现这批纸币和国库券。这就损害了政府信用和湖北商民的利益。而且,为支持

---

① 以下有关引文均只标注其所在文献的名称及页码,而不标注具体议案名。
② 《全国工商会议汇编》,全国工商会议秘书处 1930 年编印,第 264、263 页。

北伐军事，国民政府还曾向中国银行和交通银行汉口分行借用了 2000 余万银圆充当军费，但在北伐成功之后又拒绝偿还。中国、交通两行汉口分行遂以此为借口停止兑现过去所发纸币。这等于是向湖北商民转嫁金融风险，虽然有损于其自身的商业信用，但归根结底损害的还是国民政府的信用和湖北商民的利益。为此，周星棠以汉口工商界领袖的身份向国民政府指出，对于前述中央银行纸币及国库券，"若不早筹兑现，其何以顾国信而慰民心？即不惜乎鄂省民众之牺牲，为顾全政府威信计，为他日发行全国纸币计，政府亦应兼筹并顾，设法兑现。惟国是初定，百政待兴，如无大宗款项以资开兑，拟请政府准将鄂省应收之中央各税就近截交湖北各省政府存储，为筹兑前项票券之用，如此则上符国信，下恤民艰。"[1] 对于中国、交通两行汉口分行停止兑现纸币的行为，他则批评说："中交两行在汉口行使钞票十有余年，获有优厚之利益。汉口自取消现金集中后，其他商业银行对于所发之钞票均已兑现，而发行钞票最巨额之中交两行，尚迟不兑现，民众之痛苦益深，商业之信用何在？该两行得厚利于前，而不顾信用于后，事实具在，公道何存？且中交两行对于他埠钞票始终兑现，而独于汉口钞票应付两歧，谁得谓事理之平？国民政府为解除民众痛苦之政府，为解放民众被压迫之政府，今鄂省民众久感不兑现之痛苦，莫能息喘，不能不为民请命，吁恳救济之方。拟请政府令行中交两行即行开兑，以重信用而慰鄂民。惟闻我军初到武汉之际，曾经借用该两行洋两千余万元，此乃中央之负债，自应由全国负担，似不能责令湖北一省独受偏累。"[2] 他的这番言论看似在批评中、交两行因其私利而不讲商业信用，实则是批评国民政府不讲信用致使湖北的无辜商民受累，同时也反映了无辜的商民在和强势的政府及商业银行进行利益博弈时的被动与无奈。

　　二是要求国民政府通过垄断纸币发行权和建立发行基金来保证纸币信用和商民利益。中国近代的纸币发行素以凌乱繁杂、信用糟糕著称。究其根源，除了政局不稳、战乱频繁、外国侵略、大小银行和地方政府借此牟利等多种原因外，还和中央政府财政困难，不能垄断纸币的发行权，并为纸币提供确实可靠的金属货币准备有关。对于这一切，周星棠有着比较确切的说明。他写道："财政之运用不能无替代之信符，而纸币之发行尤须有

---

① 全国经济会议秘书处编：《全国经济会议专刊》，商务印书馆 1928 年版，第 211 页。

② 《全国经济会议专刊》，第 211—212 页。

基金之准备。物质所在，一纸风行，信用所关，不胫而走，果能名实相副，实为理财之不二法门。乃自世变纷乘，国民交困，商情凋敝，危象环生，民众资产尚无自保之可能，质券代金安有切实之保障？政府所发债券每苦于无法结束，各省钞票又未能一律兑现，人人疑惧，百业凋零，以法良意美之纸钞，一变而为扰乱金融之大蠹，俾国外银行以利用之机，遗多数人民以切肤之痛。虽各省情势互有异同，而大势所趋，难逃公例。"而在当时全国诸多银行发行的纸币中，唯独上海各银行发行的纸币信用较好，这是由于上海"各银行有宣布基金之办法，有各行互保之声明，始能得民众之依赖"。周星棠由此得到启发，所以他建议国民政府说，"在统一国币未实行以前，对于各省行使之钞票应有切实之保障，一如中国银行沪行宣布基金办法，以释民众之疑；（对于各银行）已发之钞票，应随时查账，由政府负监督之责。如此则发行钞票之权属诸政府，民众得所信托，不致有停兑折扣之虞。（某银行）一经政府准其发行（钞票），则该行（钞票）之使用与基金之保障，政府应负完全责任。"他认为这是"标本兼治"之举，施行后不仅能使"国裕民丰，藏富于物产之内，而运用于质券之中"，而且能使政府"财源日固，国家自有振兴之望"。① 显然，他的建议中已包含了后来国民政府实行法币政策时垄断纸币发行权的基因。至于他所说的"基金"，则是指在当时中国的金属货币制度之下发行纸币必须由政府或金融机构提供的银圆、银两等现金准备。而从理论和历史的角度看，为发行纸币提供现金准备，的确是在金属货币制度下维持纸币信用的一个必备举措，而且对于协调好纸币发行和政府财政的关系也确有裨益。

在建立国营专业银行方面，周星棠主要从促进工商业发展和减少失业的角度向国民政府提出了三项主张：

一是建立国营企业银行来为工商企业提供融资服务。他指出："近年来，我国各大埠银行、钱庄对于实业界放款几完全停滞，工商事业咸受影响。在普通商业买入卖出，尚可缩小范围。至各种制造工厂，或限于原有设备不能缩小范围，或限于地方需要尚当力求推广，自金融停滞后周转不灵，艰难为状，以故各埠大小工厂有因之完全停顿、不能复活者，有亏折巨款、仅存一息者。似此已有之工厂尚不能维持，未来之企业几无人举办，

① 《全国经济会议专刊》，第 212 页。

将见失业日多，游民益众，与言及此，不寒而栗。兹欲图救济之方，自应以获得金融为第一步。现在各商办银行、钱庄，既无法使其开放金融，亟应由中央政府分商各地方政府，协力筹办一最大之企业银行，分设各大商埠及省会，妥订章程，专门活动各大小工厂金融，提倡现有及未来实业，俾现有工厂得资维持，未来企业望风兴起，庶实业渐有起色，平民得沾实惠，即外来货品，亦藉资抵制。"①周星棠所说的"企业银行"，其实就是近现代市场经济体系中专门为工商企业办理投资和中长期贷款业务的投资银行。由于这种"企业银行"是由政府创办的，所以它在所有制性质上又类似于专门为本国企业和建设项目提供中长期贷款的经济开发银行。

二是建立国营保险银行来支持工商业的发展。他指出："查我国保险事业，大都由外人在（我国）内设立公司，专事经营，此种利权外溢，年计不下数千万元。应即组设国家保险银行，凡属中国国民在国内营业者，无论何种保险，均须向该行投保，酌定相当之保费，确定赔款之章程，设总行于上海，设分行于各省各埠，以资接洽，而利进行；一面慎选妥员，分别经理其事，信用既著，遵从自易。原以保险办法简而易行，就个人言，出资微而获益大；就公家言，收入保费积少成多，化零为整，得收集中金融之效，可作发展实业之资，调剂流通，实多利赖。"②严格说来，周星棠把保险公司称为"保险银行"并不合适。因为银行主要是通过吸收存款来筹集资金的金融机构，它为吸收存款发行的存单代表的是债权人（存款者）对货币的要求权；而保险公司则是通过收取保费来筹集资金的金融机构，它为收取保费而发行的保单所代表的是债权人（交保者）索赔的权利。但从以信用方式筹资并向工商企业提供融资服务以牟利的角度衡量，保险公司和银行并无本质的差异，所以周星棠把保险公司称为"保险银行"也是讲得通的，而且从保险公司业务的单一性质来看，它和集中经营特定金融业务的各种专业银行一样，都是区别于业务范围广泛的商业银行的专业性金融机构。

三是建立国营储蓄银行来为劳动者提供福利性的失业保障。他指出："由政府创办储蓄银行（或与保险银行合办，称为储蓄保险银行），无论商店店员或工厂工友以及各机关团体之职员，均照每月所得薪资数目，按月

---

① 《全国工商会议汇编》，第264页。

② 同上书，第263页。

提出百分之五，一律向该银行存储；一面再由各该商店或工厂及各该机关团体，于其资本公款项下按照各个人提出之数，每月另备一份，并款存储，以为奖励之用（如各个人系月提五元者，今共合为十元），积至三年之后，计算本利若干，均为存款人所得。盖以在事之人，月薪所入每易随手用罄，故一旦失业，即属困苦不堪。今如每月酌提百分之五为之存储，既于生活上无大困难，亦可养成其节约习惯，待至三年后又得有整数之存款，如能继续工作，则愈积愈多，自属甚善，即或停止工作，亦可别谋生计，不至有束手无策之虞。"① 显然，这种国营"储蓄银行"的主要目的，并不是为了盈利和满足工商企业的融资需要，而是为了替劳动者提供一种类似于失业保险的社会保障。所以，它和收存公众小额资金以支持工商企业发展的专业性储蓄银行不是同一回事，而是一种类似于失业保险公司或失业保障基金会的社会保障性质的金融机构。当然，这种金融机构和专业性储蓄银行一样也能促进工商企业的发展，但两者发挥作用的机制有所不同。前者是通过保证劳动者的就业来促进工商企业的发展，而后者则是通过提供信贷资金来促进工商企业的发展。

二　工商业论

国民政府定都南京之后的十年（1927—1937）被不少学者誉为中国近代经济发展的"黄金十年"。实际上，对于中国近代的经济发展而言，这十年并不是一帆风顺、高歌猛进的十年，而是一波三折、跌宕起伏的十年。其间，中国经济虽然在 1936 年达到了近代的最高水平，但此前由于内战、天灾、日本侵占东北、全球性经济危机等内外因素的冲击而经历了一个长达五年的衰退期（1931—1935）；而在最初的两三年（1927—1930）里，中国经济虽然呈现了向上发展的势头，但由于受到国共两党决裂、二期北伐、国民党新军阀混战、货币制度混乱、外国倾销商品等一系列因素的破坏和干扰，其速度、质量和过程均不太理想。正是在这种时代背景之下，国民政府分别在 1928 年和 1930 年责成有关部门召开全国经济会议和全国工商会议，集中社会各界精英研讨促进中国经济发展尤其是工商业发展的大计。

---

① 《全国工商会议汇编》，第 263 页。

也正是在这种时代背景之下，受邀参加全国经济会议和全国工商会议的周星棠提交了一些谈论工商业问题的议案。① 概括言之，这些议案大都包括两部分内容：

一是对于当时中国工商业发展滞缓的原因分析。在周星棠看来，当时中国工商业发展滞缓的原因很多，诸如交通不畅，税费繁重，度量衡不统一，关税未完全自主，帝国主义经济侵略，1929 年《工厂法》中有束缚工业发展的条款，中国工厂规模偏小、缺乏技术人才、机器设备落后，忽视手工业等等。他在提交给全国经济会议的有关议案中写道："自军兴以来，省自为政，道途梗塞，百货难通。路政既不能统一，运费又毫无标准，意为高下，时有低昂，甚至运价之外，另有车皮、车底之种种名目留难需索，极敲剥之能事……商人忍痛曲从，已不胜疲滞侵蚀之苦，及运达经商地点，既应纳巨额之税金，又复认临时之债券，势不得不提高物价，以资补偿。综计运费、税金两项之输出，每致超过物价三倍以上……必使其商运无利可图，物产难于出口，驯至工商交困，农业就荒，极其流弊所至，无异血脉不通，蕴为疮痏。""国家举行庶政，不可无制定之权衡，商市互通货财，尤须有公平之考量，是以国家内政无不以度量衡制为较准切要之图。民国二三年间，亦曾由内务部量予规定，制式颁行。第以闭门造车，未能周咨博访，各省既不适用，焉能一致通行？习俗相沿，各自为政，都会既有异同，商市亦自为风气，遂致诡诈百出，奸伪纷乘。政府无划一之制度，则征权者上下其手，弊窦遂不免丛生；商市无划一之制度，则贸易者参差争校，纠纷每因之而起，甚至经商国外受制于人，极其所失，不胜偻指。"②

而在全国工商会议的有关议案中，他又指出："关税政策尚未达完全自主之时，而帝国主义者又挟其经济与优越之势力，以相侵略，遂致实业不克发展，工商同感困难。""谨按（1929 年）《工厂法》内容，系包括国内一切工厂在内。其条文适用于甲种工厂者，未必适用于乙种工厂；适用于甲地工厂者，未必适用于乙地工厂。各地、各种工厂既有情形不同，万难以一种《工厂法》强之必行，其理至为明白。""中国地大物博，出产丰富，如皮毛、丝麻、木棉、钢铁之类，各国工厂均仰我国供给，所制物品

---

① 这些议案所指"商业"，多为国内商贸。至于对外贸易，周星棠另有专案论及，详见下文。

② 周星棠：《拟请政府对于铁路运货划一运价不得额外溢加以恤商力而裕税收案》、《拟请政府划一度量衡制度案》，《全国经济会议专刊》，第 470、461 页。

复转售吾华，藉图厚利。我国现有之工厂就地采办上项各种原料，既无转运重洋之劳，又无出口进口各税，所制物品反不能与外人竞争，考其原由，实由我国工厂规模狭小，技术人才缺乏，兼之机器更不精良，所以出品不及外人精工，价值自不能与外货抵抗。""我国工业之不发达，固由于帝国主义之种种压迫与侵略，而固有手工业为一班工业界人所忽视，绝不从事提倡，以致日益窳败，亦其一大原因。"①

　　二是对于促进中国工商业发展的具体主张和建议。基于上述原因，周星棠在有关议案中向国民政府提出了若干促进中国工商业发展的主张和建议：（1）"对于行经铁路之商货划一运价，严禁额外滥加"，并由政府和商会派员监督，如发现滥加运费及路员"勾串军警"舞弊情事，立予严惩。（2）"请政府博采各省民俗，详察都市商情，旁及各国称量，互订折合比较，规定一确切不移之度量衡制，务使全国划一，期在必行"。（3）彻底裁撤厘金，减免税收，保护和扶助"国用工厂"，征集洋货"订单式样、酌量修改"后交予华商仿造，以求"标本兼治"，促进棉纱、五金等工业品的生产和出口。（4）修改1929年《工厂法》中"滞碍"工业发展的各项条款，如对于童工、女工的雇用，工作时间的长短，工人的休息、休假权利和津贴、抚恤福利的规定等等。（5）培植和整理中草药等"固有产品"，以提倡国货，振兴商业。（6）与外国著名厂商合资设立各种工厂，以引进先进设备和培养技术人才。而在合资设立工厂时，必须"首重机器，次及其他"，因为"机器为工厂根本，关系出品最为密切，如果完全仰给于外人，势必遇事落后，食人之唾，决难获良好结果"。（7）在当时中国科学幼稚、国库空虚，"不能多设工厂，以救济全国失业之人"的情况下，政府和工商界唯有提倡和改良中国固有的手工业，并为手工业产品推广销路，才能使中国工业"由手工而渐进于机（器）制（造）"，从而实现孙中山先生的民生主义和遏止帝国主义的经济侵略。而要做到这一点，就应减轻手工业产品的税收负担，实行抵制外货运动，消除我国工业界自相倾轧、掺伪作假、消

---

① 周星棠：《请实行保护政策采用标本兼治办法以维实业而惠工商案》、《请将〈工厂法〉内滞碍各条酌予修改以资救济实业案》、《拟请政府与各国著名机器厂及其他工厂接洽合资在国内设立工厂以资练习企业人才而免利权外溢案》、《为中国生产落后失业人多请提倡固有手工业以资救济案》，《全国工商会议汇编》，第87、197、426、452页。

极怠工等不良旧习，并应"限期肃清匪祸，以便利交通"。①

综观上述主张和建议，可以发现周星棠的根本意图是希望国民政府从多方面采取有力措施来保护和扶持国内民营工商业的发展，进而达到抵制外国经济侵略和增加人民就业的双重目的。这既是中国近代绝大多数企业家所共有的"实业救国"思想的具体表现，又反映了周星棠脑海中所固有的市场经济意识，对此应给予充分肯定。同时，值得肯定的是，周星棠要求国民政府加以保护和扶持的民营工商业也包含中国传统的手工业在内，而这在近代浙江籍乃至全国的企业家中都是不多见的。据我们所知，在近代浙江籍企业家中，好像只有陈蝶仙等极少数人持有与此相类似的观点。②显然，这种观点如能得到有效实施，必将在相当程度上缓解中国近代广大劳动者的就业难题！更值得肯定的是，从前引文字可以看出，周星棠虽然主张保护和扶持手工业的发展，但是他并未因此排斥和否定先进的机器化大工业。他一方面希望通过保护和扶持手工业发展来缓解中国近代广大劳动者的就业难题，另一方面也主张对手工业进行必要的改良，使其逐步演进为机器化大工业，同时主张利用外资发展中国的机器化大工业，最终改变中国近代工业在生产方式上以手工业为主的落后状况。换言之，他实际上是希望国民政府采取劳动密集型和资本技术密集型并用，进口替代型和出口替代型并用的经济发展战略来实现中国的工业化。显然，这样的工业化思路对于中国当代的经济发展仍具有积极的借鉴意义。当然，毋庸讳言的是，周星棠之所以希望国民政府采取上述经济发展战略来实现中国的工业化，还有一个不容忽略的意图，就是希望国民政府能够帮助包括他在内的中国产业资本家在最大限度上榨取工人的剩余价值。这一意图在他要求国民政府修改1929年《工厂法》的议案中表现得最为清晰。

1929年12月30日，为了消弭中共领导的工人运动风潮，也为了在一定程度上改善广大工人的劳动条件和劳动福利，进而促进中国机器化大工业的发展，国民政府颁布了研议多年的《工厂法》，其中对童工和女工的使用，工作时间的长短，工人的休息、休假权利和津贴、抚恤等福利都作了

---

① 《全国经济会议专刊》，第471、461页；《全国工商会议汇编》，第87—88、197—198、399、426、452—453页。具体议案名从略。

② 参阅钟祥财《陈蝶仙的经济思想》，《上海经济研究》1992年第6期；蔡志新《民国浙江经济思想史》，中国社会科学出版社2009年版，第273—275页。

比较明确的规定。但周星棠认为这些规定不利于当时中国机器化大工业的
发展，因而建议国民政府对其"酌予修改"。为了增强说服力，他还以自己
熟悉的纺织厂为例对此作了详细论证。

他写道："今就纺织工厂而论，其营业之重要，实为全国实业重心，养
活工人不下四五十万之多；其工作制度系分日夜轮班，而工人之年龄、性
别又以童工、女工为最多，因其工作甚轻，并无危险之故。而《工厂法》
规定之童工、女工办法颇难适用于纺织工厂，如第八条'成年工人每日实
在工作时间以八小时为原则，如因地方情形或工作性质有必须延长工作时
间者，得定至十小时'；又第十一条'童工每日之工作时间不得超过八小
时'等语。第八条规定之成年工工时既可延长至十小时矣，而童工每日只
限定八小时，照此实行，则成年工十小时所成之粗纺，必较童工八小时所
出之精纺为多。精纺既不能多，则粗纺虽多何用，上下壅塞之弊难解除，
譬之肩舆，然则前头慢后头快，何能开步，结果仍非快者变慢不可。似此，
则八条与十一条犯冲无可讳言。又查同法第十二条'童工不得在午后七时
至翌晨六时之时间内工作'，第十三条'女工不得在午后十时至翌晨六时之
时间内工作'等语，以人道常言固应如此。然纺织厂之日夜轮班制既为
《工厂法》所不禁，而所用工人又以童工、女工为多，依上列二条研究，则
大部分之童工、女工完全不准做夜工，其准做夜工者仅少数之成年男工耳。
试思少数之成年男工能与多数之童、女工轮班支配乎？且一厂之中，成年
男工与女工各有工作不同，纺纱者不能织布，犹耕田者不会读书，又岂能
相互替代？再让一步言之，即如成年男工之少数与童工之多数，能于轮班
支配，又能相互替代工作矣，未必成年男工永远做夜工不见天日乎？其如
男女平权之谓，何又其如本法第九条规定'凡工厂采用昼夜轮班制者，（所
有工人班次①）至少每星期更换一次'之谓？此等重大困难，非请由政府详
加考虑，加以修正，万难实行。其他如第四章之'休息（休假）'及第九章
之'工人津贴与抚恤'，均不免过优，断非国内垂毙之厂所能胜任。在政
府，保护工人虽具一番苦心，如不量厂方之力，不幸迫而倒闭，转足使工
人失业，爱之岂非害之。况各省无工可做之人甚多，我政府于此时，尤须

---

①　括号内文字系 1929 年《工厂法》第九条原文，但被周星棠漏掉，故笔者特予补加。见中国
第二历史档案馆编《中华民国史档案资料汇编》第 5 辑第 1 编财政经济（5），江苏古籍出版社 1991
年版，第 39 页。

放松束缚，使未来之工厂多多成立，方能广收无业，以达先总理维持民生之本旨。如谓本法早经颁布，谓政府威信计，修正实有未便，则童工之规定过严，厂方于事实上无法实行，为自谋生存计，惟有摒绝多数之童工、女工而另招成年男工以代之，在厂方去熟练（工）损失固巨，而童工、女工之生计骤失去，更将何依？此乃必然之事实，非故作危词以耸听也。"

在此基础上，他还援引日本施行《工厂法》的先例强调说，"抑再有进者，查日本之有《工厂法》远在明治四十四年，而至大正五年始见实施，对于童工、女工之限制规定，在十五年内可免适用。至大正十五年改正《工厂法》，亦明定以三年为犹豫期间，故各厂至去年七月始行废止午后十一时至午前五时之深夜工作，距 1919 年签订华盛顿劳动公约之日已越十年。其准备不可谓不久，然其对于童、女工之限制，尚不及我国新颁《工厂法》之严。以我实业幼稚、生产落后之中国，设若强迫急速施行，亦惟自取崩溃，于工人毫无利益。此尤请政府于修正《工厂法》之后，对于施行日期加以格外延缓也。"[1]

他的论证虽然能够自圆其说，但是其中为了尽力剥削工人剩余价值而抵赖诡辩的破绽也很明显。如果按照他的建议来修改 1929 年《工厂法》中的有关条款，中国广大工人尤其是本不应雇用的童工和需要特别保护的女工的健康与权益，都将受到莫大的戕害，进而激起又一波严重的工人运动风潮，结果不仅会延缓中国机器化大工业的发展，还会危及国民政府本身的统治。大概正因为这些顾虑，所以国民政府后来虽然对 1929 年《工厂法》做了适当的修改，但其中涉及童工、女工、工作时间和工人的休息、休假、津贴、抚恤等权益的条款都未作任何变动。关于这一点，可从国民政府于 1931 年 12 月 30 日颁布的《修正工厂法》中得到精准的印证。[2]

三　外贸论

在 1930 年 11 月召开的全国工商会议上，周星棠专门提交了三篇关于外贸问题的议案，即《请保护出口土货发展国际贸易案》、《请维持整理全国现有工厂组织对外贸易公司以谋工商业之严密联合抵制外货发达生产扩充

① 《全国工商会议汇编》，第 197—198 页。
② 详见《中华民国史档案资料汇编》第 5 辑第 1 编财政经济（5），第 99—104 页。

国际贸易而挽利权案》以及《拟请改良汉口棉花检验救济工商失业案》。①
在这三篇议案中，他主要提出了三项带有保护贸易特色的政策建言。

　　第一项政策建言是要求国民政府保护和救济棉花、皮革、蛋类、猪鬃
等中国传统土产的出口。周星棠认为，棉花、皮革、蛋类、猪鬃等土产本
是中国除丝、茶之外的大宗出口商品，但在国民政府成立之后由于种种原
因出现了"每年输出之额"日形减少的"凋敝情形"。而这在他所熟悉的
"汉口一埠"表现得尤为明显。于是，他以汉口的情形为例，要求国民政府
分别对棉花、皮革、蛋类、猪鬃这四种土产的出口进行保护和救济。② 他指
出，汉口的棉花出口凋敝的原因有两点：一是汉口商品检验局举办的棉花
进出口质检制度有很多弊病；二是军队在地方"设局收捐"加重了商民运
销棉花的负担。因此，他建议国民政府：一方面要改良棉花的进出口质检
制度，通过实行抽检、减轻检验费、免费复检、发还样花、标准适中、烤
验方式公开、彻底检验等办法和原则来革除弊政，便利商民；③ 另一方面要
"永远制止军队私设征收机关苛征商税，以纾民困"。④ 同时，他还分析了汉
口的皮革、猪鬃、蛋类出口凋敝的原因。具体说，就是：（1）政府对于皮
革出口"重征子口税及加抽销场税两项，使华洋商人不能受同等之待遇"，
以致中国皮革商"担负日重，生计艰难，失业者多势成坐困"；（2）国共两
党的内战使得"交通梗塞，货运阻停，而洋商方面交易均有定单，届期无
货可交，因之赔累甚巨"，以致中国猪鬃商"外受帝国主义压迫，内又受经
济困难之影响，加以苛捐杂税重重束缚，故一蹶不振，失业无依"；
（3）"竟有洋商"不顾对华不平等条约的限制性规定，在中国"内地小市
集镇擅自设立支庄"收购蛋类出口，他们"垄断利权，操纵价格"，结果严
重妨害了中国蛋商的营业。⑤ 至于国民政府应当如何保护和救济皮革、猪
鬃、蛋类这三种土产的出口，他并没有给出明确的建议，但其答案是不言
而喻的。

　　第二项政策建言是要求国民政府在整理、维持既有工厂（包括停办工

① 下列相关引文均只标注所在书籍名及页码。
② 《全国工商会议汇编》，第155页。
③ 同上书，第156、160页。
④ 同上书，第156页。
⑤ 同上。

厂）的基础上全面扩展中国的民族工业，提高国产工业品的质量，以便在根本上抵制外国工业品的进口。中国近代的外贸发展有一个基本态势，就是中国在和西方列强的贸易往来中长期处于严重的入超地位。这一态势归根结底是中国近代工业落后致使西方列强能够向中国倾销物美价廉的工业品所造成的。而中国近代工业之所以落后，则和周星棠所批评的中国近代"士人倾心欧化，羡慕（西方）物质文明，举凡衣食住行莫不加意仿效"，而对于西方"物质之所以文明，工艺如何精巧，则置诸不问"的消费习气有关。他指出，中国士人身上的这种消费习气"俨如天生骄子而欲坐享其成"，本质上就是不顾近代社会"物竞天演"的历史潮流"苟且偷生于世界"，所以也就"无怪外人挟其物质文明之故智以投我之所好，而实行其侵略政策矣"。为了改变这种消费习气，也为了"抵制外货，挽回利权"，彻底改变中国外贸的长期入超态势，他要求国民政府设法"推广各种工厂"，以促进中国民族工业的全面发展，但他又强调在此之前"应首先将原有之工厂加以整理、维持，再为之推广普遍"。具体说，就是对于汉冶萍煤铁厂矿联营公司这样的停办工厂，要"设法分别投资补救，或招商承办，以为振兴工商业之基础"。与此同时，对于"全国原有各种工厂（之）出品"，则"应分途搜聚，与舶来之品详加比较，凡有不如外人之制造精工者，应分别派专门技术人员悉心考察"其成因，并提出改良的办法。"如有关于农产品之原料不精者，应请农矿部严令改良种子；如系机械不精与技术不佳者，亟应购换新机，另选学术优长之技术人员改良工作；如有限于经济力量者，政府应予以相当之补助。"总之，就是希望全国各种工厂"所出之品与舶来之品相较，有过无不及，由是则吾国之工业基础已立，技师之养成渐多，元气之培植渐厚。再分饬各该管官署，就各地方所产某种原料，指导人民设立某种工厂，则事有前规可资借镜，人有观感不难筹资，工厂自日见增加，出品自益臻完善，既可厌国人羡慕物质文明之心，更可以抵制外人舶来之货。"[①]

显然，周星棠提出上述建议的理论本质，是希望国民政府实行进口替代型的工业发展战略来为中国建立全面、完善的民族工业体系，并以此来消除中国外贸的长期入超态势。而在当时的中国要实行进口替代型的工业

①　《全国工商会议汇编》，第156—157页。

发展战略，必然要采用保护贸易政策，如关税自主和关税壁垒、进出口配额等等。周星棠在这里并没有明确要求国民政府采用保护贸易政策，但只要联系他在其他议案中提出的有关观点，则不难断言，他确实持有这样的要求和想法。

第三项政策建言是要求国民政府招徕民间资本组建中国自己的外贸公司，以破除外商对中国进出口商品定价权的操纵。中国近代的外贸发展有一个致命的弱点，就是进出口商品的定价权为外商所操纵。周星棠对此有着清醒的认识。他说："我国近年来进口货……操之于外人之手，固不待言，即出口货亦全系外人在内地设庄购买，物价低昂，咸受把持。此种损失何可胜言！"为此，他向国民政府提出了一个事关中国外贸发展前景的战略性举措："请政府招徕海外华侨及国内巨商合资组织扩大对外贸易公司，在各出口货之产地设庄购买，亦直接运售各国，以免物价被外人把持。至所集贸易公司股本，款项既巨，流通不易，应先设立对外贸易银行，资本既易流通，各产地金融亦得藉资活泼。无论政府财政如何困难，决不能向该银行挪借款项，俾其尽力发展，将出口货物权完全收回。再仿造外人在我国采办各货办法，向各国采买国内应用之物运销内地，则进口货物之权亦可逐渐挽回。"简言之，这一举措的要旨就是"组织对外贸易公司，应先从出口货着手，而渐次于进口货"。为了说服国民政府实行这一举措，周星棠还进一步解释说，"此种事实推行固然困难，然试想前清全盛之时，欧洲各国欲发展对华贸易，其政府以全力保护，其国际贸易所以获有今日之良好结果。现在国人膏血几被外人吸收净尽，如得政府大力提倡，一致对外，则东隅之失，或得收之桑榆。"①由此可见，他提出的这一举措也属于保护贸易的政策范畴。

---

① 《全国工商会议汇编》，第157页。

第七章　王晓籁的经济思想

王晓籁（1887—1967），名孝赉，字晓籁，号得天，以字行，浙江嵊县（今绍兴嵊州市）人。幼年聪颖，有秀才功名。光绪三十三年（1907）加入光复会，与秋瑾等人过从甚密。同年 7 月，秋瑾密谋发动反清起义事败后潜至上海经商，任萧山通惠公、合义和两丝厂驻沪账房经理。辛亥年（1911）上海光复时，组织闸北商团参与攻占上海北火车站之战役，并与陈英士、蒋介石等人订交。1913 年二次革命爆发后，积极资助陈英士组织上海讨袁军。次年在家乡捐资办学，被选为嵊县私立剡山小学名誉校董，并和其兄王邈达、弟王孝本合办嵊县芷湘医院。1926 年 7 月，因去广州参加北伐军誓师大会而遭直系军阀孙传芳通缉。1927 年 3 月上海第三次工人武装起义爆发后，因策反闸北保卫团有功而被推举为上海临时市政委员会主席。不久，蒋介石在上海发动了"四·一二"反共事变，遂投蒋从事反共活动，并担任上海商业联合会理事长、江苏兼上海财政委员会常委和全国卷烟税局局长。自 1930 年起担任全国商业联合会理事长，在上海滩广收门徒，遂和虞洽卿、杜月笙等并称"海上闻人"。1936 年兼任中国航空协会总会理事长，积极发动上海工商界人士捐资购买飞机，为蒋介石的 50 寿辰献礼。1937 年抗日战争爆发后，任中央赈济委员会常委兼上海红十字会救护队负责人。上海沦陷后留居租界继续从事抗日救国活动，但屡遭日伪势力的威胁和暗杀，于是转赴重庆避祸。1945 年在重庆筹办开来兴业公司和中国人寿保险公司，并任总经理。抗战胜利后，历任全国商会联合会理事长、中国银行理事、中央信托公司理事、国民大会代表等职。1949 年上海解放前夕避居香港，次年初返回上海，旋应周总理之邀赴北京任中国人民银行总行代表，列席政务院召开的金融工作会议。后任上海市人大代表和政协委员等职务。1967 年在上海逝世，终年 80 岁。

王晓籁是民国时期上海工商界的名流和江浙财团的骨干分子，并和蒋介石有着长期而密切的交往，因而受到国民政府时期财经长官宋子文、孔祥熙的重视。1928年6月至7月以及1930年11月，宋、孔二位分别主持召开全国经济会议、全国财政会议和全国工商会议时，均邀请王晓籁与会研讨和拟定国家的财经政策、体制和经济发展规划。在这三次会议上，王晓籁一共提交了十多篇议案，内容涉及了金融、财政、外贸、农业、工业、交通等多个领域的改革主张和发展举措。这可视为王晓籁经济思想的集中体现。

一 金融改革论

金融和近代社会经济发展的关系甚为密切。但是，中国近代的金融却长期处于紊乱、落后的状态，其主要表现就是直到国民政府成立时仍未建立统一、稳定、健全的货币制度和银行制度，结果严重制约和影响了中国近代社会经济的发展，并加剧了中央和地方财政的困难。因此之故，宋子文在1928年6月至7月间主持召开全国经济会议和全国财政会议时，都将货币制度和银行制度的改革列为会议的重点议题之一。而这也是王晓籁所重点关注和研究的对象，所以，他在应邀参加全国经济会议和全国财政会议后，一口气提交了涉及货币制度和银行制度改革的三篇议案：《用合作方法创设中央合作银行确立最高金融机关俾振兴实业案》、《国币拟采金本位制案》、《统一币制案》；此外，在1930年11月召开的全国工商会议上，他也提出了一篇要求明确划分各类银行业务范围的议案——《整理工商金融案》。这四篇议案集中体现了王晓籁的金融改革理论，兹从货币制度和银行制度两方面对其基本内涵进行阐述。

就货币制度而言，王晓籁在上述议案中主要提出了两项改革主张：一是中国应当采用金本位币制，二是中国应当统一既有的混乱币制。

第一项主张是1928年7月王晓籁综合权衡近代币制演进的世界潮流和中国参与国际经贸交往的利弊之后在全国财政会议上提出来的。他认为当时世界各国大都采用了金本位币制，而沿用银本位币制的国家则"殆将绝迹"，所以中国"亦宜应世界之潮流"，采用金本位币制。为此，他还提出了中国采用金本位币制的四条理由：其一，可避免金银汇兑行市波动对中国进出口贸易产生的不利影响；其二，可使中国避免因主币材质与外国不同所造成的"贷借贸易"上的计算错误，从而便利国际间的金融流通；其三，可使中国在偿还外债时避免外国操纵金银价格所造成的额外损失；其四，采用金本位币制的国家"类皆储金条或其他金货币于准备库，另以纸币及银、铜、白铜或铅铸之辅币流行市面，正货无磨损之虞，市面得流通之便"，而当时中国已处于"内国统一，庶政刷新之际"，"财政虽形支绌，然竭力筹措尚易为力"，所以应抓住时机，"毅然改革"，仿效外国改行金本位币制。①

　　就近代币制演进的世界潮流而言，当时各国普遍采用的金本位币制确实比中国沿用自明清的以白银为主体的币制先进，也符合中国参与国际经贸交往的利益需要。这不仅是王晓籁认为中国应即刻采用金本位币制的主要理由，也是当时国内大多数金本位论者的立论依据所在。不过，与当时大多数金本位论者不同的是，王晓籁希望中国采用金本位币制的心情显得异常迫切，所以他并未对中国采用金本位币制应当具备的主客观条件进行充分论证，便匆忙就币制问题对国民政府的主政者提出了过于乐观的期待和建议。实际上，当时中国在经济和政治上都处于半殖民地国家的落后地位，经济发展缓慢并受制于人，全国并未真正统一，而且政府的财政十分困难，国内的黄金和金矿也很稀缺，筹备币制改革的巨额资金难以筹措，这些都说明当时中国尚不具备采用金本位币制的主客观条件。因此之故，当时大多数金本位论者都主张中国应当首先确立统一、稳定的银本位币制，待条件成熟之后再确立先进的金本位币制。这种渐进、务实的币制改革思路在1928年6月的全国经济会议上得到了清晰的体现。该会通过的《国币条例草案》指出："凡金本位制、金汇兑本位制，在他国行之而效，在中国则障碍繁多，未能推行"，所以中国的币制改革须"以确定银本位佐以金券为入手，期于训政期内植立其良基；以采行金本位为终鹄，期以宪政成时竣其大业"。②而当时的财政部长宋子文和工商部长孔祥熙在全国经济会议、全国财政会议相继召开之后也一再表达了这样的币制改革思想。③由此可见，王晓籁认为当时中国应即刻采用金本位币制的主张，注定为当时的主流舆论所不容，因而没有被全国财政会议所通过也就是很自然的事了。

　　① 王晓籁：《国币拟采金本位制案》，全国财政会议秘书处：《全国财政会议汇编》第三类《提案汇存》，大东书局1928年版，第58—59页。
　　② 《全国经济会议专刊》，第115页。
　　③ 参阅吴景平《宋子文评传》，福建人民出版社1998年版，第134—135页；又见蔡志新《孔祥熙经济思想研究》，书海出版社2007年版，第129—130页。

　　第二项主张是 1928 年 7 月王晓籁有感于当时中国若干种硬币（即金属货币）、纸币混用的货币制度所带来的诸多弊害而在全国财政会议上提出来的。他指出："我国币制之紊乱至于今日而极矣。各省币制不相统系，即于一省一地域之内，又无法币以为物价之标准，若制钱也，铜圆也，大小银圆也，价格无定，互为起落，无一足以完货币之用者。复有外国货币及内国银行兑换券、军用钞票、不兑换纸币、公私银票、钱票与夫外国银行兑换券，杂在一处，纷乱如丝，其亟应整理者彰彰矣。"[①] 然后，他在详细分析币制紊乱给当时中国的国民经济、国家预算、赋税征收、公私簿记（即会计账目）所带来的严重弊害的基础上，对国民政府提出了四种统一币制的办法：其一，要处置各种旧硬币。具体又分四步执行：一是对于本国旧银圆，承认其"于一定期间内与国币有同一之效力，以轻减此新旧嬗代时之困难"；二是对于外国银圆，"可总其种类，验其成色，择其流通额之巨大者"，"于一定期限内得折合国币用为授受，折合之率由政府制成算表，布之天下，使民交易之际，有所遵守而免纷争"；三是对于各种国产旧银角，"则不认其为法定辅币，而于一定期限内准其以市价行用，造币厂则渐收回改铸之"，同时禁止外国银角在中国流通；四是对于各种国产旧铜圆，"暂以市价行用之"，并由"国家渐次收回改铸"成十进制的新铜圆，同时禁止外国铜圆在中国流通。其二，要铸造新硬币，其关键是要"统一币厂，以同量同样铸造之，庶几无各自为政，不相谋合，致使币类杂滥、行用不广之弊"。其三，要通过广设中央银行分行来发行新硬币，这是因为"我国地广人众，所需货币必多，交通阻滞，流用难周"，而"中央（银行）分行之设立，即新币推行所及之区，分行设立愈多，则新币之推行愈广"，同时还要"利用银钱行号为新旧货币兑换机关，以利人民之兑换"。其四，要"采用英（格）兰银行之集中主义，由中央银行单独发行"纸币，而取缔"其他官、私立之银行银号"的纸币发行权。因为"我国币制之紊乱，不仅硬币为然，纸币之种类与其行用紊乱之情况，尤有过于硬币者"，只有集中纸币发行，才能使我国币制"紊乱之弊可免，而统一之功可期"。[②]

　　不难看出，王晓籁是因为认识到货币的价值尺度、流通手段等基本职能以及货币发行权要集中于中央银行的币制演进规律，才提出其统一

---

①　王晓籁：《统一币制案》，《全国财政会议汇编》第三类《提案汇存》，第 60—62 页。

②　同上。

币制的主张和办法的。这对于一个未受过系统货币学理论训练的企业家而言是难能可贵的。不过，他在这里对于当时颇为流行的废两改元的统一币制之法却未予论及，尽管此法已隐含在他所提出的统一币制的办法之中了。

除了在中国的货币制度上提出了自己的改革主张和建议之外，王晓籁还针对如何改革和健全中国的银行制度提出了比较独特的主张和见解。他意识到，中央银行是一国银行制度的枢纽与核心，是"银行之银行"，但当时中国并没有真正的中央银行。这是因为国民政府虽然设有"中央银行"，却因滥发纸币而"信用扫地"，以至于"审度经济状况、社会信心"，要想使之成为真正的中央银行，殊为"不易"。所以，他提出，中国在中央银行的建设上应"采分配社会化，用合作方法创立中央合作银行，取法英、美银行之长，而创世界银行制度之新纪元"。所谓"取法英、美银行之长"，是指要同时借鉴英国的单一式中央银行和美国的复合式中央银行的制度优势来在中国建立真正的中央银行。

按照这样的改革思路，他为中国的中央银行建设精心设计了一套规章制度：（1）中国的中央银行"定名为中央合作银行"；（2）该行股东为全国的银行与钱庄，在上海设总行，在各市、县设分支行，分别由上海及各市、县的银行与钱庄合组；（3）该行总、分支行的会计各自独立，但须受统一条例的支配；（4）该行的业务包括代理国库，发行银行券，经营外国汇兑基金和公债，以生金银交造币厂制造国币；（5）该行资本由合组团体各提其原有资本的1/10或5%组成；（6）该行股东的表决权以合组团体为单位；（7）该行发行银行券，由合组团体缴存基金领发；（8）该行的准备基金，除一定之国家公债（指政府之长期借款保证准备）外，须为现金及60日以内之汇票（比例另定），十足准备；（9）该行条例由政府批准施行；（10）该行营业后，其他银行原有代理国库及发行银行券之权，于一定期限后统归该行；（11）该行设立后，设法贷款给政府，以施行兵工政策。他认为，这套规章制度如能付诸实施，可以收到多方面的效用：（1）使中央银行成为真正的"银行之银行"；（2）使其权力不操于少数人之手，不受政治影响；（3）使其股东均为金融家，业务易于发达；（4）使币制易于统一，废两改元易于实行；（5）使全国金融家进行业务上的大联合，易于防止外国银行侵略；（6）使国外汇兑操于华人手中；（7）使资本集中，利率减低，并有所节制。①

　　而在建立真正的中央银行之后，对于各种专业性银行，"亟应奖励，多为设立，惟须限制其兼营他业，如农业（银行）名义最多限度只可兼营地产抵押，商业（银行）名义只可兼营货品抵押，其他不涉农业、商业之贸易，则该行不得任意兼营"，以免其业务与普通银行相混。②

　　显然，王晓籁的上述主张和见解，不仅反映了他对于中央银行、专业银行、普通银行的不同功能和地位的透彻认识，而且反映了他作为一名企业家，希望通过建立一种以中央银行为核心、功能齐全、分工明确的银行制度来推动中国金融制度创新和社会经济发展的美好愿望。而从国家资本与民间资本在这种银行制度中所发挥的作用来看，这种银行制度显然是当时中国大多数企业家希望建立的由民间资本主导的自由市场型的银行制度，而不是当时国民政府希望建立的主要受国家力量控制的政府垄断型的银行制度。

二　财政改革论

　　一般认为，财政作为政府的经济活动或公共经济范畴，是衔接个人（或家庭）、企业、政府等经济主体和政治、军事、外交、文化、农业、工业、金融、贸易、民生等一切社会部门和社会事务的中心环节。其优劣良窳，关系到一国经济发展和社会生活的方方面面。所以，从古到今的忧国之士对于特定历史时期内的财政问题都予以特别的关注和重视。王晓籁是民国史上具有忧国情怀的著名企业家，并和国民政府的主政者蒋介石建立了密切的私人情谊，所以他对于国民政府时期的财政问题也比较关注和重视。这在他提出的币制改革主张中已有所体现。如前所述，1928 年 7 月，他在全国财政会议上提出中国采用金本位币制和统一既有币制的改革主张时，曾论及当时中国的外债、国家预算、赋税征收等财政问题。除此之外，他在 1928 年 6 月的全国经济会议上曾专门提出两篇涉及财政问题的议案，

---

　　① 王晓籁：《用合作方法创设中央合作银行确立最高金融机关俾振兴实业案》，《全国经济会议专刊》，第 183—185 页。

　　② 王晓籁：《整理工商金融》，《全国工商会议汇编》，第 243 页。

即《整理公债案》和《裁减骈枝机关改良税收方法以节国用案》。① 在这两篇议案中，他分别要求国民政府改革其公债政策和税收制度，以缓解其财政困难，并维护民众利益。

1928 年 6 月，王晓籁在全国经济会议上提出《整理公债案》的具体历史背景，是新成立的国民政府的财政处于入不敷出的赤字状态，需要通过发行公债来弥补。据统计，1927 年，国民政府的财政收入仅 7730 万元，而财政支出高达 15080 万元，由此造成的财政赤字为 7350 万元，占当年财政支出的 48.7%；次年，国民政府的财政收入虽增至 33250 万元，但财政支出也增至 41260 万元，由此造成的财政赤字为 8010 万元，占当年财政支出的 19.4%。② 两年的财政赤字累计为 15360 万元，约占同期财政支出总和的 27.3%，均要靠同期发行的多达八种、总额为 22000 万元的公债③来弥补。显然，当时，国民政府要想把这些公债成功发行出去，必须遵循公债运作机制中的一条基本规则，就是要承认并偿还前届政府积欠的内外公债，以维护政府的债务信用。通俗地讲，就是要遵循人们在处理借贷行为和债务关系时常讲的一句话："有借有还，再借不难。"然而，到 1928 年春季为止，国民政府似乎都在沿用 1924 年国民党一大制定的拒绝清偿北洋政府所遗留的积欠公债的激进政策。而这又造成了一个消极的后果，就是使国民政府难以通过发行公债来应付浩繁的财政赤字和军政开支。王晓籁对此深感忧心，所以他在《整理公债案》的开篇写道："军事结束，建设开始，建设费用为数甚巨，一部分固可取自租税，一部分非举借公债不可。但欲推行新债，非先整理旧债，树立大信，断无良好效果，此不得不有本案之提出也。"接下来，他拟定了六条整理旧有公债的方法："（一）组织整理公债委员会；（二）统将一切公债调查清楚，共计若干；（三）化零为整、化短期为长期、化高利为低利（地）发行整数之新债，收回旧时名目繁多、种类不一、担保不统一不确实之旧债，以一新公债之现象；（四）指定可靠

---

① 《全国经济会议专刊》，第 235—236、409—410 页。以下所用引文，均不另注。

② 杨荫溥：《民国财政》，中国财政经济出版社 1985 年版，第 43 页。

③ 千家驹：《旧中国公债史料》代序，中国财政经济出版社 1955 年版，第 19 页。需要说明的是，22000 万元仅仅是这些公债的名义总额。由于这些公债大多要打折发行，且有的须预支利息，有的用于应付紧急军需、整理金融等其他事项，所以实际用于弥补财政赤字的公债总额只占这些公债名义总额的七成左右。

之担保品；（五）所有公债基金，一律如二五库券①之办法，保管独立；（六）统一公债之经理权。"这六条办法的基本精神，是要求国民政府按照统一筹划、化繁为简的思路和理念来整理积欠公债，其中最重要的是第三条方法。

王晓籁在 1928 年 6 月提出的《整理公债案》，对国民政府公债政策的转变产生了积极而深远的影响。同年 7 月，国民政府召开全国财政会议时就宣布要"全面整理外债"；9 月，财政部长宋子文又声称政府"亟欲维护国家信用"。② 1929 年 1 月，国民党中央外交委员会建议国民政府设立整理内外债委员会，并由每年关税新增收入中提出 500 万元作为基金，对"未具担保"的约八亿元积欠公债进行清理。国民政府同意此议，并于 2 月 6 日正式设立了整理内外债委员会，规定其职责"为审核关于无确实担保之内外债，并研究清算及整理办法"。③ 以上所述都可视为王晓籁的《整理公债案》所产生的直接影响。更重要的是，王晓籁的《整理公债案》还为后来宋子文和孔祥熙主持实施的两大公债整理方案提供了方法上的借鉴。1932 年 2 月，财政部长宋子文为了挽救国民政府濒于破产的财政，决定用降息延期的方法对各种积欠公债进行通盘整理，④ 具体说，就是在不改变各种积欠公债名称的前提下，通过统一规定利率、付息周期、担保基金、还本标准，酌情延长偿还年限来减轻政府的债务负担。这样的公债整理方案实现了王晓籁统一筹划、化繁就简的公债整理思路和理念，但还不够彻底。1936 年 2 月，接替宋子文担任财政部长的孔祥熙，为了减轻国民政府的债务负担，再次对各种积欠公债进行了通盘整理，其具体方案是发行一种名叫"统一公债"、金额达 14.6 亿元的新公债，分五批次调还名称、金额、年限均不一致的 33 种积欠公债，利率仍按 1932 年规定的年息六厘计算，偿还年限则分别延长为 12 年至 24 年不等。⑤ 孔祥熙的公债整理方案，不仅是

---

①　二五库券，全称为"江海关二五附税国库券"。这是 1927 年 5 月王晓籁参加的江苏兼上海财政委员会为国民政府发行的一种中期公债，金额为 3000 万元，利息七厘。其担保基金用江海关二五附税收入充当，并交给特设的库券基金保管委员会单独保管。

②　转引自周天度等《中华民国史》第 3 编第 2 卷下册，中华书局 2002 年版，第 905 页。

③　中国第二历史档案馆：《中华民国史档案资料汇编》第 5 辑第 1 编财政经济（3），第 12—13 页。

④　吴景平：《宋子文思想研究》，第 178—179 页。

⑤　蔡志新：《孔祥熙经济思想研究》，第 73 页。

1932 年宋子文公债整理方案的继承和发展，而且彻底实现了王晓籁统一筹划、化繁就简的公债整理思路和理念。他所采用的发新债还旧债的公债整理模式，实质上就是王晓籁在其《整理公债案》中提出的第三条方法的具体化。

在 1928 年的全国经济会议上，王晓籁还就国民政府的税制改革提出了自己的主张和建议。他认识到："经济原理中最主要者，为以最小费用获得最大效果"，但是在国民政府的税收制度中却存在着征税机构重叠、税种税目繁杂的缺点，结果造成了征税费用的高昂和征税效益的低下。因此，他建议国民政府："至于收税方法，如各种特税，有（的）则为数甚微，有（的）则极难稽查，一税一局（设置），似可不必"。正确的做法应当是，"特税含有印花方法征收者，可由印花税处主其成，照比额责成各业代为征收；其他可用是法者，亦用是法。如是则国家与纳税人直接发生关系，至少中间减少一重费用。"他还指出："所有迹近苛细之捐税，（应）均行废除。"王晓籁实际上是根据经济效益至上的企业经营法则，建议国民政府通过精简征税机构、简化税种税目来达到改良税制和减轻民众负担的双重目的。

另外，在 1930 年 12 月的全国工商会议上，王晓籁还曾和宁波籍企业家虞洽卿、方椒伯联名提出议案，[①] 要求国民政府对中国的关税制度进行适当改革，以保护和促进民族工业的发展。他们指出："我国以工业落后之国家，受关税协定之束缚者七八十年，近虽施行差别之七级税制，然究其实际，输入吾国之主要洋货，为吾国所能仿造而处于竞争地位者，现仍征收极轻微之税率，此种办法核与各国现行之关税保护政策相去尚远。当此丝厂全部停工，棉织、丝织以及其他重要实业均在岌岌可危之际，非将关税逐步改革，期与工业先进国所采保护政策取同一步骤。（否则）纵使发行公债、拨款救济，亦只足以弥补一时，决不能维持永久。"为此，他们建议国民政府从两方面改革中国的关税制度：首先，"确定出口货以不课税为原则"，只对东北豆粕等特产、棉花、茧子、生铁等工业原料以及米麦、铜块等关系民食或币制稳定的商品，"酌量课以出口税"；其次，为了抵补大量免征出口税给政府财政带来的损失，对于部分免税进口的洋货应"一律分

---

① 王晓籁：《实行关税保护政策拟请从免除国货出口税入手并撤销洋货免税及返税办法以资抵补案》，《全国工商会议汇编》，第 244—245 页。

等征税"，对于那些享受"返回进口正税"优待的洋货则一律撤销此项优待。毫无疑义，他们的建议集中反映了当时中国实业界要求国民政府实施关税保护政策扶持民族工业发展的心声，在配套条件到位的情况下，将其付诸实施，是一定能够达到促进民族工业发展而又不减少政府财政收入的美意的。

三　发展外贸论

中国近代的外贸发展长期处于落后状态。这引起了王晓籁的忧虑和关注，所以他先后在 1928 年 6 月、1928 年 7 月和 1930 年 12 月向全国经济会议、全国财政会议和全国工商会议提交了《统一对外贸易案》、《统一对外贸易集中出口免受外商操纵防止各国经济侵略案》和《实业救国及关于国际贸易案》，[①] 一再要求国民政府采取有关措施来引导和扶助中国外贸的发展。

1928 年 6 月，王晓籁在提交给全国经济会议的《统一对外贸易案》中写道，"现在中国之对外贸易完全操纵于洋行之手，故其价值之高下，因（华商）同业自相竞争与（洋商、华商）财力之强弱，权在洋行。欲救其弊，有谓应由国家办理。然他营断不及自营之有效，已成心理学与经济学之定理，因（而余）主张将各业之进出口集中其交易，由政府制成统一办法，设局监督，指导管理，庶可使（中国）对外贸易由被动而变为自动，各国之经济侵略庶可防止。"显然，王晓籁一方面鉴于当时中国外贸因受洋行操纵而华商又彼此竞争以致发展困难的事实，而要求国民政府出面引导和扶助中国外贸的发展；另一方面又为了维护民间资本的利益而不主张由国民政府直接统制和经营中国的外贸（即实行外贸的国营化），而只希望在民间资本自主经营中国外贸的前提下由国民政府提供必要的监督、管理和扶助。这说明他作为当时中国知名的企业家和江浙财团的骨干分子，具有比较鲜明的市场经济意识。也正是在市场经济意识的作用下，他才提出了十项以激发民间资本的同业协作精神为主要特色的发展外贸举措："（一）由政府制定对外贸易合作办法；（二）由政府于通商口岸设局监督，指导管

---

① 分见《全国经济会议专刊》、《全国财政会议汇编》第二类《审查报告五》和《全国工商会议汇编》，第 461—462、36—67、136 页。下用引文，均不另注。

理，并在各国设商务参赞；（三）由各业各自组织对外贸易合作部，如煤业组织进口合作部，如丝业组织出口合作部，余可类推；（四）各合作部在各国设庄办理采购或推销事务；（五）合作部为经济①性质，但对外进出口以合作部名义行之；（六）合作部之资本由同业分担，抽其资本百分之几（组成）；（七）某业某号之定货、抛货均须委托某业合作部办理，不得自向洋行做交易，以免货价为洋行抬高或硬压；（八）如有财力不充，某业某号得将其货向该业合作部出售或抵押；（九）如以市面关系，合作部之资本不足运用，政府应贷以资金，予以救济；（十）合作之汇兑、运输须用中国银行，俟将来中国轮船（业）发达时须用中国轮船。"这十项举措，不但有利于扭转中国近代外贸发展长期受制于洋人的不利局面，而且对于中国当今外贸的发展也具有积极的借鉴意义。因为只要将其付诸实施，就能根除至今仍屡见不鲜的中国企业和中国商品在国际市场上的内斗积习，进而大大增强中国企业和中国商品在国际市场上的整体竞争能力。

需要指出的是，在向全国经济会议提交了《统一对外贸易案》之后不久，王晓籁又在1928年7月将该案改名为主题更加鲜明、突出的《统一对外贸易集中出口免受外商操纵防止各国经济侵略案》呈送给全国财政会议审核，结果被列入该会的审查报告，并获得通过。由于这份议案的内容、文字与前者完全相同，所以就无须赘述了。后来，在1930年12月召开的全国工商会议上，王晓籁又提交了一份《实业救济及关于国际贸易案》，对自己在两年前提出的发展中国外贸的主张和举措做了必要的补充。他指出："查我国以农立国，为中外所公认，但近岁以来，地方有无发展，物产有无增殖，不惟内地各省无精密准确之调查，即原有物产向由商埠出运可作国外贸易者，（其统计）亦似尚无进步。值此工商竞争时代，输出一经减缩，则非亟谋改进不可。然非就出口货品何者为大宗，逐年统计列表公布，无以促成工商业者之觉悟。国货一经制造，变为外货所在多有，若能就此问题作根本之计划，先以某种物产提出作为实验，推而行之，分年筹备，当可一洗生货出口、熟货进口之大弊，不惟得补漏卮，亦以奖成实业。"综观其意，可以发现他试图通过改进中国出口商品的调查统计工作来引导中国工业制造的发展方向，进而改变中国近代外贸主要出口低价值的农副产品、

---

① 即"中介"之意——引者注。

而大量进口高价值的工业制成品的不利格局。质而言之，他认为当时必须实行出口导向型的经济发展战略来推动中国的工业化，而要实行这样的经济发展战略，首先又要做好国产商品的供给和出口情况的调查统计工作。

除了以议案的形式向国民政府提出发展中国外贸的主张和建议之外，王晓籁还曾在1931年发表过一篇题为《改良丝茧推销之我见》①的文章，专门对振兴中国固有特产——蚕丝的出口贸易提出了一系列的改良意见和建议。在这篇文章中，他针对当时中国蚕丝出口贸易日益萎缩的颓势，要求国民政府和中国丝业界效法日本丝业发展的经验，采取五种改良措施来振衰起敝：一是中国丝商要"直接自向国外贸易，勿假手于人"；二是自办远洋轮船公司，装运华丝出口；三是设立"丝茧银行"为华丝出口提供汇兑和融资服务；四是政府要主动扶持和促进华丝外贸的发展；五是政府要在中国驻欧美各国使领馆内"特设专员"，为华丝出口搜求市场信息，并帮助宣传促销。这五种改良措施，既是王晓籁在1928年全国经济会议上提出的发展外贸主张在中国蚕丝出口行业内的具体应用和引申，又和另一位浙江绍兴籍企业家周星棠的某些外贸观点②类似。

四　其他

除了向国民政府提出过有关金融改革、财政改革和发展外贸的议案之外，王晓籁在1928年的全国经济会议和1930年的全国工商会议上还针对当时中国的农业、工业和交通业发展提出了一些专项议案。兹将这些议案的内容和观点综述如下：

在农业方面，王晓籁曾在1928年的全国经济会议上提出过一篇《办理田亩注册征收注册费以充清丈经费案》。③该议案表明，他是完全赞同孙中山先生的"平均地权"纲领及其中规定的征收地价税和清丈田亩的土地改革办法的，只是对完成全国田亩清丈所需的巨额经费表示忧虑。他说："总理民生主义之平均地权方法为征收地价税，《建国大纲》中之清丈田亩为平均地权之基本工作，无如清丈之进行，须以经费为后盾，且此项经费为数

---

① 《工商问题之研究》，中国工商管理协会1931年印行，第23—24页。
② 参阅本书第六章。
③ 《全国经济会议专刊》，第407—408页。

甚巨。（江苏）宝山与昆山之清丈费，均带征亩捐，系两县绅士自动办理。（然）则欲实行全国清丈，以立平均地权之基，自应筹有的款，迅即从事。"那么，清丈全国田亩所需的"大宗的款"，又该从何处筹措呢？他认为："非从田亩着手不可。"具体说，就是应"办理田亩注册，征收注册费"，如此则"巨款不难立集，比之验契费，收数当较巨，因有田亩而无契据者（亦缴费）也"。基于上述分析，他给出了征收田亩注册费的具体办法："（一）颁布田亩注册法；（二）在一定期间如不注册，则该项田亩即为国家所有，标价出售；（三）注册以后，如无疑点，给予证书，（土地）所有权方称确定；（四）注册费视地方情形，征收每亩二角至一元。"从理论上说，按照他的办法征收田亩注册费，有利于消除地主、富农故意隐匿土地数量，不据实申报注册的行为，进而有利于贯彻孙中山先生的"平均地权"纲领和保证普通农民的土地耕种权益。不过，从实践上说，这不仅需要土地、税务、民政、司法等多部门默契配合，严格执法，而且需要经办官吏清廉自守，杜绝舞弊，方能收到切实而显著的成效。

在工业方面，王晓籁曾在1930年的全国工商会议上提出了数篇议案，[①]要求国民政府采用多种政策举措保护和救助当时中国日趋衰颓的民族工业的发展。概括而言，他在这些议案中主要发表了以下主张和见解：

第一，要求国民政府通令各省设置工商厅，以贯彻"中央已确立工商政策"，并履行"提倡奖励保护指导"地方工商业发展之职责。

第二，要求国民政府从废除苛捐杂税、融通企业资金、保证原料供应等方面清除制约缫丝、棉织、丝织等当时中国主要工业部门发展的障碍。具体说，就是要发行1000万元丝业公债，并降低或废除对苏、浙两省蚕茧征收的沉重捐税，以维持国产缫丝厂的生存和发展；要责令具有官方背景的中国国货银行向处于危殆境地的国产棉织厂提供长期低息贷款，并"彻底铲除"各省税务机关对当地棉织厂征收的各种不法税捐；对于国产丝织厂，则应在征收丝织品捐税时，扣除其从前"已完之丝、茧两税"，以使其"原料成本不致过高"，并体现"一物一税"之征税原则，同时对于"用改良之人力织机或电动机，仿照舶来之丝织品形式而制成之各项出品，均比

---

① 以下有关引文见王晓籁：《请令各省一律设置工商厅案》、《救济主要实业应先从制丝棉织丝织入手谨拟具目前应急及日后治本办法案》、《实业救济案》、《发展基本工业案》、《失业救济案》，《全国工商会议汇编》，第104—105、287—290、292—293、349、442页。

照机器仿造洋货完税办法"只征一次税捐,然后就"通行全国,不再重征"。此外,为了保证国产棉织厂的原料供应和产品销售,对于"内地所产棉花,准其减少税率,得以互相运售,其已织成之布匹,尤应减税推销,以重国产";而且,在"不得已时,并应减收外棉输入之税率",以为国产棉织厂"吸收外棉"。但是,以上只是挽救和促进当时中国主要工业部门发展的"应急"之法,其"治本"之法则是有待国民政府在日后采取的五种措施:一是"将劳资纠纷妥为处置,导入正轨";二是"重行规定任由人民经营之主要工业种类,以明令宣示由国家补助之";三是"重行厘订《保息条例》,拟定确实可靠之保息基金,对(主要工业)实施保息";四是"将现有之(中国)国货银行增招资本,大加扩充,并确定其责任,使(其)于特种工业负低利放款之义务";五是"厘金裁撤以后,其议抵补厘金之消费税,务须严守一物一税之原则","并限定一物只能征税一次,嗣后通行全国,不得再行巧立名目,重复征收,庶工业最大之障碍得以祛除"。

第三,由于发展公路交通是推行孙中山先生《实业计划》重要工作内容之一,所以在当时各省大都积极发展公路交通,而中国汽车工业又"难遽办"的情况下,国民政府应加紧筹办中国自己的石化工业和轮胎厂,以使汽油、轮胎等"汽车用品不操纵于外商"之手。

第四,在当时西方世界的经济危机波及中国,致使国内工厂破产、工人失业现象日趋严重之际,国民政府应"采用保护政策,责令本有之工厂不可发生停工、罢工事项,一面调查工厂所出货品,如因时局影响不幸有滞销状况"者,"当予以保障",并可通过全国工商会议,"按照现今货品销场,劝设简易工厂,以容纳失业工人"。

在交通方面,王晓籁在1928年的全国经济会议上提出了《于最短期内完成干路案》和《奖励航业案》,① 分别为中国的铁路运输业和轮船运输业拟订了具体的发展计划和举措。他批评当时国民政府在铁路建筑上筹集费用"不肯如筹集军费之急"迫,因而强烈要求它"以筹集军费之精神以筹集筑路费用",力争在三年内建成覆盖全中国的总长30万里的铁路干线,进而推动中国工商业迅猛发展。为此,他建议国民政府采取七项举措:"(一)现有各路之收入,专供养路、还债及扩充路线之用,政府应任其会

---

① 《全国经济会议专刊》,第453、454页。

计独立，由交通部得政府之批准，通盘调节。（二）发行一万万元铁路公债，指定铁路收入为基金，仿二五库券办法设保管委员会。（三）完成粤汉线，建筑川汉线与宁汉线。川汉、宁汉两线如一时无资本购置路轨、枕木等，先由兵工筑成泥路，上铺碎石治平之，先通汽车。（四）矿区与水路间速造轻便铁路开发国煤，以期动力自给。（五）建设车辆制造厂，供给各路之用。（六）减轻运费，使国货原料及国货易于到达工业区及市场。（七）对于国货应予运输上特别迅速（之便利），以发展实业。"对于中国轮船运输业的发展，他认为国民政府应当未雨绸缪，为将来废除列强对华不平等条约之后的"国内国外航路推广"做好准备。为此，他建议国民政府采取八项举措：一是"将军政时期征用（私人）轮船所欠之租金速即拨还，俾资运用，如无现金，须与（私人）以确实可靠之公债"；二是"对于民有航业及造船厂予以保息，俾得资金易于融通"；三是"对于轮船之通运须予以绝对之便利，偶需征用，亦须取租用之法，租金照缴"；四是在中国"航权未收回前，可以增收船钞，即将多增之船钞用为奖励与保息之基金"；五是"召集船业专家，计划推广办法"；六是"招徕海外侨胞，回国办理航业及造船事业"；七是"采用美国之奖励航业之方法"；八是让交通大学开"设航业管理及造船科"，培养有关专业技术人才。

结　语

笔者在以绍兴地区为案例，以对徐锡麟、陶成章等多位绍兴籍近代历史名人经济思想的个案分析为基本逻辑架构，对"浙江近代经济思想史"这一兼具中国经济思想史、中国近代史、区域文化等多门学科属性的交叉复合型课题进行管窥和探讨之后，有两方面的感慨、收获及体悟，需要与学界同仁和读者诸君交流、分享。其一是对于"浙江近代经济思想史"研究工作的回顾与展望，其二是从现有研究成果中得到的几点思考与启示。下面分述之。

一　回顾与展望

到目前为止，笔者已经先后以"民国时期浙江经济思想史"、"浙江近代经济思想史论——以绍兴为例"为论述主题和切入点，对"浙江近代经济思想史"这一具有边缘交叉学科属性的复合型课题进行了初步研究与探讨。数年前即已出版的《民国时期浙江经济思想史》一书以及这本即将画上最后一个句点的小书，就是笔者尝试研究与探讨浙江近代经济思想史的两项阶段性成果。前书是本书具体学术论述和研讨工作的先期准备与基础，本书则是对于前书研究对象与内容的进一步拓展、补充和深化。两者之间存在着一脉相承、密不可分的逻辑依存关系，其基本的逻辑架构或文字编排方式相同，①主要学术观点和结论相似相近相通，研究内容也有重叠交叉之处。两者就好比一对基因相同、外貌相像、血脉相连、声气呼应的孪生兄弟或连体婴儿，难免会给大家带来阅读和学术上的"审美疲劳"，以致产生一种错觉与喟叹："看来，浙江近代经济思想史的研究已经走到尽头了！"

---

①　就是都按照思想史研究最经典、最传统的论著编写方式"人物个案分析法"来谋篇布局，分章设节或立目。

　　然而，事实并不是这样。依据自己多年的研究工作经历特别是透过思想史资料不断与浙江近代历史人物和先哲进行"心灵对话"的奇妙精神体验，笔者可以坦言："浙江近代经济思想史"的的确确是一座兼具历史"厚度"与思想"深度"的学术研究的宝藏和富矿，其内容体系博大精深，值得学界同仁们运用多元化的研究方法和视角对之进行长期不懈的学术发掘、钻研和探索。至于笔者已经写就的两本小书，只不过是以一己之力尝试对这座宝藏、富矿作出的初步发掘和探索，其最大的作用与价值也许就是告诉大家：在中国经济思想史以及浙江区域历史文化研究的广阔学术天地里，有一座叫做"浙江近代经济思想史"的宝藏、富矿静默地矗立在那里，需要大家群策群力，以分工协作的方式对之进行更为系统、全面、深入的发掘、整理和研究。

　　而且，从研究对象上分析，笔者的两本小书充其量也只能算是一种"中观"或"中道"视角下的浙江近代经济思想史的研究成果或论著，而不是宏观、全面、系统的浙江近代经济思想史的研究成果。缘由很简单：一部或一系列宏观、全面、系统的关于浙江近代经济思想史的研究成果或论著，理当以研究浙江近代一切健康、独立、成熟的人类生命个体在经济方面的思想观念、言论主张、理论学说作为对象和内容，易言之，就是既要研究浙江近代为数众多的思想家、政治家、经济学家、哲学家、企业家、社会活动家等重要历史人物或曰社会精英人物的经济思想，更要研究浙江近代广大劳动人民的经济思想。[①] 照此标准去检视笔者的两本小书，则只能将其称作是一种"中观"、"中道"的研究浙江近代经济思想史的论著。因为它们都只是采用人物个案分析的研究方式和章节编排体例对浙江近代一部分思想家、政治家、经济学家、哲学家、企业家等重要历史人物的经济思想逐一进行归纳、探讨与评议，而未能归纳、探讨与评议浙江近代广大劳动人民的经济思想。与此同时，它们也没有按照最严格、最狭隘的定义标准，把研究对象仅仅局限于浙江近代经济学家提出的经济学理论或经济学说，因此它们也不是那种"微观"意义上的可以称为"浙江近代经济学说史"、"浙江近代经济学发展史"之类的经济思想史论著。但是，由于古往今来浙江地区人才辈出，特别是在近代史上更是涌现出了一代又一代灿

---

　　① 可参阅钟祥财先生《经济思想的涵义及其史的写法》一文（见《上海经济研究》2004 年第 10 期）以及本书《导论》对于经济思想史研究对象的分析与界定。

若群星的思想家、政治家、经济学家、哲学家、企业家、社会活动家等在浙江省内外乃至全国、全世界都有影响力与知名度的重要历史人物,而笔者仅仅是"弱水三千,只取一瓢饮"地从中选取了一部分知名历史人物,对其作了经济思想史的个案分析与研讨,所以笔者的两本小书虽然可以称作是一种"中观"、"中道"视角下研究浙江近代经济思想史的学术论著,但这种"中观"、"中道"的外延空间或数量范围也是极为有限的。

可见,今后学术界要对"浙江近代经济思想史"这一交叉复合型课题进行系统、全面、深入研讨与探究的空间依然十分广阔,发展前景也较为理想和可期。仅据笔者蠡测,今后浙江省内外的学者[①]可能会以独立研究与合作研究齐头并进的方式,从以下几个方面对浙江近代经济思想史进行更为系统、深入、全面的研讨与探究。

一是从多元化的层面和视角对浙江近代政治家经济思想研究,浙江近代企业家经济思想史,浙江近代企业家经营管理思想研究,浙江近代经济学说史,民国时期浙江经济学家经典论著研究,民国经济学主流期刊中所见浙江学者的经济思想研究,近代报刊视野下的浙江名人经济思想研究,民国浙江省高校经济学学位论文的经济思想史研究,近代西方经济思想在浙江境内的传播史研究,近代浙江籍留学生对于中国经济学学科创立与发展的贡献等"浙江近代经济思想史"的一系列分支课题进行独立研究和探讨。

二是从人物个案研究的角度分别对马寅初、方显廷、李权时、赵兰坪、姚庆三、章乃器、寿勉成、周宪文、沈志远、童蒙正等近代浙江著名经济学家的经济思想进行专题研究和探讨,其成果形式可能是在期刊上发表的单篇和系列论文,也可能是正式出版的专著,还可能是一系列诸如"马寅初经济思想研究"、"方显廷经济思想研究"、"李权时经济思想研究"之类的硕士、博士学位论文。

三是继续以浙江省内近代历史名人辈出的特定地区如杭州、宁波、湖州、金华、温州等为案例,从浙江省内不同地域文化或地方史的角度对"浙江近代经济思想史"这一复合型课题进行深入研究与探析。

四是会有学者从工业、农业、商业、外贸、财政、金融、会计、审计、

---

① 应该是以浙江省内的学者为主体。

合作经济等部门经济及其他经济概念、范畴的研究视角出发，对"浙江近代经济思想史"涵盖的各个经济领域和部门的经济思想进行专题论析与探讨。也就是说，今后应该会出现"浙江近代工业经济思想史"、"浙江近代农业经济思想史"、"浙江近代商业思想史"、"浙江近代外贸思想研究"、"浙江近代财政思想研究"等关于浙江近代经济思想史分支领域的专题研究成果与论著。

五是在对浙江近代重要历史人物经济思想的研究工作基本告竣，并取得累累硕果的情况下，会有学术单位和知名学者出面，号召和组织浙江省内外学人对难度极高的浙江近代普通民众的经济思想变迁史进行集体攻关研究。

六是在政府主管部门重点资助和权威学术机构牵头组织的情况下，将会成立一支老中青学者搭配、精明强干的专业化的研究团队，在集体研讨、科学论证、精诚合作、反复修改的基础上编纂出一部高质量、高水准的《浙江近代思想通史》。

另外，值得关注的是，目前浙江省内已经出现了唯一的一部贯通上古至 1949 年的定名为《浙江区域工商经济思想史》[①] 优秀著作。从其编纂立意及体现的学术发展趋势来预判，将来在浙江近代经济思想史的研究工作发展成熟以及开辟出浙江古代经济思想史的研究新领域的情况下，学术界应当会出现一部卷帙浩繁的定名为《浙江经济思想通史》的高水准著作或系列丛书。

二　思考与启示

依据笔者近年来围绕"浙江近代经济思想史"这一复合型课题所开展的初步研究工作与学术探讨，或者说综合考量笔者两本小书的研究对象与研究内容，可以得出以下几点思考与启示。

第一，应当以辛亥革命为切入点，把浙江近代经济思想史划分为晚清、民国两大发展阶段来加以研究与考察。因为从中国近代中央政权与国家政体是否发生空前未有的颠覆性更替和本质属性剧变的角度看，辛亥革命毫

---

① 曹旭华、韩丽娟、党怀清三人合著，经济科学出版社 2010 年版。

无疑义是中国近代史上一个具有划时代影响的伟大事件。它的爆发和基本胜利，埋葬了统治中国260多年的满清专制王朝以及在中国存在2000多年的"家天下"的皇权专制政体，在古老的华夏大地上建立了亚洲第一个具有资产阶级民主共和国政体性质的新型国家"中华民国"。这不仅有力地促使中国近代民族资本主义经济跃升到一个快速发展的新阶段，而且给作为连通社会经济基础和思想文化观念"直接中介"的经济思想领域带来了深刻变化，使得中国近代经济思想史由清末维新派改良主义经济思想主导的旧时代跃升到由反清民主革命领袖孙中山先生创立的民生主义经济思想和西方资本主义经济学说在中国快速传播并逐步占据主导地位的新时代。而作为中国近代经济思想史的重要组成部分的浙江近代经济思想史，自然也体现和印证了这种划时代的历史发展脉络与演化趋势。比如，本书予以个案研究和分析的徐锡麟、陶成章、蔡元培等浙江绍兴籍反清民主革命家的经济思想就体现和印证了这样一种划时代的历史发展脉络与演化趋势。他们的生命历程虽然长短不一，但在辛亥革命时期基本上都体现出一个由接受维新派改良主义经济思想再到呼应或者接受孙中山先生民生主义经济思想的较为明显的经济思想的转折和发展变化趋势，实际上他们提出的具有反清民主革命性质的经济思想或观点也与孙中山先生的民生主义经济思想汇集到一起，共同构成了辛亥革命时期反清民主革命党人经济思想的有机系统与整体架构。后来，当孙中山先生的民生主义经济思想被由反清民主革命党人演化而来的中国国民党尊奉为全国经济领域内的主流意识形态的时候，尽管徐锡麟、陶成章二人已经辞世多年，但他们当年的反清革命战友与同乡蔡元培先生却以国民党"党国元老"的身份见证了这一时刻的到来。因此之故，我们应当以辛亥革命为标准和切入点，把浙江近代经济思想史划分为晚清时期、民国时期两个前后相承，但在经济思想的形态与内容上又存在显著差异的主要发展阶段。

第二，从历史人物新陈代谢的角度考察，大体上可以把浙江近代经济思想史划分为从龚自珍等儒家经世致用学派的经济思想直至马寅初等人创立的中国近代"正统"经济学理论等五个依次兴替、传承的发展演进阶段。与晚清时期相比，民国时期浙江的经济思想形态及内容更为丰富多彩，也更具学术研究的意义与价值。但是，要研究浙江近代经济思想史的整体发展进程与演化规律，也不能忽视对于晚清时期浙江的经济思想形态及内容的分析与探讨。因为寻根溯源，民国时期的浙江经济思想是从晚清时期传承演变过来的，两个历史时段天然地构成了浙江近代经济思想史的有机整体，缺一不可，不能人为地加以割裂与舍弃。如果仅仅从历史人物新陈代谢的角度去探寻整个浙江近代经济思想史的发展进程和演化脉络，可以将其大致划分为五个前后更替、推陈出新的历史演进阶段。

一是鸦片战争前后以龚自珍为代表的儒家经世致用学派在主要立足于中国传统经济思想遗产的基础上要求清政府更法改制、振衰起敝的经济思想；

二是洋务运动时期经元善等浙江籍开明人士单纯要求清政府"振兴商务"，却不触及皇权专制政体的重商主义经济思想；

三是洋务运动晚期和戊戌变法时期宋恕、陈虬等浙江多位维新派思想家提出的既具有重商主义经济思想的特征，又以此为中心要求清政府在中国实行具有资本主义性质的全方位的社会经济制度改革的改良主义思想。

四是辛亥革命时期及民国初年陶成章、蔡元培等多位浙江民主革命家提出的"民生主义"①或革命民主主义的经济思想；

五是民国中后期马寅初、方显廷等从欧美留学归国的浙江著名经济学家参与创立的中国近代的"正统"经济学理论，②这种经济学理论与孙中山先生的民生主义经济思想组合在一起，成为影响、指导国民政府经济决策及民国经济建设的主流经济思想形态。

第三，应当用兼收并蓄、合理扬弃的方法和态度对待中国传统经济思想与西方先进的经济学说，对待中国传统文化与一切外来文化。中国传统经济思想作为中国传统文化不可分割的组成部分，在古代社会取得了光辉的发展成就，只是到了西方国家陆续进入近代资本主义社会之后才明显落后于发展成为一门独立社会科学的西方经济思想。当今中国既应该学习近代以来一直处于世界先进水平的西方经济思想或经济学说，也应当从中国

①　在如何解决中国人民生计问题这个根本着眼点上，陶成章、章太炎等创立光复会的浙江籍民主革命家的思想主张与孙中山先生构想的以"平均地权，节制资本"为基本纲领的民生主义是完全一致的，但在具体观点上与孙氏存在分歧和争论。曾担任光复会会长的蔡元培则赞同孙氏的民生主义，他在民国初年重点评议过的教育经费、消费、财产、职业等经济范畴也与民生问题息息相关，可以称作广义的"民生主义"经济思想。另一些直接加入同盟会的浙江籍民主革命家如陈其美、张静江也赞同孙中山先生的民生主义。

②　参阅孙大权《中国经济学的成长——中国经济学社研究（1923—1953）》，第7—23、356—391页。

传统文化特别是传统经济思想中吸取合理资源，以指导正在高歌猛进的中国特色社会主义现代化建设与改革开放伟业。浙江近代历史人物在对待中国传统经济思想与西方先进经济学说的关系上所体现出来的考察方法和态度显然能够给我们带来有益的参考与启示。这种方法和态度就是对于中国传统经济思想与西方先进经济学说都采取批判继承和辩证分析的态度，换句话说，就是对于两者的优点与长处兼收并蓄，对于其缺点与短处则予以否定和舍弃。

例如，在如何对待中国传统经济思想的三大价值理念和基本信条——重农抑商、重义轻利、黜奢崇俭的问题上，浙江近代历史人物的态度和做法就是如此。他们大都认识到重农抑商的传统思想信条割裂了农、工、商业之间密切的依存关系，不利于中国工商业的发展与社会经济的整体进步，所以一般都对此予以了批判和舍弃，而主张从农工商业等社会经济的各个领域进行全方位经济改革和以工业化、市场化为导向的现代化经济建设。其中又以著名经济学家马寅初、方显廷认为农工商业应当均衡发展，不可"畸重畸轻"的工业化主张最为典型。而对于重义轻利、黜奢崇俭这两项中国传统经济思想的价值信条，不少浙江近代历史人物都在西方经济学说的影响下认识到了两者禁锢人的求利致富之心，不利于社会经济发展的缺点，因而对之予以批判和否定，但一些深谙中国传统文化精华的浙江近代历史人物（如蔡元培）则肯定两者具有培养人的优良道德水准和节俭美德的优点，所以通过借鉴西方经济学说的相关理念修正其缺点，从而提出了义利并重、适度消费的辩证观点和主张。

又如，在如何对待西方先进经济学说在中国的传播与应用的问题上，马寅初、方显廷、李权时等留学美国的浙江籍著名经济学家一方面批评中国传统的重农抑商、安贫乐道、家族宗法制度等传统思想理念和文化因素不利于中国社会经济的发展与进步，另一方面又强调要结合中国自身的国情、社会文化背景和环境，来学习和应用西方先进的经济学说去研究、解决中国社会的实际经济问题。他们还大力倡导中国经济学教育与研究工作的本土化或"中国化"。马寅初曾对民国时期的青年经济学人指出："我们从泰西搬来的理论，既不以中国的现实为对象，可以视同纯粹理论，是一种训练思想的宝贵工具，它不仅训练了我们的思想，且教了我们研究的方法，可以说纯粹理论包括了经济哲学与经济学方法论两部分；读了这两部分，我们所得的益处，确实不少……（但是）余总以为中国研究经济学的青年，应多注意中国的实际情形，社会环境，与历史背景。我们生在这个社会之中，决不能离开这个真实社会，而高谈空论。"① 方显廷在主持南开大学经济研究所期间致力于改变中国高校"用西方经济学说一成不变地向中国学生灌输"的教学旧例，强调要在立足中国国情和实地调研的基础上编写经济学教科书和参考资料，以实现"把经济学'中国化'"的目的。② 李权时不仅亲自尝试编写了多部中国经济学教育工作所需的"国货教科书"，而且号召中国学者在经济学研究上要勇于"制造国货"，以便将来能够与经济学领域的"洋货逐鹿于世界市场，或自己能够卓立一家以与世界学术界并驾齐驱"。③

中国传统经济思想是中国历史悠久、博大精深的传统文化的重要组成部分，其中蕴含了不少优秀文化遗产，当然也有一些糟粕和缺陷。近代传入中国的西方经济学说则是西方资本主义思想文化的重要组成部分，其优点和长处举世公认，但缺点和短处也是有目共睹的。对于两者以及人类社会的一切优秀文化成果都采取兼收并蓄、合理扬弃的考察方法和态度，无疑是浙江近代历史人物留给我们的首要启示与借鉴。如果当今中国的学者们不能运用这样一种方法和态度去理性、冷静地对待中国传统文化及包括西方经济学说在内的一切外来文化，恐怕就会像国学大师钱穆先生所指出的那样，既失去了中国古人"自创自辟的精神"，又堕入到只会"抄袭与模仿"，"自己不能创造，也不敢创造"的尴尬境地之中了。④

第四，在当前从经济领域出发，着力追求中华民族伟大复兴的"中国梦"的新的历史征程中，必须妥善对待和处理好直接制约着中国特色社会主义市场经济体制的综合效率、中国特色社会主义现代化经济建设的内在品质和外在效益的四组重要关系。具体说，就是要妥善对待和处理好政府与市场的关系，国营企业与民营企业的关系，财政政策和金融政策的关系，人才培养教育与社会经济发展需求的关系。从晚清到民国的浙江近代重要历史人物对于这四组重要关系的一种或数种，都曾进行过系统集中、独到精辟或者是迂回论及的研讨、思考和探究。显然，这对于我们进一步深化

---

① 马寅初：《财政学与中国财政——理论与现实》，第1—2页。

② 《方显廷回忆录》，方露茜译，商务印书馆2006年版，第78—79页。

③ 李权时：《经济学原理》自序，民智出版社1929年版。

④ 钱穆：《中国历史研究法》，三联书店2001年版，第73—74页。

和完善社会主义市场经济体制改革，坚决落实中共十八届三中全会提出的
"使市场在资源配置中起决定性作用"的科学论断，积极倡导和践行"富
强、民主、文明、和谐"，"自由、平等、公正、法治"，"爱国、敬业、诚
信、友善"等国家、社会与个人层面的社会主义核心价值观，都具有积极
的历史参考和思想借鉴意义。由于笔者在本书正文和《民国时期浙江经济
思想史》一书中对于浙江近代重要历史人物留下的，涉及上述四组重要关
系的各种经济思想观点和资料已经作过较为详细的分析、评议与介绍，这
里就不再赘述了。有兴趣的读者也可以参考和阅读近年来学术界发表的多
部研讨中国近代特别是民国经济思想史的优秀论著。

主要参考文献

一 史料类

（一）1949 年前史料

1. 报刊类

《申报》

《大公报》

《中央日报》

《东方杂志》

《银行周报》

《经济周报》

《中央周报》

《实业公报》

《经济汇报》

《财政评论》

2. 著作类

陈炽：《续富国策》，光绪二十二年（1896）版。

梁启超：《饮冰室合集》，中华书局 1916 年版。

陶成章：《浙案纪略》，1916 年 7 月浙江云和县魏兰补注本。

全国财政会议秘书处：《全国财政会议汇编》，上海大东书局 1928 年版。

全国经济会议秘书处：《全国经济会议专刊》，商务印书馆 1928 年版。

李权时：《财政学 ABC》，上海 ABC 丛书社 1928 年版。

李权时：《经济学原理》，民智出版社 1929 年版。

李权时：《财政学原理》，商务印书馆 1935 年版。

《全国工商会议汇编》，全国工商会议秘书处 1930 年编印。

《工商问题之研究》（中国工商管理协会丛刊之三），中国工商管理协会 1931 年印行。

《全国合作事业讨论会汇编》，全国合作事业讨论会办事处 1935 年编印。

《全国生产会议总报告》，全国生产会议秘书处 1938 年编印。

《中国国货年鉴》，国货事业出版社 1935 年版。

中国文化建设协会：《抗战十年前之中国》，商务印书馆 1937 年版。

方显廷：《中国经济研究》，商务印书馆 1938 年版。

方显廷：《中国工业资本问题》，商务印书馆 1939 年版。

方显廷：《战时中国经济研究》，商务印书馆 1940 年版。

方显廷：《中国战后经济问题研究》，商务印书馆 1945 年版。

姚庆三：《财政学原论》，上海大学书店 1934 年版。

姚庆三：《现代货币思潮及世界币制趋势》，上海国民经济研究所 1938 年版。

赵兰坪：《各国通货政策与货币战争》，上海中华人民共和国建设学会 1934 年版。

赵兰坪：《经济学大纲》，商务印书馆 1934 年版。

赵兰坪：《现代币制论》，南京正中书局 1936 年版。

赵兰坪：《资本节制论》，重庆正中书局 1942 年版。

赵兰坪：《中国当前之通货外汇与物价》，上海正中书局 1948 年版。

翁文灏、顾翊群：《中国经济建设与农村工业化问题》，商务印书馆 1946 年版。

（二）1949 年后史料

千家驹：《旧中国公债史料》，中国财政经济出版社 1955 年版。

吴冈：《旧中国通货膨胀史料》，上海人民出版社 1958 年版。

《龚自珍全集》，中华书局 1961 年版。

中国通商银行：《五十年来之中国经济》，台北京华书局 1967 年版。

《孔庸之先生演讲集》，台北文海出版社 1972 年版。

《陈果夫先生经济思想遗著选辑》，台北世界书局 1972 年版。

《陈果夫先生全集》第 2 册,台北近代中国出版社 1991 年影印本。

《章太炎政论选集》下册,中华书局 1977 年版。

《章太炎全集》,上海人民出版社 1984 年版。

《章太炎讲演集》,河北人民出版社 2004 年版。

《孙中山先生全集》,中华书局 1981—1986 年版。

《郑观应集》上、下册,上海人民出版社 1982、1988 年版。

《康有为政论集》上、下册,中华书局 1982 年版。

《张静江先生文集》,台北"中央"文物供应社 1982 年版。

《在蒋介石身边八年——侍从室高级幕僚唐纵日记》,群众出版社 1991 年版。

《先总统蒋公全集》,台北中国文化大学出版部 1984 年版。

《先总统蒋公思想言论总集》卷 5,中国国民党中央委员会党史会 1984 年版。

《蔡元培全集》第 1—7 卷,中华书局 1984—1989 年版。

《陶成章集》,中华书局 1986 年版。

费孝通:《江村经济》,江苏人民出版社 1986 年版。

《费孝通选集》,天津人民出版社 1988 年版。

《经元善集》,华中师大出版社 1988 年版。

全国政协文史资料委员会工商经济组:《回忆国民党政府资源委员会》,中国文史出版社 1988 年版。

《翁文灏论经济建设》,团结出版社 1989 年版。

《毛泽东选集》,人民出版社 1991 年版。

《毛泽东文集》,人民出版社 1993 年版。

《邓小平文选》,人民出版社 1993 年版。

《陈虬集》,浙江人民出版社 1992 年版。

《宋恕集》,中华书局 1993 年版。

《浙江文史资料选辑》第 27 辑,浙江人民出版社 1984 年版。

绍兴文史资料选辑第 4 辑:《徐锡麟史料》,绍兴县政协文史资料工作委员会 1986 年编印。

《徐锡麟集》,中国文史出版社 1993 年版。

《章乃器文集》,华夏出版社 1997 年版。

《马寅初人口文集》,浙江人民出版社 1997 年版。

《马寅初全集》，浙江人民出版社 1999 年版。

马寅初：《通货新论》，商务印书馆 1999 年版。

马寅初：《财政学与中国财政——理论与现实》，商务印书馆 2001 年版。

赵靖、易梦虹：《中国近代经济思想资料选辑》，中华书局 1982 年版。

《革命文献》第 73—80 辑，中国国民党中央委员会党史会 1977—1979 年版。

秦孝仪：《中华民国重要史料初编——对日抗战时期》，台北"中央"文物供应社 1981 年版。

上海社会科学院经济研究所：《刘鸿生企业史料》，上海人民出版社 1981 年版。

卓遵宏：《抗战前十年货币史资料》，台北"国史馆" 1988 年版。

中国人民银行总行参事室：《中华民国货币史资料》，上海人民出版社 1991 年版。

江苏省中华民国工商税收史料编写组、中国第二历史档案馆：《中华民国工商税收史料选编》，南京大学 1994—1996 年版。

中国第二历史档案馆：《中华民国史档案资料汇编》，江苏古籍出版社 1991—2000 年版。

《汤寿潜史料专辑》，《萧山文史资料选辑》第 4 辑。

《浙江籍资本家的兴起》，《浙江文史资料选辑》第 32 辑。

《宁波帮企业家的崛起》，《浙江文史资料选辑》第 39 辑。

《浙江近代金融业和金融家》，《浙江文史资料选辑》第 46 辑。

《何廉回忆录》，中国文史出版社 1988 年版。

《钱昌照回忆录》，中国文史出版社 1988 年版。

《方显廷回忆录》，方露茜译，商务印书馆 2006 年版。

杨恺龄：《民国张静江先生人杰年谱》，台北商务印书馆 1981 年版。

（清）谭嗣同：《仁学》，华夏出版社 2002 年点校本。

《左传》，新疆人民出版社 2002 年整理本。

《论语》，吉林人民出版社 2005 年译注本。

《孟子》，中华书局 2006 年译注本。

《丁文江文集》，湖南教育出版社 2008 年版。

二　研究类

（一）著作

唐庆增：《中国经济思想史》，商务印书馆 1936 年版。

吴兆莘：《中国税制史》，商务印书馆 1937 年版。

赵丰田：《晚清五十年经济思想史》，哈佛燕京学社 1939 年版。

夏炎德：《中国近百年经济思想》，商务印书馆 1948 年版。

赵靖、易梦虹：《中国近代经济思想史》，中华书局 1980 年版。

赵靖：《中国经济思想史述要》，北京大学出版社 1998 年版。

赵靖：《中国经济思想通史》，北京大学出版社 2002 年版。

赵靖：《中国经济思想通史续集（中国近代经济思想史）》，北京大学出版社 2002 年版。

胡寄窗：《中国经济思想史简编》，中国社会科学出版社 1981 年版。

胡寄窗：《中国经济思想史》，上海财经大学出版社 1998 年版。

胡寄窗：《中国近代经济思想史大纲》，中国社会科学出版社 1984 年版。

胡寄窗、谈敏：《中国财政思想史》，中国财政经济出版社 1989 年版。

夏东元：《郑观应传》，华东师范大学出版社 1981 年版。

刘念智：《实业家刘鸿生传略》，文史资料出版社 1982 年版。

赵淑敏：《中国海关史》，台北“中央”文物供应社 1982 年版。

侯厚吉、吴其敬：《中国近代经济思想史稿》1—3 册，黑龙江人民出版社 1982—1984 年版。

秦孝仪：《中华民国名人传》，台北近代中国出版社 1984 年版。

姚家华：《中国近代经济思想简史》，安徽人民出版社 1985 年版。

胡显中：《孙中山先生经济思想》，上海人民出版社 1985 年版。

杨荫溥：《民国财政史》，中国财政经济出版社 1985 年版。

郑友揆：《旧中国的资源委员会》，上海社会科学院出版社 1991 年版。

马伯煌：《中国近代经济思想史》，上海社会科学院出版社 1992 年版。

钟祥财：《中国近代民族企业家经济思想史》，上海社会科学院出版社 1992 年版。

李时岳：《近代史新论》，汕头大学出版社 1993 年版。

钟祥财：《中国土地思想史稿》，上海社会科学院出版社 1995 年版。

［美］黄仁宇：《万历十五年》，生活·读书·新知三联书店 1997 年版。

钟祥财：《中国农业思想史》，上海社会科学院出版社 1997 年版。

钟祥财：《对上海地区经济思想发展的历史考察》，上海社会科学院出版社 1997 年版。

钟祥财：《20 世纪中国经济思想述论》，东方出版中心 2006 年版。

姚遂：《中国金融思想史》，中国金融出版社 1994 年版。

欧阳卫民：《中国消费经济思想史》，中共中央党校出版社 1994 年版。

李向民：《大梦初觉：中国的经济发展学说（1840—1949）》，江苏人民出版社 1994 年版。

王成柏、孙文学：《中国赋税思想史》，中国财政经济出版社 1995 年版。

王传纶、高培勇：《当代西方财政经济理论》，商务印书馆 1995 年版。

汤照连：《岭南经济思想研究》，广东高等教育出版社 1996 年版。

洪远朋：《合作经济的理论与实践》，复旦大学出版社 1996 年版。

颜鹏飞、张彬：《凯恩斯主义经济政策述评》，武汉大学出版社 1997 年版。

戴金珊：《中国近代资产阶级经济发展思想》，福建人民出版社 1998 年版。

杨德寿：《中国合作社经济思想研究》，中国财政经济出版社 1998 年版。

郭熙保：《发展经济学经典论著选》，中国经济出版社 1998 年版。

叶世昌：《近代中国经济思想史》，上海人民出版社 1998 年版。

叶世昌、施正康：《近代中国市场经济思想》，复旦大学出版社 1998 年版。

叶世昌等：《中国货币理论史》，厦门大学出版社 2003 年版。

叶世昌：《古代中国经济思想史》，复旦大学出版社 2004 年版。

周代启：《本世纪三四十年代中国的发展经济学说》，福建教育出版社 1998 年版。

吴景平：《宋子文思想研究》，福建人民出版社 1998 年版。

吴景平：《宋子文评传》，福建人民出版社 1998 年版。

郭庠林、张立英：《近代中国市场经济研究》，上海财经大学出版社1999年版。

程霖：《中国近代银行制度建设思想研究（1859—1949）》，上海财经大学出版社1999年版。

谈敏：《中国财政思想史教程》，上海财经大学出版社1999年版。

李占才：《当代中国经济思想史》，河南大学出版社1999年版。

钟思远等：《民国私营银行业史》，四川大学出版社1999年版。

张馨：《公共财政论纲》，经济科学出版社1999年版。

张家骧：《中国货币思想史》，湖北人民出版社2000年版。

胡海鸥等：《当代货币金融理论》，复旦大学出版社2000年版。

马涛：《经济思想史教程》，复旦大学出版社2001年版。

周骏：《马克思的货币金融理论》，中国财政经济出版社2001年版。

丁孝智：《五四以来中国商业经济思想的发展》，广东人民出版社2001年版。

钱穆：《中国历史研究法》，三联书店2001年版。

葛兆光：《中国思想史导论——思想史的写法》，复旦大学出版社2001年版。

周天度等：《中华民国史》第3编第2卷下册，中华书局2002年版。

刘雪河：《广东经济思想史研究》，中州古籍出版社2003年版。

刘卫萍：《西域经济思想史：咯喇汉王朝经济思想研究》，上海财经大学出版社2003年版。

卢文莹：《中国公债学说精要》，复旦大学出版社2004年版。

赵兴胜：《传统经验与现代理想》，齐鲁书社2004年版。

张登德：《寻求近代富国之道的思想先驱：陈炽研究》，齐鲁书社2005年版。

李学通：《幻灭的梦——翁文灏与中国早期工业化》，天津古籍出版社2005年版。

刘常青：《中国会计思想发展史》，西南财经大学出版社2005年版。

金普森、陈剩勇：《浙江通史》第11、12卷，浙江人民出版社2005年版。

张宪文：《中华民国史》，南京大学出版社2006年版。

郑大华：《民国思想史论》，社会科学文献出版社2006年版。

孙大权：《中国经济学的成长：中国经济学社研究（1923—1953）》，上海三联书店 2006 年版。

[美] 黄仁宇：《放宽历史的视界》，生活·读书·新知三联书店 2007 年版。

周呈奇：《战后台湾经济增长思想研究》，九州出版社 2007 年版。

蔡志新：《孔祥熙经济思想研究》，书海出版社 2007 年版。

孙智君：《民国产业经济思想研究》，武汉大学出版社 2007 年版。

邹进文：《民国财政思想史研究》，武汉大学出版社 2008 年版。

杨天石：《找寻真实的蒋介石：蒋介石日记解读》，山西人民出版社 2008 年版。

李蓉丽：《民国对外贸易思想研究》，武汉大学出版社 2008 年版。

宋丽智：《民国会计思想研究》，武汉大学出版社 2009 年版。

聂志红：《民国时期的工业化思想》，山东人民出版社 2009 年版。

张霞：《民国时期"三农"思想研究》，武汉大学出版社 2010 年版。

蔡志新：《民国时期浙江经济思想史》，中国社会科学出版社 2009 年版。

曹旭华等：《浙江区域工商经济思想史》，经济科学出版社 2010 年版。

阎书钦：《国家与经济：抗战时期知识界关于中国经济发展道路的争论——以〈新经济〉半月刊为中心》，中国社会科学出版社 2010 年版。

张曼茵：《中国近代合作化思想研究（1912—1949）》，上海世纪出版集团 2010 年版。

张天政：《近代宁夏开发思想及实践研究》，人民出版社 2011 年版。

黄达等：《百年中国金融思想学说史》第 1 卷，中国金融出版社 2011 年版。

李超民：《中国战时财政思想的形成（1931—1945）》，东方出版中心 2011 年版。

线文：《近代语境下的发展经济学：晚清重商思想研究》，中国社会科学出版社 2012 年版。

陈晋文：《对外贸易政策与中国经济现代化》，知识产权出版社 2012 年版。

赵泉民：《移植与嬗变：西方合作经济思想在近代中国的境遇》，中国法制出版社 2013 年版。

朱华雄：《民国时期保险思想研究》，武汉大学出版社 2013 年版。

（二）期刊论文、论文集、学位论文

1. 期刊论文

朱通九：《近代我国经济学进展之趋势》，《财政评论》第 5 卷第 3 期，1941 年 3 月。

方显廷：《二十年来之中国经济研究》，《财政评论》第 16 卷第 1 期，1947 年 1 月。

方显廷：《民元来我国之经济研究》，见朱斯煌主编《民国经济史》，银行周报社 1948 年版。

唐文权：《陶成章略论》，《江汉论坛》1981 年第 1 期。

杨渭生：《略论陶成章》，《浙江学刊》1981 年第 3 期。

徐和雍：《徐锡麟的反帝爱国思想》，《杭州大学学报》1982 年第 4 期。

严清华：《评龚自珍的经济思想》，《武汉大学学报》1984 年第 2 期。

林文彪：《略论陶成章的思想及其与孙中山先生的关系》，《绍兴师专学报》1987 年第 1 期。

虞和平：《简论经元善》，《浙江学刊》1988 年第 2 期。

高建民：《蔡元培教育经济言论探析》，《教育与经济》1992 年第 4 期。

叶世昌：《从龚自珍的经济思想说起》，《学术月刊》1994 年第 4 期。

张馨：《我国"财政本质"观演变述评》，《经济学家》1994 年第 4 期。

欧自明：《马寅初的经济思想》，《学术界》1996 年第 5 期。

蔡建国：《蔡元培与近代中国》，上海社会科学院出版社 1997 年版。

陶士和：《论刘鸿生的近代企业经营思想》，《杭州师范学院学报》1999 年第 4 期。

申满秀：《从"抑商"到"重商"观念的转变——龚自珍、魏源、王韬、郑观应经济思想个案简析》，《贵州社会科学》1999 年第 6 期。

孙玉敏：《简论经元善的赈灾思想》，《黑龙江农垦师专学报》2000 年第 2 期。

刘剑虹：《蔡元培的教育经费思想之研究》，《教育与经济》2000 年第 4 期。

赵炎才：《略论民初黄兴的财政思想》，《民国档案》2001 年第 1 期。

朱英：《经元善与晚清慈善公益事业的发展》，《华中师范大学学报》

2001 年第 1 期。

黎建军：《试论五卅时期马寅初收回关税自主权思想》，《江西财经大学学报》2001 年第 5 期。

罗彩云：《论经元善慈善思想的形成和发展》，《株洲师范高等专科学校学报》2002 年第 3 期。

黎建军：《马寅初"实业救国"思想的形成》，《江西财经大学学报》2002 年第 5 期。

李晓亮：《马寅初经济思想略论》，《重庆工商大学学报》2003 年第 1 期。

潘国琪：《抗战初期国民政府财政政策考辨》，《抗日战争研究》2003 年第 1 期。

黎建军：《上海求学与马寅初"实业救国"思想的确立》，《上饶师范学院学报》2003 年第 1 期。

柳斌：《近代浙江报刊发展脉络与成因》，《浙江万里学院学报》2003 年第 3 期。

钟华：《论张静江在建设委员会时期的经济建设活动》，《湖州师范学院学报》2003 年第 5 期。

周淑芬：《上海求学与马寅初实业救国思想的形成》，《江西社会科学》2003 年第 9 期。

陶士和：《试析虞洽卿的经营理念与经营谋略》，《杭州师范学院学报》2004 年第 3 期。

孙建国：《20 世纪 30 年代章乃器信用统制经济思想评述》，《上海师范大学学报》2004 年第 3 期。

张士杰：《蒋介石的农村合作经济思想》，《民国档案》2004 年第 4 期。

董军：《章太炎经济伦理思想探析》，《合肥工业大学学报（社会科学版）》2004 年第 6 期。

钟祥财：《经济思想的涵义及其史的写法》，《上海经济研究》2004 年第 10 期。

马洪范：《倡导国库集中收付思想的先驱——马寅初国库管理思想评析》，《中国财经信息资料》2004 年第 20 期。

李强：《章乃器农村经济思想探析》，《安徽技术师范学院学报》2005 年第 1 期。

严清华、邹进文：《民国经济思想史研究的意义与构想》，《河南师范大学学报》2005 年第 1 期。

牛定柱：《对马寅初财政思想的简要述评》，《云南财贸学院学报》2005 年第 1 期。

赵晓雷：《经济思想史学科界定及研究方法的技术性要求》，《经济学家》2005 年第 3 期。

孟建华：《马寅初先生银行思想研究》，《浙江金融》2005 年第 4 期。

邱若宏、伏玲：《蔡元培思想研究综述》，《湖南城市学院学报》2005 年第 4 期。

顾劳：《吴鼎昌治黔得失论》，《贵州文史丛刊》2006 年第 1 期。

蔡志新：《孔祥熙的战时财政理论和战时财政政策》，《历史档案》2006 年第 1 期。

王洪涛：《论经元善的企业管理理念》，《济宁师范专科学校学报》2006 年第 2 期。

江满情：《论刘鸿生的同业合并思想及其实践》，《安徽史学》2006 年第 3 期。

乔亮：《黄宗羲和龚自珍经济思想之比较》，《黑龙江教育学院学报》2007 年第 1 期。

孙智君：《民国经济学家方显廷的农业经济思想及其现实意义》，《华中农业大学学报》2007 年第 2 期。

彭垒：《民国时期报刊读者来信栏目考察》，《当代传播》2007 年第 4 期。

蔡志新：《孔祥熙和抗战时期的通货膨胀》，《西南大学学报（社科版）》2007 年第 5 期。

刘军平：《回顾我省农民思想家杨伟名的经济思想》，《唐都学刊》2007 年第 6 期。

吕志茹：《无奈的选择：孔祥熙与抗战时期的增发货币政策》，《山西师大学报（社科版）》2008 年第 1 期。

梁捷：《近代国人对西方经济学的认识——以严复为例》，《社会科学战线》2008 年第 6 期。

游海华：《农民经济观念的变迁与小农理论的反思——以清末至民国时期江西省寻乌县为例》，《史学月刊》2008 年第 7 期。

程霖、毕艳峰:《奠基时期中国经济思想史研究的成就与地位》,《财经研究》2008 年第 5 期。

徐志斌:《秦汉时期汉中民众的经济观念及其形成原因》,《陕西理工学院学报·(社科版)》2009 年第 4 期。

张强等:《晚清以来报刊图画的社会生活史意义》,《图书馆理论与实践》2009 年第 12 期。

徐志斌:《秦、西汉时期关中与汉中民众经济观念的差异》,《陕西理工学院学报（社科版)》2010 年第 2 期。

宋丽智:《近代会计思想的西学东渐研究——以〈会计杂志〉为中心的考察》,《中国经济史研究》2010 年第 4 期。

龙长征、钱诚一:《近代报刊与浙江现代化进程——以〈浙江潮〉为例》,《浙江学刊》2010 年第 5 期。

邹进文:《近代中国经济学的发展——来自留学生博士论文的考察》,《中国社会科学》2010 年第 5 期。

郑大华:《报刊与民国思想史研究》,《史学月刊》2011 年第 2 期。

吴传清:《民国时期工业区位、区划思想史料钩沉（三）——基于学位论文文献视角》,《学习月刊》2011 年第 2 期。

吴玉才、张丰清:《改革开放以来中国农民经济观念转变浅析》,《科学社会主义》2011 年第 4 期。

叶世昌、丁孝智:《南京国民政府时期蒋介石的经济思想》,《贵州社会科学》2011 年第 8 期。

徐继华:《工商实业家虞洽卿的经营之道》,《宏观经济管理》2012 年第 2 期。

严清华、李詹:《民国时期经济期刊的经济思想文献述评》,《经济学动态》2012 年第 7 期。

赵俊爱:《清代思想家龚自珍经济思想简析》,《人民论坛》2014 年第 35 期。

2. 论文集

蔡元培研究会编:《论蔡元培:纪念蔡元培诞辰 120 周年学术讨论会文集》,旅游教育出版社 1989 年版。

张寄谦主编:《素馨集》,北京大学出版社 1993 年版。

萧山市政协文史委员会:《汤寿潜研究》,团结出版社 1995 年版。

北大世界现代化进程研究中心：《现代化研究》第 1 辑，商务印书馆 2002 年版。

中国经济思想史学会：《中国经济思想史研究》（论文集），上海财经大学出版社 2008 年版。

《中国经济思想史学会第十四届年会论文集》，年会会务组（武汉）2010 年编。

《中国经济思想史学会第十五届年会论文集》，年会会务组（济南）2012 年编。

3. 学位论文

文霞：《陶成章的民族主义思想述论》，硕士学位论文，湖南师范大学，2003 年。

向勇：《徐锡麟思想研究》，硕士学位论文，湖南师范大学，2005 年。

牛林豪：《1945 年前马寅初财政金融思想研究》，硕士学位论文，河南大学，2005 年。

方小玉：《民国〈经济学季刊〉（1930—1937）研究》，博士学位论文，武汉大学，2009 年。

高璇：《民国〈经济评论〉（1947—1949）研究》，博士学位论文，武汉大学，2011 年。